工信精品**网站开发**
系列教材

U0647166

Web 前端开发

项目教程 （HTML5+CSS3 +JavaScript）

微 课 版

Web Design with HTML5,
CSS3 and JavaScript

卞孝丽 张金娜 / 主编

李娜 喻林 张有宽 / 副主编

人民邮电出版社
北 京

图书在版编目（CIP）数据

Web 前端开发项目教程：HTML5+CSS3+JavaScript：微课版 / 卞孝丽，张金娜主编. -- 北京：人民邮电出版社，2025. -- （工信精品网站开发系列教材）.
ISBN 978-7-115-66459-4

Ⅰ. TP312.8；TP393.092.2

中国国家版本馆 CIP 数据核字第 2025AC7014 号

内 容 提 要

本书较为全面地介绍了 Web 前端开发中常用到的基础知识，同时对 HTML5 及 CSS3 的一些新变化进行讲解。全书共 10 个项目，包括 Web 前端开发职业前景与开发初体验、制作 5G 新时代科学知识页面、制作背包客旅行网站注册和登录页面、开发今日影评网站、美化传统文化网、优化国学文化网、开发响应式音乐播放页面、制作游乐场摩天轮动画效果页面、开发果果鲜水果电商 PC 端网站、开发果果鲜水果电商移动端网站。本书每个项目均配备微课视频，其中首个项目特别录制了借助 AI 大模型技术深度解析代码的学习讲解视频，还从全栈开发的全局视角出发，详细演示了本地发布、互联网发布、虚拟主机配置等操作流程，旨在培养读者运用新工具、拥抱新技术的开发实践能力。此外，每个项目均提供了职业技能等级考核理论及实操题，帮助读者巩固所学知识、提升职业素养。

本书可以作为高等院校前端设计与开发、Web 应用开发等课程的教材，也可以作为相关培训机构的教材，还适合 Web 前端设计开发爱好者自学使用。

◆ 主　　编　卞孝丽　张金娜
　　副主编　李　娜　喻　林　张有宽
　　责任编辑　赵　亮
　　责任印制　王　郁　焦志炜

◆ 人民邮电出版社出版发行　　北京市丰台区成寿寺路 11 号
　　邮编　100164　　电子邮件　315@ptpress.com.cn
　　网址　https://www.ptpress.com.cn
　　三河市君旺印务有限公司印刷

◆ 开本：787×1092　1/16
　　印张：16.75　　　　　　　　　　2025 年 9 月第 1 版
　　字数：388 千字　　　　　　　　 2025 年 9 月河北第 1 次印刷

定价：69.80 元

读者服务热线：(010)81055256　印装质量热线：(010)81055316
反盗版热线：(010)81055315

前 言

Web 前端开发是目前学生就业面非常广、就业形势非常好的一个专业方向，有很多学校将其相关课程开设为计算机相关专业的通识课程，它适合计算机相关专业学生学习掌握。但是此类课程教材繁多杂乱，学生很难融会贯通，也很难将所学知识与真实项目开发对应起来。编者在长期的 Web 前端开发教学中一直苦于难以找到合适的教学案例，每次授课前都需要花费大量时间整理案例素材等教学资源。现通过校企合作编写本书，共同开发配套的企业项目案例，旨在将教学与行业紧密结合，根据教学规律及岗位需求确定本书内容，让学生更容易掌握技能，让教师使用起来更顺手。

本书以实际企业项目转化的案例为主线，采用"教、学、做一体化"的教学方法，按"学做合一"的指导思想，在完成导学知识讲解之后，设置任务实现，帮助读者上手实现任务目标，还针对读者学习的知识提出相应的任务拓展学习要求和指导。读者在学习本书的过程中，不仅能完成快速入门的基本技术学习，还能按工程化的思想进行项目开发，完成网站相应版块的设计与制作。本书在任务拓展部分，引领读者完成开拓性较强的强化训练任务，为读者进一步独立探索学习提供方法、技巧和思维的延伸；在练习测试部分，围绕完成项目需要掌握的知识与技能，精心筛选适量的理论题和实操题，供读者检测学习效果。

本书编者有着多年的 Web 前端实际项目开发经验，以及丰富的教育教学经验，多次在全国职业院校技能大赛教学能力比赛中带领团队获奖，指导学生参赛获奖，完成了多轮次、多类型的教育教学改革与研究工作。编者教授的《Web 前端开发》被认定为河南省职业教育一流核心课程、职业教育和继续教育课程思政示范项目，开发建设的《Web 前端开发——带你建站带你飞》为河南省职业教育精品在线开放课程。

本书主要特点如下。

1. 企业项目与理论知识紧密结合，紧随技术前沿

本书编者既有具备多年网站设计赛事带队指导经验以及教学经验的资深校内教师，又有具备多年企业工作经验以及对行业需求有专门的调查研究的技术专家。多位编者共同打造本书，确保内容紧贴岗位需求，满足师生需要。为了使读者能快速地掌握 Web 前端开发技术，本书以企业项目为载体，将 Web 前端开发必备的知识点有机融入其中，并引入 AI 大模型技术讲解，使读者学会更高效、更智能地掌控代码到产品的全生命周期。

2. 合理、有效的教学内容组织，素养提升贯穿始终

本书循序渐进地丰富网站效果，同步引入相关技术与知识，实现技术讲解与训练的

融合。从行业需求角度，运用形象比喻、实用案例和通俗易懂的语言，详细阐述 Web 前端开发流程与技巧，明确知识目标、能力目标、素质目标。在介绍导学知识的同时将项目分解为多个任务，供读者练习，并在代码与人生中升华主题思想，实现文化浸润。

3．丰富、实用的立体化数字资源，对接职业技能标准

本书编者近年来一直负责推进工业和信息化部教育与考试中心 Web 前端开发职业技能等级证书的考生选拔、培训及考核工作，积累了丰富的数字化资源及开发经验。并且本书得到"码农计划"支持，配备有完善的项目案例、源代码、题库、动画、课件、教案及微课视频等立体化数字资源，读者可扫描封底二维码或登录人邮教育社区（www.ryjiaoyu.com）下载。本书配套视频会定期更新，请读者持续关注社区资源。

本书参考学时为 64～72 学时，建议采用"教、学、做一体化"教学方法，各项目的参考学时见下面的学时分配表。

学时分配表

项　　目	课　程　内　容	讲授时长/学时
项目 1	Web 前端开发职业前景与开发初体验	4
项目 2	制作 5G 新时代科学知识页面	6～8
项目 3	制作背包客旅行网站注册和登录页面	4
项目 4	开发今日影评网站	6
项目 5	美化传统文化网	6～8
项目 6	优化国学文化网	8
项目 7	开发响应式音乐播放页面	6～8
项目 8	制作游乐场摩天轮动画效果页面	6～8
项目 9	开发果果鲜水果电商 PC 端网站	8
项目 10	开发果果鲜水果电商移动端网站	8
	课程考评	2
时长总计/学时		64～72

本书由卞孝丽、张金娜任主编，李娜、喻林、张有宽任副主编，卞孝丽、张有宽负责教材总体设计和统稿工作。本书项目 1、项目 2 由喻林编写，项目 3、项目 4 由张金娜编写，项目 5、项目 6 由卞孝丽编写，项目 7、项目 8 由李娜编写，项目 9 由曾鑫编写，项目 10 由张笛编写。在此感谢北京游娱网络科技有限公司总经理杨耿冰、河南云和数据信息技术有限公司项目经理张有宽等多位技术专家对本书编写工作的大力支持和帮助，提供的企业案例极大提升了本书的专业性与实用性。由于编者水平有限，书中不妥或疏漏之处在所难免，殷切希望广大读者批评指正。联系邮箱：67624842@qq.com。

编　者

2025 年 6 月

目 录

项目 1　Web 前端开发职业前景与开发初
　　　　体验 ···1

项目导读 ··1
项目教学 ··1
任务 1.1　认识 Web 前端开发工程师 ····1
　【任务目标】···1
　【导学知识】···2
　1.1.1　Web 前端开发涉及的岗位 ·······2
　1.1.2　Web 前端开发的发展方向 ·······2
　【任务实现】···3
任务 1.2　熟悉 Web 前端开发相关
　　　　　技术 ···4
　【任务目标】···4
　【导学知识】···5
　1.2.1　Web 前端开发三大核心技术 ···5
　1.2.2　相关专业术语 ·······························6
　1.2.3　Web 前端开发工具链简介 ·······7
　1.2.4　HBuilder X ······································8
　【任务实现】···10
任务 1.3　熟悉 Web 前端开发工作
　　　　　流程 ···11
　【任务目标】···11
　【导学知识】···12
　1.3.1　Web 前端开发工作流程 ·········12
　1.3.2　Web 前端开发岗位分工 ·········13
　1.3.3　Web 前端项目目录结构 ·········14
　【任务实现】···15
任务 1.4　初识 HTML5 页面 ···············16
　【任务目标】···16
　【导学知识】···17
　1.4.1　项目目录及文件 ·······················17
　1.4.2　网页基本标签结构分析 ···········17

　【任务实现】···18
　【任务拓展】···20
项目总结 ··21
代码与人生 ··21
练习测试 ··21
评价与考核 ··24

项目 2　制作 5G 新时代科学知识页面·····25

项目导读 ··25
项目教学 ··25
任务 2.1　规划页面布局 ·······················25
　【任务目标】···25
　【导学知识】···26
　2.1.1　传统的布局标签 ·······················26
　2.1.2　HTML5 新增语义化标签 ·········26
　【任务实现】···27
任务 2.2　构建网页内容 ·······················28
　【任务目标】···28
　【导学知识】···29
　2.2.1　文本控制标签 ···························29
　2.2.2　图像和超链接 ···························31
　2.2.3　表格和列表 ·······························33
　【任务实现】···36
任务 2.3　美化网页样式 ·······················37
　【任务目标】···37
　【导学知识】···37
　2.3.1　使用 CSS 的方式 ·····················37
　2.3.2　CSS 选择器 ·····························38
　2.3.3　文本格式化 ·······························40
　【任务实现】···45
项目总结 ··46
代码与人生 ··47

练习测试 ························ 47

评价与考核 ···················· 49

项目 3 制作背包客旅行网站注册和登录
页面 ························ 50

项目导读 ······················ 50

项目教学 ······················ 50

任务 3.1 创建背包客旅行网站注册和
登录页面 ·············· 50

【任务目标】 ·············· 50

【导学知识】 ·············· 51

3.1.1 初识表单 ·········· 51

3.1.2 创建表单 ·········· 52

3.1.3 构建表单控件 ······ 53

【任务实现】 ·············· 58

任务 3.2 美化背包客旅行网站注册和
登录页面 ·············· 60

【任务目标】 ·············· 60

【导学知识】 ·············· 61

3.2.1 定义页面布局和基础样式 ·· 61

3.2.2 使用 CSS 控制表单样式 ·· 61

【任务实现】 ·············· 61

项目总结 ······················ 65

代码与人生 ···················· 65

练习测试 ······················ 66

评价与考核 ···················· 67

项目 4 开发今日影评网站 ············ 68

项目导读 ······················ 68

项目教学 ······················ 68

任务 4.1 制作今日影评网站剧情简介
页面 ·················· 68

【任务目标】 ·············· 68

【导学知识】 ·············· 69

4.1.1 应用 CSS 样式规则 ···· 69

4.1.2 引入 CSS 样式表文件 ·· 70

4.1.3 CSS 中的特殊选择器 ···· 70

【任务实现】 ·············· 72

任务 4.2 使用 CSS 控制元素样式 ···· 75

【任务目标】 ·············· 75

【导学知识】 ·············· 76

4.2.1 CSS 图像 ············ 76

4.2.2 CSS 链接 ············ 76

4.2.3 CSS 表格 ············ 76

4.2.4 CSS 列表 ············ 77

4.2.5 CSS 表单 ············ 77

【任务实现】 ·············· 78

任务 4.3 使用 CSS 高级设置 ········ 82

【任务目标】 ·············· 82

【导学知识】 ·············· 83

4.3.1 CSS 组合选择器 ······ 83

4.3.2 CSS 的层叠性和继承性特征 ·· 83

4.3.3 CSS 优先级 ·········· 84

4.3.4 CSS 排错 ············ 85

【任务实现】 ·············· 85

项目总结 ······················ 89

代码与人生 ···················· 90

练习测试 ······················ 90

评价与考核 ···················· 92

项目 5 美化传统文化网 ············ 93

项目导读 ······················ 93

项目教学 ······················ 93

任务 5.1 制作图片展以及图像边框 ···· 93

【任务目标】 ·············· 93

【导学知识】 ·············· 94

5.1.1 认识盒子模型 ········ 94

5.1.2 盒子的外边距与内边距 ·· 94

5.1.3 盒子的宽度与高度 ···· 96

5.1.4 盒子边框属性 ········ 99

5.1.5 轮廓属性 ·········· 100

5.1.6 盒子阴影属性 ········ 100

5.1.7 CSS3 新增盒子模型属性 ···· 101

【任务实现】 ·············· 104

【任务拓展】 ·············· 107

任务 5.2 添加创意渐变色与多重图像
背景 ·················· 108

【任务目标】 ·············· 108

【导学知识】 ·············· 109

5.2.1 背景颜色 ·········· 109

5.2.2 背景图像 ·········· 109

5.2.3 CSS3 新增渐变 ······ 112

【任务实现】 ················ 114
【任务拓展】 ················ 116
项目总结 ····················· 117
代码与人生 ·················· 118
练习测试 ····················· 118
评价与考核 ·················· 120

项目6　优化国学文化网 ······· 121

项目导读 ····················· 121
项目教学 ····················· 121
任务6.1　转换元素类型 ····· 121
　【任务目标】 ················ 121
　【导学知识】 ················ 122
　　6.1.1　认识元素类型 ······ 122
　　6.1.2　转换元素类型 ······ 122
　　6.1.3　对象的显示与隐藏 ·· 123
　【任务实现】 ················ 123
任务6.2　处理元素内容溢出问题 ······124
　【任务目标】 ················ 124
　【导学知识】 ················ 124
　　6.2.1　认识溢出 ··········· 124
　【任务实现】 ················ 124
任务6.3　改变元素排列方式 ········ 126
　【任务目标】 ················ 126
　【导学知识】 ················ 126
　　6.3.1　认识浮动 ··········· 126
　　6.3.2　清除浮动 ··········· 128
　　6.3.3　父级塌陷 ··········· 128
　【任务实现】 ················ 131
　【任务拓展】 ················ 134
任务6.4　重定元素间位置关系 ······ 134
　【任务目标】 ················ 134
　【导学知识】 ················ 135
　　6.4.1　认识定位 ··········· 135
　　6.4.2　认识偏移 ··········· 135
　　6.4.3　定位案例 ··········· 136
　【任务实现】 ················ 139
　【任务拓展】 ················ 141
任务6.5　调整元素层叠顺序 ········ 142
　【任务目标】 ················ 142
　【导学知识】 ················ 142

　　6.5.1　认识层叠 ··········· 142
　【任务实现】 ················ 143
项目总结 ····················· 144
代码与人生 ·················· 145
练习测试 ····················· 145
评价与考核 ·················· 147

项目7　开发响应式音乐播放页面 ······· 148

项目导读 ····················· 148
项目教学 ····················· 148
任务7.1　设计响应式页面 ···· 148
　【任务目标】 ················ 148
　【导学知识】 ················ 149
　　7.1.1　响应式布局简介 ···· 149
　　7.1.2　响应式页面设计 ···· 150
　【任务实现】 ················ 154
　【任务拓展】 ················ 157
任务7.2　设计响应式音乐播放页面 ···· 160
　【任务目标】 ················ 160
　【导学知识】 ················ 161
　　7.2.1　音频/视频嵌入技术概述 ···· 161
　　7.2.2　在HTML5中嵌入音频 ···· 161
　　7.2.3　在HTML5中嵌入视频 ···· 162
　【任务实现】 ················ 164
　【任务拓展】 ················ 169
项目总结 ····················· 171
代码与人生 ·················· 171
练习测试 ····················· 171
评价与考核 ·················· 173

项目8　制作游乐场摩天轮动画效果页面 ······· 174

项目导读 ····················· 174
项目教学 ····················· 174
任务8.1　创建网页导航栏 ···· 174
　【任务目标】 ················ 174
　【导学知识】 ················ 175
　　8.1.1　认识transform属性 ···· 175
　　8.1.2　二维变形 ··········· 175
　　8.1.3　三维变形 ··········· 179

【任务实现】………………………186

任务 8.2　设计爱心照片墙…………188

　【任务目标】………………………188

　【导学知识】………………………189

　8.2.1　认识过渡…………………189

　8.2.2　过渡属性的使用…………189

　【任务实现】………………………191

　【任务拓展】………………………195

任务 8.3　制作游乐场摩天轮动画
　　　　　效果…………………195

　【任务目标】………………………195

　【导学知识】………………………196

　8.3.1　animation 动画……………196

　8.3.2　@keyframes 规则…………196

　8.3.3　animation 属性……………197

　【任务实现】………………………199

项目总结……………………………203

代码与人生…………………………203

练习测试……………………………203

评价与考核…………………………206

项目 9　开发果果鲜水果电商 PC 端
　　　　网站………………………207

项目导读……………………………207

项目教学……………………………208

任务 9.1　创建网站项目目录………208

　【任务目标】………………………208

　【导学知识】………………………208

　9.1.1　分析网站项目目录结构……208

　9.1.2　搭建网站项目目录结构……209

　9.1.3　网页基本代码……………209

　【任务实现】………………………209

任务 9.2　开发网站…………………214

　【任务目标】………………………214

　【导学知识】………………………214

　9.2.1　网站常见模块分析…………214

　9.2.2　版心………………………215

　【任务实现】………………………215

任务 9.3　使用字体图标美化网站……229

　【任务目标】………………………229

　【导学知识】………………………230

9.3.1　字体图标概述………………230

9.3.2　iconfont 字体图标库的下载……230

　【任务实现】………………………231

任务 9.4　开发网站动效交互………234

　【任务目标】………………………234

　【导学知识】………………………234

9.4.1　JavaScript 概述……………234

9.4.2　引入外部 JavaScript 代码……234

9.4.3　在<script>标签中写代码……235

　【任务实现】………………………235

项目总结……………………………237

代码与人生…………………………237

练习测试……………………………238

评价与考核…………………………239

项目 10　开发果果鲜水果电商移动端
　　　　　网站………………………240

项目导读……………………………240

项目教学……………………………241

任务 10.1　创建移动端项目目录………241

　【任务目标】………………………241

　【导学知识】………………………241

　10.1.1　分析项目开发需求…………241

　10.1.2　搭建网站开发目录…………241

　【任务实现】………………………242

任务 10.2　实现移动端适配…………243

　【任务目标】………………………243

　【导学知识】………………………243

　10.2.1　移动端适配原理……………243

　10.2.2　完成移动端网站适配配置……243

　【任务实现】………………………244

任务 10.3　开发移动端项目网站………245

　【任务目标】………………………245

　【导学知识】………………………245

　10.3.1　移动端仿真模式……………245

　10.3.2　弹性盒子…………………246

　【任务实现】………………………247

项目总结……………………………258

代码与人生…………………………258

练习测试……………………………259

评价与考核…………………………260

项目 ① Web 前端开发职业前景与开发初体验

项目导读

随着网络技术不断进步，互联网渗透至我们工作与生活的方方面面。网页作为信息传递的关键载体，使得人们仅需借助计算机或手机，便能轻松浏览丰富多样的内容，检索大量数据。在智能化时代，Web 前端开发技术显得尤为关键。本项目旨在引导大家掌握 Web 前端开发基础知识，并让大家初步体验网页开发的乐趣。

项目教学

任务 1.1 认识 Web 前端开发工程师

【任务目标】

认识 Web 前端
开发工程师

知识目标

- 了解 Web 前端开发岗位。
- 掌握 Web 前端开发的发展方向。

能力目标

- 能够深入认识 Web 前端开发的岗位职责及职业前景。
- 具备良好的沟通表达能力，能接受挑战并承担工作压力。

素质目标

- 深入理解 Web 前端开发工程师的工作，培养对工作热情主动、执行力出众、责任感强烈，愿意为提升用户体验不断打磨和完善产品，专注于创新和研发的工匠精神。

【导学知识】

1.1.1 Web 前端开发涉及的岗位

Web 前端开发源于网页设计与制作、网站建设与管理，它涉及使用 HTML、CSS、JavaScript 等众多技术来构建互联网产品的用户界面和交互功能。近年来，Web 前端开发岗位的受欢迎程度有目共睹，这一现象主要受市场需求的驱动。掌握 Web 前端开发技能，可以快速适应以下岗位。

① Web 前端开发工程师。

② Web 前端架构工程师。

③ JavaScript 动效开发工程师。

④ HTML5 开发工程师。

⑤ Android/iOS/Harmony 开发工程师。

⑥ 小程序/快应用开发工程师。

1.1.2 Web 前端开发的发展方向

1. 单页 Web 应用

单页 Web 应用（Single-Page Web Application，SPA）是一种仅由单个网页构成的在线应用。在用户首次访问时，浏览器会加载必要的 HTML、CSS 和 JavaScript 资源。随后，所有的用户交互和功能实现都在该单页面上进行，并由 JavaScript 来管理和控制。当用户与 SPA 交互时，页面内容会动态地更新，而无须重新加载整个页面。对于 SPA 而言，采用模块化的开发和设计策略至关重要，这样可以确保代码的可维护性和可扩展性。

2. 渐进式 Web 应用

渐进式 Web 应用（Progressive Web Application，PWA）是利用 Web 技术构建的一种新型应用。PWA 之所以能够提升用户黏性，超越传统 Web 页面的关键在于其卓越的性能、丰富的功能以及更加接近原生应用的用户体验。

3. 人工智能物联网 Web 开发

在 AIoT（人工智能+物联网，即 AI+IoT）时代，我们面临的交互界面不再局限于 PC 端和手机端。随着技术的发展，车载系统、可穿戴设备、生物识别系统以及网络安全等终端设备也纷纷配备了前端交互界面和后台管理界面，以更好地服务用户。通过 Web 技术，用户可以方便地管理和控制传统的智能设备，极大地提升了智能设备的便捷性和效率。

4. 区块链 Web 开发

区块链技术要落地，首先需要解决的就是区块链应用的可访问问题，而随着 Web 3.0 技术向区块链敞开大门，以及区块链技术的发展，已有多款区块链网络浏览器逐渐被大众熟知。未来会有越来越多的 Web 产品集成区块链应用。安全性和浏览器兼容性将是区块链 Web 开发关注的重点。

5. 跨平台混合开发

Web 应用、App 应用、微信公众号、小程序等，面对这么多市场应用需求，以及 Java、Flutter 等多平台开发，行业中的技术人员也在不断探索既不依赖操作系统也不依赖硬件环境的跨平台混合开发解决方案。目前业内应用范围较广的是基于 Vue.js 的跨平台框架 uni-app，该框架采用 Vue、Node.js 架构，可以做到一次编码，多平台同时发布。

6. 低代码开发

虽然 Web 应用服务于各行各业，百花齐放，但是其终究还是会有一些业务场景是具备普适性的，如电商、门户网站、微博、论坛、宣传页等，基于这些普适性的业务场景就会衍生出标准化生产、模式化运营的"套路"与需求，进而激励开发人员追求更快捷的开发与更低廉的成本，而低代码开发就是依托于这些场景而产生的。

7. 图形学方向

可视化界面、3D 引擎的开发都需要图形学相关的算法知识，而 Web 前端开发也越来越多地涉及图形学，如借助 5G 技术发展出来的移动虚拟仿真效果。目前主流的大数据可视化技术，就是依托 Web 图形化技术来帮助用户更好更准确地理解数据。

8. 全栈开发

Web 前端开发技术正朝着全栈开发的大前端方向发展。Web 前端工程师不再局限于开发页面 UI，还期望页面能够实现后台交互功能。以前仅用于前端的 JavaScript，在 Node.js 的支持下已经发展成为与 PHP、Python、Perl、Ruby 等服务端语言地位相当的脚本语言。基于 Node.js 的服务端框架 Express、Koa 等也日趋成熟。

【任务实现】

1. 了解 Web 前端开发职业前景

利用各大求职招聘类网站搜索并审视 Web 前端开发岗位的需求及薪资水平，可以发现这一职业前景广阔，不受特定行业的限制。Web 前端开发岗位遍布各个行业，从互联网技术公司到传统企业，都对该领域的专业人才有着稳定且不断增长的需求，同时提供了具有竞争力的薪资待遇。

2. 认识 Web 前端开发工程师

查询并对比不同公司对 Web 前端开发工程师的岗位描述，了解具体岗位职责和任职要求。

从狭义上讲，Web 前端开发工程师主要进行网站的开发、优化及维护，日常工作是创建 Web 页面等前端界面以呈现给用户，使用 HTML、CSS、JavaScript 以及相关的技术和框架，将解决方案和 UI 设计稿转化为 Web 产品。从广义上讲，所有终端产品中与视觉和交互有关的部分，涵盖规划网站架构、处理视觉效果、UI 交互以及媒体体验等都是 Web 前端开发工程师的专业领域，甚至服务器语言也是他们应该掌握的，既要与上游的视觉设计师沟通，又要与下游的服务器工程师配合。Web 前端开发工程师必备技能如图 1-1 所示。

图 1-1　Web 前端开发工程师的必备技能

任务 1.2　熟悉 Web 前端开发相关技术

AIGC 实战演练

编辑器中的 AI 助手

【任务目标】

知识目标

- 理解 Web 前端开发相关的专业术语。
- 熟悉 Web 前端开发工具 HBuilder X 的下载及安装。
- 掌握创建项目的流程及项目开发基本操作。

能力目标

- 能够更好地规划学习和职业路径。
- 能够使用 HBuilder X 快速创建项目。
- 能够在 HBuilder X 中熟练操作以进行代码开发。

素质目标

- 学习 Web 前端开发相关知识，培养自主探索新知及技术迭代的能力，能快速跟踪最新前端技术趋势及市场应用变化，提升 Web 前端开发技能水平及岗位职业素养。

【导学知识】

1.2.1　Web 前端开发三大核心技术

HTML、CSS 和 JavaScript 是前端开发的三大技术。HTML 可以实现网页结构的搭建，即使网页如何承载用于传递信息的内容；CSS 可以让网页表现得更加美观，即改变内容的外在样式，对其加以修饰美化；JavaScript 可以对用户访问网页时单击、移动鼠标等行为事件做出响应，实现网页上的特殊效果，使网页具有交互性。

下面简要介绍一下 Web 前端开发这三大核心技术。

1. HTML

超文本标记语言（Hyper Text Markup Language，HTML）目前最新的版本是 HTML5，用于搭建网页的结构。结构用于对网页中用到的信息进行分类和整理，以便于阅读和理解，相当于盛装内容的框架。设计 HTML 的目的就是创建结构化的文档以及提供文档的语义。

HTML 提供了标题、段落、图片、列表、表格、表单、超链接等各种标签用来描述网页的内容，将文字、图像等内容进行格式化处理，呈现出标题、段落等一系列结构。标签连同其包裹的内容一起通常称为元素。人们日常见到的网页，通过查看其源代码可以发现它们均是由各种标签构建而成的，浏览器负责将标签解释成可识别的数据、图片、音频、视频等信息，并反馈给用户。

2. CSS

层叠样式表（Cascading Style Sheets，CSS，也称串联样式表）目前最新的版本是 CSS3，用于设定网页的表现样式。CSS 主要用来修饰网页上各元素的外观显示样式和控制版式布局，如文本内容的字体、大小、对齐方式等，图片的宽高、边框、边距等，各模块的边框、轮廓、大小、阴影、背景等。CSS 设置的样式是网页展示给访问者的外在表现，利用 HTML 搭配 CSS 进行 Web 开发可以实现结构与表现相分离，提高工作效率。在设计网页时，若网页缺少内容只需要修改 HTML 部分；想更改样式时，只需要调整 CSS 部分。此外，还可以通过调整 CSS 代码使网页内容适应不同的显示设备。

3. JavaScript

JavaScript（JS）是一种轻量级编程语言。其作为 Web 开发的脚本语言而出名，能够在不同的浏览器中运行，主要用于创建网页特效或验证信息等。JavaScript 主要由 3 部分组成：欧洲计算机制造商协会（European Computer Manufacturers Association，ECMA）通过 ECMA-262 标准化的脚本程序设计语言 ECMAScript、文档对象模型（Document Object Model，DOM）和浏览器对象模型（Browser Object Model，BOM）。ECMAScript 是 JavaScript 的核心部分，规定了语法规则和核心内容，是所有浏览器厂商共同遵守的一套语法标准；DOM 提供访问和操作网页内容的方法与接口；BOM 提供与浏览器交互的方法与接口。

1.2.2 相关专业术语

Web 前端开发中一些相关的专业术语好比"地基"，若要盖好 Web 前端开发这栋"大楼"，理解这些专业术语非常重要。

1. 网站

网站（Web Site，也称为 Web 站点）是由一系列相互关联的网页组成的集合。它通常部署在至少一个 Web 服务器上，以便由用户通过互联网访问。网站根据其内容和服务对象的不同，可以分为多种类型，包括政府网站、商业网站、教育网站以及个人网站等。这些网站各自承载着信息发布、电子商务、知识分享和个性展示等多种功能。

2. 网页

网页可以看作承载网站信息和应用的容器，是网站的基本组成元素，所有可视化的内容都会通过网页展示给用户，用户可以通过在浏览器地址栏中输入 URL（Uniform Resource Locator，统一资源定位符，俗称"网址"）来访问网页。网页主要由文本、图像、视频、音频、动画、表格、表单和超链接等元素构成，网页文件的扩展名通常为.htm 或.html。

3. 首页

首页也称为主页，通常是指一个网站的入口网页，它会通过导航栏等引导互联网用户浏览网站其他部分的内容。大多数首页的文件名是 index、default、main 或 portal 加上扩展名，访问一个网站时默认会先打开首页。

4. 静态网页和动态网页

网页分为静态网页和动态网页两种。静态网页指的是用户无论何时何地访问都会显示固定信息的网页，除非网页源代码被修改后重新上传。使用 HTML 和 CSS 开发的就是静态网页。动态网页则可以与后台服务器数据库进行数据交换，显示的内容可能会随着用户的操作和时间的不同而变化。动态网页的文件扩展名由其采用的程序设计语言决定，目前常见的有.php、.jsp、.asp。静态网页与动态网页本质的区别在于，静态网页仅在浏览器端运行，而动态网页还可以与服务器端交互。

5. 网页的构成元素

网页的构成元素有文本、图像、音频、视频、表格、表单、动画、超链接等。

（1）文本

文本包含英文、数字、汉字、符号等，是网页最基本的信息载体。

（2）图像

图像（也称图片）用于直观展示信息，增强网页的视觉效果和用户体验。网页图像常用 PNG（无损压缩/支持透明度）、JPEG（有损压缩/适合照片）和 GIF（256 色/简单动画）三种基础格式。PNG 适合高保真需求，JPEG 优化摄影图像体积，GIF 仅用于小尺寸动态元素。

（3）音频

网页中允许嵌入音乐或声音，提供听觉上的信息。常用音频格式有 MP3、AAC、WAV、OGG 等，MIDI 因特殊性需谨慎使用。

（4）视频

视频可以大大增强用户的互动体验，同时传递更直观的信息。目前的网页推荐使用 MP4（H.264 编码）和 WebM 格式的视频文件，AVI、WMV、3GP 等旧格式因兼容性问题已逐渐淘汰，专业场景可使用 MOV 格式但需注意解码限制。

（5）表格

表格是通过行（<tr>）和列（<th>/<td>）组成的结构化元素，用于高效展示具有逻辑关联的数据集合。大多数网页表格支持排序、筛选等交互功能，但需注意语义化标签和无障碍设计。建议网页布局应优先使用 CSS 而非表格。

（6）表单

表单是通过 HTTP 协议实现浏览器与服务器数据交换的核心网页组件，包含输入控件、验证规则和提交逻辑等。目前表单已发展为支持实时校验、无障碍访问和安全防护的复合型交互模块，是构建 Web 应用（如电商结算、用户注册）的基础设施。

（7）动画

现代网页动画通过 CSS 属性（transition/keyframes）、JavaScript API（Web Animations/Canvas）及专业库（GSAP/Lottie）实现，需遵循 60fps 流畅渲染、无障碍访问（prefers-reduced-motion）和性能预算（<1% CPU 占用）等标准。合理运用动画可提升用户的交互体验，增加用户的参与感和记忆点，使网页更加生动，但应避免过度装饰干扰核心功能。

（8）超链接

超链接作为 Web 的核心组件，通过<a>标签实现资源间的有向连接，支持文本、媒体、组件等多种载体。现代开发中需兼顾跨协议兼容性（mailto/tel/blob）、无障碍访问（WCAG 2.1 AA）和安全防护（noopener）。单页应用（SPA）还扩展出 history.pushState 的编程式导航能力，实现无刷新跳转。

1.2.3　Web 前端开发工具链简介

工欲善其事，必先利其器。Web 前端开发工具种类繁多，选择合适的工具能显著提升开发效率。针对不同的项目需求和开发场景，从代码编辑、调试测试到分析构建和设计，每类工具都有其独特的功能和适用范围。下面首先介绍开发初期常用的浏览器、编辑器及切图软件。

1. 浏览器

浏览器的主要功能是展示网页。浏览器通常内置了丰富的开发者工具（Developer Tools），提供了强大的代码调试、测试和分析功能。常见的浏览器包括 Edge、Chrome、Safari、Firefox和 Opera 等。对于大多数网站而言，只要能够兼容以下三款主流浏览器，通常就能满足广大用户的需求。

（1）Edge 浏览器

2015 年，微软公司全力推出 Microsoft Internet Explorer 浏览器的替代者 Microsoft Edge，它之后成为 Windows 10 的默认浏览器。Edge 浏览器的 LOGO 如图 1-2 所示。

（2）Chrome 浏览器

Chrome 浏览器是 Google 公司发布的，采用 Blink 内核，其 LOGO 如图 1-3 所示。它的

V8 JavaScript 引擎改善了用户在大量编写脚本的网站和 Web 应用上的体验，无论是启动速度还是页面解析速度或是 JavaScript 执行速度都很快，兼容性也好，对 HTML5 和 CSS3 的支持也比较完善，深受开发者喜爱。

（3）Firefox 浏览器

Firefox 浏览器又被称为 Mozilla 浏览器或火狐浏览器，它使用的是 Gecko 内核。Firefox 浏览器的 LOGO 如图 1-4 所示。

图 1-2　Edge 浏览器的 LOGO　图 1-3　Chrome 浏览器的 LOGO　图 1-4　Firefox 浏览器的 LOGO

2. 编辑器

一款好用的编辑器，可以使 Web 开发人员在开发时更容易上手。以下是几款常用编辑器的 LOGO，如图 1-5 所示，依次是 Visual Studio Code（简称 VS Code）、WebStorm、EditPlus、Adobe Dreamweaver（简称 Dw）、HBuilder。

图 1-5　常用编辑器的 LOGO

3. 切图软件

（1）Photoshop

Photoshop（简称 PS）是 Adobe 公司的图形图像处理软件之一，其 LOGO 如图 1-6（a）所示，它具有图像扫描、编辑修改、制作等功能，支持 Windows、Android 和 macOS 等操作系统。

（2）Fireworks

Fireworks（简称 FW）是由 Macromedia 公司出品的一款图形编辑软件，2005 年该公司被 Adobe 公司收购，其 LOGO 如图 1-6（b）所示。使用该软件可以创建和编辑位图、矢量图。

（a）　　　　（b）

图 1-6　切图软件的 LOGO

1.2.4　HBuilder X

1. HBuilder X 下载与安装

HBuilder X 支持多种编程语言和框架，它通过完整的语法提示和代码块提升开发效率和编码体验。打开 HBuilder X 官网，单击"Download for Windows"按钮下载安装包，如图 1-7 所示。将下载得到的压缩包解压后，双击可执行程序"HBuilderX.exe"即可运行 HBuilder X。

图 1-7　下载安装压缩包

右击安装包中的可执行程序"HBuilderX.exe"，选择"发送到"→"桌面快捷方式"，如图 1-8 所示，即可在桌面创建 HBuilder X 快捷方式。

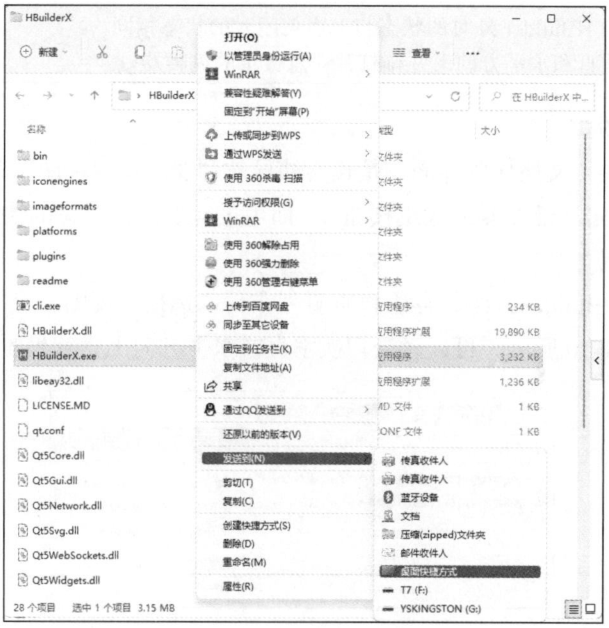

图 1-8　创建快捷方式

2．HBuilder X 窗口布局

（1）界面

HBuilder X 采用通用的界面，如图 1-9 所示，上方是菜单栏、工具栏，左侧是项目管理器，中间是编辑器，右侧是迷你地图，下方是控制台，底部是状态栏。迷你地图提供了源代

码的高级概述，对快速导航和帮助开发者理解代码很有用。在迷你地图中可以单击或拖动阴影区域以快速跳转至代码的不同部分。

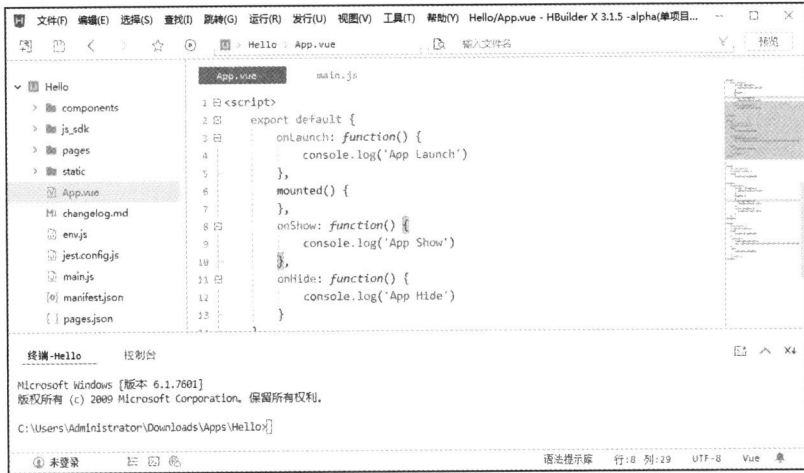

图 1-9　HBuilder X 的界面

> ① 可以在编辑器最右侧，单击鼠标右键，关闭或打开迷你地图。
> ② 选择"工具"→"设置"→"编辑器配置"，也可以调整迷你地图的像素宽度，默认 100。
> ③ 每次启动 HBuilder X 时的状态与上次关闭时的状态相同。
> ④ 可以在垂直和水平方向上并排打开任意数量的编辑器。

（2）文档结构图

HBuilder X 提供了文档导览界面，是长文档导航利器，在"视图"菜单中勾选"显示文档结构图"，或者单击底部左侧的大纲按钮 三 即可进行切换，对应的快捷键是"Alt+W"。

（3）编辑器布局

默认情况下，HBuilder X 编辑器组以垂直列布局，选择"视图"→"分栏"中预定义的编辑器布局，如图 1-10 所示，可以轻松切换垂直或水平方向上排列编辑器。

图 1-10　编辑器布局

【任务实现】

1. 创建项目

HBuilder X 支持多种项目类型，主要有普通项目、uni-app 项目、Wap2App 项目、5+App

项目等。分别尝试以下三种方式新建普通项目中的基本 HTML 项目，如图 1-11 所示。

（1）欢迎页面，单击"新建项目"。

（2）单击"工具栏"左侧的新建按钮 🖳，选择新建类型为"项目"。

（3）选择菜单"文件"→"新建"→"项目"。

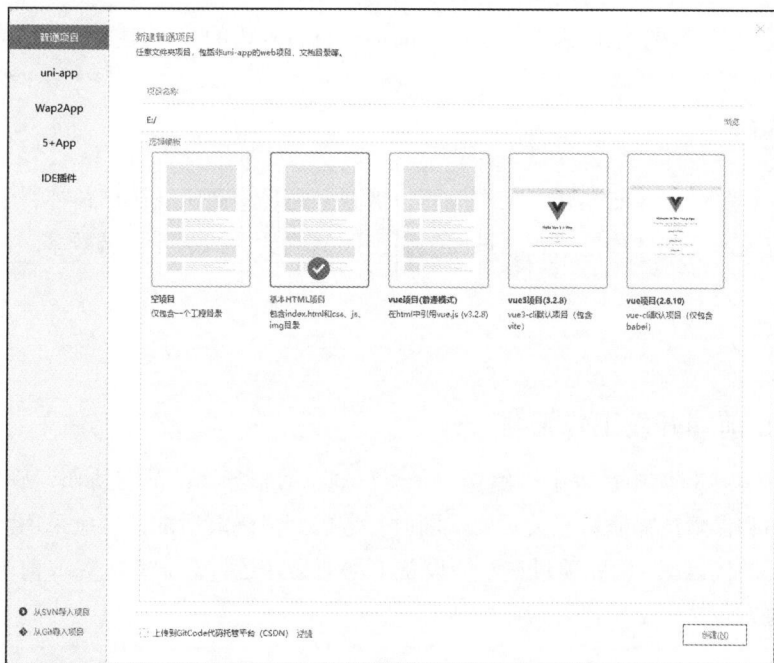

图 1-11　新建基本 HTML 项目

2．关闭项目

当项目管理器中项目数量过多时，可以关闭一些项目。右击项目，选择"关闭项目"，即可将项目移动到"已关闭项目"中。还可以从"已关闭项目"中，再次打开或移除项目。

3．修改项目别名

HBuilder X 支持对项目进行创建或修改别名。在项目管理器中选中项目并右击，选择"修改项目别名"，即可创建或修改项目别名。

任务 1.3　熟悉 Web 前端开发工作流程

【任务目标】

知识目标

● 熟悉 Web 前端开发工作流程。

● 了解 Web 前端项目目录结构的规划。

能力目标

● 能够合理规划 Web 前端项目的目录结构。
● 能够按照规范的工作流程分解 Web 前端项目各阶段的开发任务。

素质目标

● 了解并熟悉 Web 前端开发工作流程，培养全局观念和团队协作精神，学会从宏观与微观、整体与局部多维度分析问题，进而提高与团队成员的沟通与协调效率。

【导学知识】

1.3.1 Web 前端开发工作流程

在 Web 前端项目实施过程中，确立一套流程规范对指导团队分工协作、确保项目进度、提高开发效率和保障产品质量至关重要。同时，考虑到多终端适配性，应采用响应式设计或构建多端适配的代码库，确保项目在不同设备上均能良好运行。完整的 Web 前端项目从计划实施到完成通常包括以下阶段。

1. 需求分析

（1）项目讨论：与产品经理、设计师、后端开发师等团队成员讨论项目需求。
（2）功能确认：明确项目的功能需求、界面设计、用户体验等。

2. 项目规划

（1）技术选型：选择合适的前端技术栈，如 React、Vue、Angular 等。
（2）目录结构设计：规划项目文件和目录结构。
（3）工具选择：选择代码编辑器、版本控制系统（如 Git）、构建工具（如 Webpack）、测试框架等。

3. 设计阶段

（1）原型设计：设计师提供页面原型。
（2）UI 设计：设计师完成详细的 UI 设计图。

4. 开发阶段

（1）环境搭建：搭建本地开发环境，包括安装必要的软件和依赖。
（2）编码：编写结构化的 HTML 和 CSS 样式（HTML/CSS）以及实现页面的交互逻辑（JavaScript）。
（3）组件化开发：构建可复用的组件。

（4）代码审查：团队成员之间需进行代码审查，以确保代码质量和规范。

5. 测试阶段

（1）单元测试：对组件或函数进行测试。

（2）集成测试：测试模块之间的交互。

（3）性能测试：检查页面加载速度、响应时间等。

（4）跨浏览器测试：确保在不同浏览器上的兼容性。

6. 调试与优化

（1）问题修复：修复在测试阶段发现的问题。

（2）性能优化：优化代码、图片、网络请求等，提高页面性能。

7. 部署上线

（1）构建：使用构建工具打包项目文件。

（2）部署：将打包后的文件部署到服务器或 CDN。

8. 维护与迭代

（1）收集反馈：收集用户反馈和数据分析。

（2）功能迭代：根据反馈进行功能迭代和优化。

（3）版本控制：使用 Git 等版本控制系统管理代码变更。

9. 文档编写

（1）项目文档：编写项目文档，包括技术选型、开发规范、API 文档等。

（2）用户手册：如果项目需要，可以编写用户手册或帮助文档。

10. 团队协作

（1）任务分配：项目经理分配开发任务。

（2）进度跟踪：定期检查项目进度，确保按时完成。

（3）沟通协作：使用 Slack、Teams 等工具进行团队沟通。

整个工作流程需要团队成员之间紧密合作，以确保项目按时按质完成。随着技术的发展，前端工作流程可能会有所变化，但上述流程提供了一个基本的框架。

1.3.2　Web 前端开发岗位分工

在 Web 项目开发过程中，用户需求多样且独特。项目启动阶段，与客户的顺畅沟通至关重要。对于中等规模以上公司，标准团队构成通常包括 1 名产品经理、1 名交互设计师、1 名视觉设计师、1 名前端工程师、2 名后端工程师以及 1 名测试人员。而对于小型公司，常见的情况是工程师需身兼数职，整个项目通常由 2 至 3 人负责完成所有工作。

前端岗位对从业者的综合素质要求颇高，不仅需精通开发语言、数据结构、算法等编程技能，还需具备软件架构能力以应对日益复杂的前端应用。在竞争激烈的互联网行业，产品的外观美观、操作便捷是吸引用户的关键。由于前端直接与用户互动，前端工程师还需具备

UI 设计、视觉美工及用户体验等多方面的设计能力。此外，前端工程师往往还需参与产品运营推广，这就要求他们具备总结、归纳、文案编写以及数据统计和分析的能力。

不同规模的公司在 Web 项目开发过程中的人员配置会有所不同，这通常取决于项目的复杂度、预算和时间线。以下是针对不同规模公司在项目启动前期与客户沟通以及团队人员配置的一些考虑点。

（1）项目启动前期与客户沟通。

需求收集：使用会议、问卷调查、用户访谈等方式收集客户需求。

需求分析：分析需求的可行性、优先级和实现难度。

期望管理：明确项目目标和客户期望，确保双方的期望一致。

文档记录：将沟通内容形成文档，以便团队参考和后续跟进。

（2）中等规模以上的公司人员配置。

产品经理：负责整个项目的规划、进度控制和需求管理。

交互设计师：负责设计产品的交互逻辑和用户流程。

视觉设计师：负责产品的视觉风格和用户界面设计。

前端工程师：负责将设计转化为实际可运行的 Web 界面。

后台工程师：负责服务器端逻辑、数据库设计和 API 开发。

测试人员：负责测试产品质量，确保产品稳定可靠。

（3）规模较小的公司人员配置。

多功能工程师：在小团队中，每个成员可能需要承担多个角色。

前端开发与设计：可能由同一人负责。

后端开发与数据库管理：可能由同一人负责。

测试与部署：可能由开发人员兼任。

无论公司规模大小，确保团队成员之间有良好的沟通和协作是项目成功的关键。合理分配任务和明确责任，确保小团队也能高效地完成项目。

1.3.3　Web 前端项目目录结构

规划层次清晰合理的模块化和组件化的目录结构，分门别类存放图片、样式文件、脚本文件和网页等，对于 Web 前端项目的管理、维护和扩展至关重要。对于不需要长期维护、体量偏小（通常仅有几个页面）的小型项目，简单的架构可能足以应对。然而，对于中大型项目，易构建、易开发、易测试、易维护、易扩展的架构尤为重要。以某企业 PC 端"星企智联"项目的目录结构为例，如图 1-12 所示，每个页面或组件都有自己的目录，其中包含相关的 HTML、CSS 和 JavaScript 文件。静态资源（如图片和脚本）被分类到 assets 目录下，便于统一管理和引用。项目根目录包含 README 文件和其他文档，方便团队成员了解项目。每个部分都有其特定的职责，这样的组织方式有助于提高开发效率和促进团队协作。此外，dist 目录用于存放构建后的文件，这些文件最终将被部署到服务器上。

```
1    星企智联/
2    |
3    ├── src/                          # 源代码目录
4    |   ├── assets/                   # 静态资源目录
5    |   |   ├── images/               # 图片资源
6    |   |   ├── icons/                # 图标资源
7    |   |   ├── styles/               # 样式文件（CSS/Sass/Less）
8    |   |   |   ├── main.css          # 主样式文件
9    |   |   |   ├── components/       # 组件样式
10   |   |   |   └── utils/            # 工具类样式
11   |   |   └── scripts/             # 脚本文件（JavaScript）
12   |   |       ├── main.js          # 主脚本文件
13   |   |       ├── components/      # 组件脚本
14   |   |       └── utils/           # 工具函数脚本
15   |   |
16   |   ├── components/               # 公共组件目录
17   |   |   ├── Header/               # 头部组件
18   |   |   ├── Footer/               # 底部组件
19   |   |   └── Sidebar/              # 侧边栏组件
20   |   |
21   |   ├── views/                    # 页面文件目录
22   |   |   ├── Home/                 # 首页目录
23   |   |   |   ├── index.html        # 首页HTML
24   |   |   |   └── index.js          # 首页逻辑
25   |   |   ├── About/                # 关于我们页面目录
26   |   |   |   ├── index.html        # 关于我们页面
27   |   |   |   └── index.js
28   |   |   └── Contact/              # 联系我们页面目录
29   |   |       ├── index.html
30   |   |       └── index.js
31   |   |
32   |   ├── templates/                # 模板文件目录
33   |   |   ├── layout.html           # 布局模板
34   |   |   └── partials/             # 局部模板
35   |   |
36   |   └── app.js                    # 应用程序入口文件
37   |
38   ├── dist/                         # 构建输出目录
39   |   ├── css/                      # 编译后的样式文件
40   |   ├── js/                       # 编译后的脚本文件
41   |   └── index.html                # 编译后的入口HTML文件
42   |
43   ├── .gitignore                    # Git忽略配置文件
44   ├── package.json                  # 项目依赖和配置信息
45   ├── README.md                     # 项目说明文档
46   └── webpack.config.js             # Webpack配置文件（如果使用Webpack）
```

图 1-12　目录结构示例

【任务实现】

1. 规划网页栏目

网页栏目是网站架构的核心组成部分，涵盖了网站的主导航、二级菜单及三级子栏目等。这些栏目旨在提升用户的浏览效率，帮助用户迅速定位所需信息，从而显著增强用户体验。请参考图 1-13，对网页栏目进行合理规划。

图 1-13　网页栏目示例

2. 提炼关键任务

工程师通过对工作流程细致拆解，提炼出对于关键 Web 开发任务的理解，如图 1-14 所示。在这一过程中，深入体验以下几个阶段的工作：开发前的需求调研、需求解析、人力资源与时间规划的准备工作；开发期间的责任分工、页面设计与编码、模块化提取与分离；开发完成后的自我测试与联合调试、成果提交与验收、交接文档的编写，以及项目收尾时的难题分析、解决方案汇总、新技术实践、团队协作感悟和后续的变更管理与维护工作。

图 1-14　关键任务示例

任务 1.4　初识 HTML5 页面

【任务目标】

知识目标

- 了解项目目录及文件。
- 掌握网页基本标签结构。

能力目标

- 能够完成简单 HTML5 网页的创建。
- 能够根据案例进行变通，制作出其他效果的网页。

素质目标

● 掌握 HTML5 页面的架构设计与创建技巧，培养积极探索、勤奋学习、深思熟虑的学习态度，形成在行动前进行周密分析并持续深入探究的良好学习习惯，从而提高在知识和技能上的自我更新与迭代能力。

【导学知识】

1.4.1　项目目录及文件

使用 HBuilder X 创建一个 Web 前端项目，项目中会自动生成通用的目录及文件，如图 1-15 所示，也可以对规划好的项目目录结构进行调整。目录及文件名通常使用英文名称，以保证项目在上线后能够被正常解析，这里举例的项目因为是在本地进行测试，也为了方便读者识别及区分，暂时使用了中文项目名称。

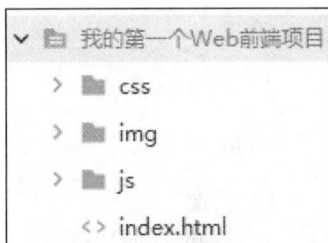

图 1-15　项目目录结构

● img 目录：用于存放网页上的图片资源，所有的图片资源都放置在 img 文件夹中。

● css 目录：用于存放网页上的样式资源，所有的网页样式文件都存放在 css 文件夹中。

● js 目录：用于存放网页上的脚本资源，所有的网页脚本都存放在 js 文件夹中。

1.4.2　网页基本标签结构分析

打开项目中的"index.html"，可以看到对应的基础代码，如图 1-16 所示，这是一个 HTML 网页标签结构模板。后期完成的网页代码都是在这个模板基础上进行扩充的，可以看出，一个 HTML 页面基本由以下 4 部分组成。

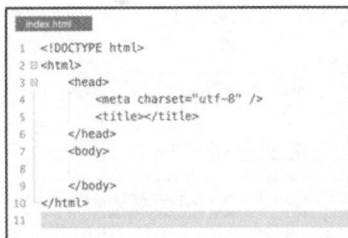

● <!DOCTYPE html>。

● <html></html>。

● <head></head>。

● <body></body>。

图 1-16　HTML 网页标签结构模板

1. 声明文档类型

<!DOCTYPE html>是一个文档类型声明，表示这是一个 HTML5 文档。要建立符合标准的文档，DOCTYPE 声明必不可少，而且需要放在文档的开始位置。该声明的作用是告知浏览器以标准模式（Standards）显示页面。

2. <html>标签

<html>标签是网页文档的根标签，其他所有标签都包裹在该标签中。它的作用是告知浏

览器整个文档主体内容从<html>开始，到</html>结束。

3．<head>标签

<head>标签表示头部区域，其中存储着各种网页基本信息，如网页编码、标题等。这些信息不会显示在网页中，但是可以被浏览器和搜索引擎抓取。因此设置正确、全面的头部信息息至关重要。

4．设置网页编码

每个 HTML 网页都需要设置字符编码类型，如<meta charset="utf-8">，否则浏览器可能会因为无法正确解析字符而显示乱码。utf-8 是世界通用的字符编码，独立于任何语言。所以在网页模板中，通常会设置对应的编码为 utf-8。如果没有此项设置，浏览器显示页面时将会出现乱码。

5．<title>标签

<title>标签可以定义文档的标题。浏览器会把<title>标签中的内容放在窗口的标题栏或状态栏中显示，当用户把网页加入书签列表、收藏夹或链接列表时，标题将作为默认名称。搜索引擎会把标题作为与页面相关的词语以用于检索。

在设计项目的时候，开发者应该选择描述性强的、让用户一眼就能看明白的标题。

6．<body>标签

<body>标签对用于定义文档的主体，即网页中所有需要展示的内容，如文本、图像、表格、表单等都应该放在<body>标签中，只有放在这里，才能实现对应的网页效果。

【任务实现】

1．效果展示

本任务将完成本书第一个网页项目"我的第一个网页"，网页效果如图 1-17 所示。

2．修改网页标题

找到 index.html 中的<title>标签，添加标题"我的第一个网页"，代码修改后，相应的内容将发生变化，修改后，一定不要忘记按"Ctrl+S"快捷键进行项目的保存，如图 1-18 所示。

图 1-17　网页效果

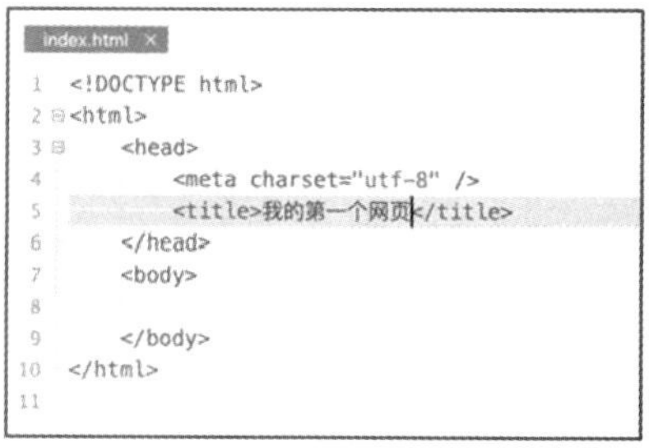

图 1-18　修改网页标题

3. 运行

如图 1-19 所示，单击"运行"→"运行到浏览器"→"Chrome"，选择计算机上安装的浏览器，运行网页，看到网页标题已修改成功，如图 1-20 所示。

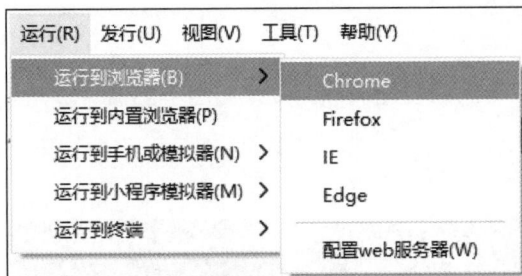

图 1-19　运行

图 1-20　网页标题修改成功

4. 修改网页内容

在网页结构中，找到<body>标签，写入对应的网页内容"我的第一个网页"，具体如代码 1-1 所示。

代码 1-1

```
<body>
    我的第一个网页
</body>
```

保存项目后，打开刚才的网页，按"F5"键刷新网页，如图 1-21 所示。

刷新网页后，看到如图 1-22 所示效果，表示编写的代码成功生效。

图 1-21　刷新网页

图 1-22　页面内容显示

5. CSS 样式设置

如果想实现网页上的样式效果，可以通过在网页标签上添加样式来实现，这是一种简单的添加样式的方式，后续将介绍其他更常用的样式设置方式。

在代码中找到<body>标签，添加 style 行内样式，设置字体大小及颜色，如代码 1-2 所示。

代码 1-2

```
<body style="font-size: 24px; color: blue;">
```

- font-size：用来设置文字大小，改变文字展示的大小效果。
- color：用来设置文字颜色，改变文字展示的颜色效果。

设置样式后保存并刷新页面，就能够看到对应的网页效果和图 1-17 一致。到此，这个任

19

务就完成了。后续项目将介绍更多的项目开发内容，进而提高初学者的前端项目开发能力。

【任务拓展】

1. 任务效果

完成"阿狸小站"任务拓展项目以进行知识巩固和技能训练，效果如图 1-23 所示。

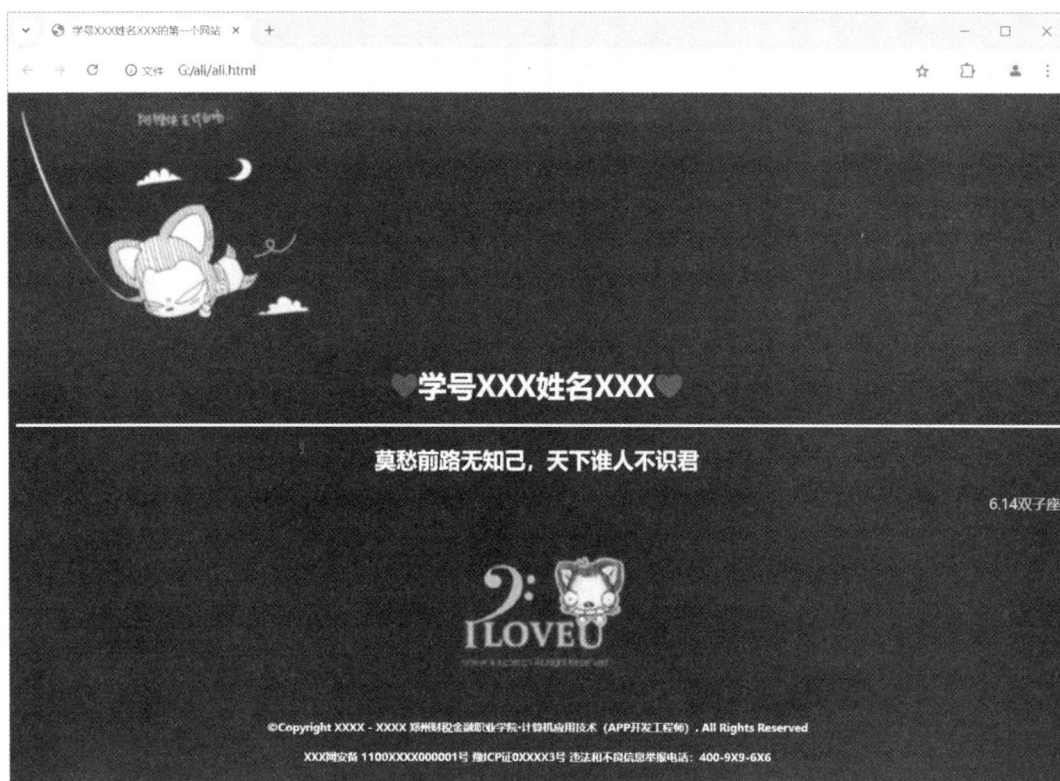

图 1-23　任务效果

2. 任务实现

扫码获取任务效果分析与 AI 代码解析实现方案、本地部署（IIS、XAMPP、phpStudy）、Web 服务器配置（Apache 虚拟主机）和 Internet 上传发布的完整指南。

| AI 视觉解析与
智能代码解构 | 本地 IIS 部署
与发布 | 本地 XAMPP
部署与发布 | 本地 phpStudy
部署与发布 | Apache 虚拟
主机配置 | Internet 上传
与发布 |

项目总结

本项目已经完成了，希望大家掌握以下主要知识点，为后续网页设计打好基础。
- HBuilder X 的安装与使用。
- 项目创建的基本操作及项目目录结构分析。
- 网页基本结构分析及代码编写。

代码与人生

团队协作共创价值

通过本项目，我们已经对 Web 前端开发流程有了基础的认知，完成了首个 Web 页面开发并积累了初步实践经验。需明确的是，软件开发并非是一个人编写代码。企业项目中，前端、后端、设计、测试、产品、运营等岗位环环相扣，协作能力是核心基础，项目推进需"分工"，更需"共赢"，唯有各人员信任配合，才能将"页面"转化为"产品"。

当前 AI 能完成前端代码生成、样式调试等工作，部分人担心工作会被 AI 取代，但开发人员的核心价值在于主动学习与深度理解能力，目前 AI 仅是提升效率的辅助工具，项目落地仍需团队各司其职、协同推进以将构想转化为实际产品；而项目成功依赖多岗位在模块开发归属、进度协调、问题沟通等方面的精细分工与配合，这类任务暂时无法被 AI 替代。高效协作还能提效降本、优化产品质量，因此开发人员应摒弃"独立完成"思维，培养倾听、表达、协作的职业素养，养成合作共赢的意识。

练习测试

一、单选题（每小题 4 分，共 20 分）

1. 以下关于网页结构说法错误的是（　　）。
   - A. HTML 文件是结构层
   - B. CSS 文件是表示层
   - C. JavaScript 文件是行为层
   - D. CSS 文件是行为层

2. 以下关于 HTML 描述不正确的是（　　）。
   - A. HTML 是描述网页的语言
   - B. HTML 是一种编程语言
   - C. HTML 是由标签组成的
   - D. HTML 是超文本标记语言

3. 以下哪一项是最完整的 HTML 元素（　　）。
   - A. <h1>
   - B. <h1>欢迎来到课程首页</h1>
   - C. <h1></h1>
   - D. </h1>

4. HTML5 文档类型正确的声明方式是（　　　）。

  A. <!DOCTYPE html>

  B. <!DOCTYPE HTML5>

  C. <!DOCTYPE HTML PUBLIC>

  D. //W3C//DTDHTML 5.0//EN <!DOCTYPE root-element-name>

5. 在 HTML 中，（　　　）不属于 HTML 文档的基本组成部分。

  A. <style></style>   B. <body></body>

  C. <html></html>   D. <head></head>

二、多选题（每小题 4 分，共 20 分）

1. 以下关于浏览器的描述正确的是（　　　）。

  A. 目前主流的浏览器有 Chrome、Firefox、Edge 等

  B. 不同的浏览器内核也不相同

  C. 不同版本的浏览器差别可能很大，对 Web 技术的支持度也会不同

  D. Chrome 浏览器可以在进行 Web 前端开发时，用于调试和测试

2. 以下属于 HTML5 优势的是（　　　）。

  A. 解决了跨平台问题   B. 部分标签代替了原来的 JavaScript

  C. 提供了更明确的语义支持 D. 增强了 Web 应用的功能

3. 属于 HTML5 语法变化的是（　　　）。

  A. 标签不再区分大小写   B. 元素可以省略结束标签

  C. 支持 boolean 值的属性   D. 允许属性值不使用引号

4. 下面（　　　）是 HTML5 新增的表单元素。

  A. <datalist> B. <optgroup> C. <output>   D. <legend>

5. 关于语义化说法不正确的是（　　　）。

  A. 语义化的 HTML 有利于机器的阅读

  B. <table>属于过时的标签，遇到数据列表时，需尽量使用 div 来模拟表格

  C. 语义化是 HTML5 带来的新概念，此前版本的 HTML 无法做到语义化

  D. <header>、<article>、<address>都属于语义化明确的标签

三、判断题（每小题 4 分，共 20 分）

1. 在 HTML 中，DIV+CSS 可以用作排版布局，表格（<table>）也可以用于布局。（　　　）

2. H5 是 HTML5 的简称。（　　　）

3. <output>、<title>、<aside>均是 HTML5 新标签。（　　　）

4. HTML5 旨在保持与 HTML4 及 XHTML1 文档的兼容性，其标准还在制定中。（　　　）

5. doctype 区分大小写，只有小写正确，作用是告诉浏览器以何标准解析网页。（　　　）

四、实操题（每小题 20 分，共 40 分）

1. 调研当前主流的网站规划、设计、建设工作流程，写一份"果果鲜"水果电商网站

项目的详细实施方案，并规划项目目录结构，完成后利用 AI 大模型进行审核修订。

2.　借助 AI 大模型分析图 1-24 所示页面的结构，扫码观看参考示例，自行编写代码实现如图 1-25 所示结构效果的页面。

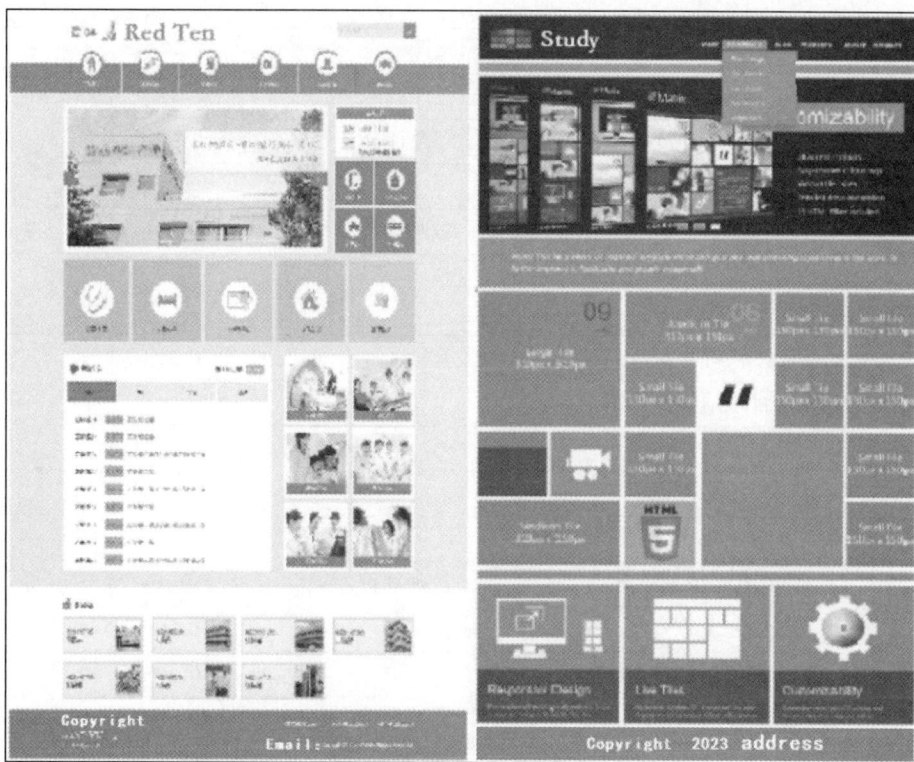

图 1-24　网站首页举例

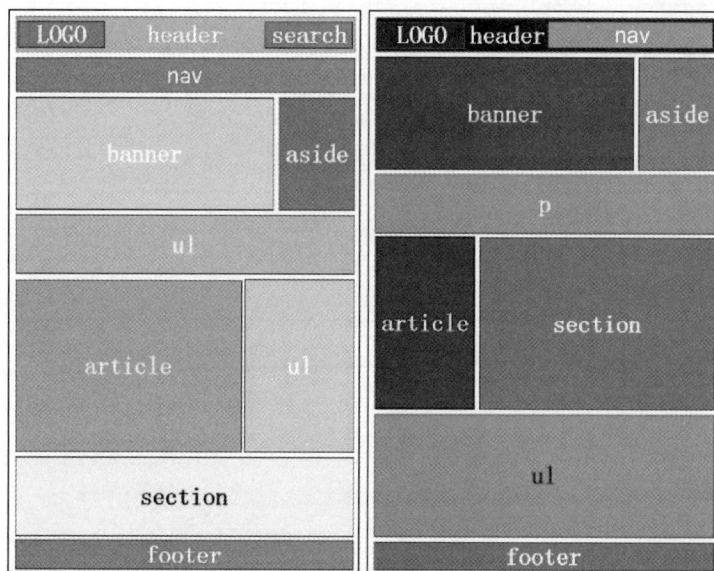

网页布局与结构设计

图 1-25　页面结构框图举例

评价与考核

课程名称：Web 前端开发项目教程		授课地点：		
项目 1：Web 前端开发职业前景与开发初体验		授课教师：		授课学时：
课程性质：理实一体课程		综合评分：		
理论知识掌握情况评分（30 分）				
序号	知识考核点	教师评价	分值	得分
1	Web 前端开发工程师岗位工作内容及职责		5	
2	HBuilder X 项目开发基本操作		10	
3	前端项目目录结构及作用		5	
4	前端开发工作流程		5	
5	网页基础模板结构		5	
工作任务完成情况评分（70 分）				
序号	能力操作考核点	教师评价	分值	得分
1	使用 HBuilder X 创建项目的能力		10	
2	将文件保存到指定位置的能力		10	
3	打开指定文件的能力		10	
4	编写代码完成简单网页的能力		20	
5	程序排错的能力		10	
6	与组员协作的能力		10	
违纪扣分（-20 分）				
序号	违纪考查点	教师评价	分值	扣分
1	迟到/早退		-5	
2	睡觉		-5	
3	打游戏/玩手机		-5	
4	其他影响课堂学习的行为		-5	

项目② 制作 5G 新时代科学知识页面

项目导读

  仅使用 HTML5 制作一个美观大方、高访问量的网页是非常困难的。使用 CSS 修饰网页，能够有效地传递页面信息，在不改变页面原有结构的情况下，丰富页面的样式效果，增添页面的视觉魅力，提升用户的浏览体验。本项目将对 CSS 以及最新版本 CSS3 的相关知识进行介绍。

项目教学

任务 2.1 规划页面布局

规划页面布局

【任务目标】

知识目标

- 理解传统的布局标签。
- 掌握 HTML5 新增的语义化标签。

能力目标

- 理解传统布局标签的应用。
- 掌握使用语义化标签布局页面的方法。

素质目标

- 学习 HTML5 新增语义化标签，规划页面布局，培养设计感知力、空间思维力、用户体验意识，提升自主探究的意识、能力及创新思维。

【导学知识】

2.1.1 传统的布局标签

1. <div>标签

<div>标签没有语义，是一个块元素，可以用于网页的规划和布局。大多数的 HTML 标签都可以嵌套在<div>标签中，<div>标签中还可以嵌套多层<div>标签，功能强大。由于<div>标签属于块元素，浏览器会在其前后显示换行。

2. <span>标签

<span>标签没有特定的含义，是行内元素，可以用作文本的容器。由于<span>标签属于行内元素，因此不需要独占一行，其后面允许有其他的内容。

2.1.2 HTML5 新增语义化标签

在 HTML5 出现之前，一般采取 DIV+CSS 进行页面布局，但是这样的布局形式不仅使页面的文档结构不够清晰，而且不利于搜索引擎对页面的爬取。为了解决上述问题，HTML5 新增了很多语义化标签。

所谓语义化标签就是一种仅通过标签名就能判断出该标签内容语义的标签，下面对 HTML5 新增的几个语义化标签进行介绍。

1. <header>标签

<header>标签描述了文档的头部区域，主要用于定义内容的介绍展示区域。<header>标签放在页面或布局的顶部，一般用于放置导航栏或标题，在页面中可以使用多个<header>标签。

<header>标签不但可以放置页面或者页面中某个区块的标题，还可以放置搜索表单、LOGO 图片等元素，按照最新的 W3C（World Wide Web Consortium，万维网联盟）标准，还可以放置导航栏<nav>标签。

2. <nav>标签

<nav>标签表示页面的导航，用于定义页面的主要导航部分。<nav>标签不但可以作为页面独立的导航区域存在，还可以在<header>标签中使用。

3. <article>标签

<article>标签使用在相对比较独立、完整的内容区块中，该区块可以有自己的<header>、<footer>、<section>等标签，可以在一个论坛帖子或者一个用户评论中使用它。

4. <section>标签

<section>标签是一个主题性的内容分组，包括的是一组有相似主题的内容，通常用于对页面进行分块或者对文章等进行分段。

5. <aside>标签

<aside>标签一般使用在侧边栏、广告、友情链接等区域，所包含的内容不是页面的主要内容，具有独立性，是对页面的补充。

6. <footer>标签

一般被放置在页面或者页面中某个区块的底部，包含版权信息、联系方式等信息。跟<header>标签一样，<footer>标签的使用个数也没有限制，可以在任意需要的区块底部使用。

【任务实现】

1. 效果展示

本任务将完成"页面布局"网页效果，如图 2-1 所示。

图 2-1 "页面布局"网页效果

2. 实现代码

页面布局效果采取 HTML5 新增的语义化标签实现，本任务的实现如代码 2-1 所示。

代码 2-1

```html
<!DOCTYPE html>
<html>
    <head>
        <meta charset="UTF-8">
        <title></title>
    </head>
    <body>
```

```
        <article>
            <h1>Web 前端开发的三大核心技术</h1>
            <p>下面简要介绍一下 Web 前端开发三大核心技术的背景知识。</p>
            <section>
                <h1>HTML</h1>
                <p>HTML 全称 Hyper Text Markup Language，即超文本标记语言。超文本即文本、
图像、视频、音频和动画等多媒体信息，其本质是一种特殊的文档。
                    HTML 是一种规范，也是一种标准，它是用标签来描述网页的一种语言。
                </p>
            </section>
            <section>
                <h1>CSS</h1>
                <p>CSS 全称 Cascading Style Sheets，即串联样式表。CSS 作为网页设计过程中常
用的技术之一，主要用来控制网页上文字、标题、列表、表格、表单等的显示样式，如颜色、大小、阴影、
背景等都是通过 CSS 添加的。
                </p>
            </section>
            <section>
                <h1>JavaScript</h1>
                <p>JavaScript（JS）是一种轻量级的编程语言，作为 Web 开发页面的脚本语言而出名，
它能够在不同的浏览器中运行。
                </p>
            </section>
        </article>
    </body>
</html>
```

任务 2.2　构建网页内容

【任务目标】

知识目标

- 掌握文本控制标签的使用。
- 掌握图像标签和超链接标签的使用。
- 掌握表格标签和列表标签的使用。

能力目标

- 能够使用文本控制标签进行文本内容定义。
- 能够通过图像及超链接标签实现嵌入图片展示与页面跳转导航。
- 能够使用表格和列表标签来定义。

素质目标

● 通过学习使用文本控制标签来构建网页，提升设计素养和动手实践能力。

● 通过灵活应用图像、超链接、表格以及列表标签，培养灵活的思维方式。

文本控制标记、
图像和超链接

【导学知识】

2.2.1 文本控制标签

在网站中，文字是最基本的网页元素之一，是承载网站信息的"主力军"。为了提高文本信息的可读性，提升用户的浏览体验，需要对页面进行排版设计。HTML 提供了一系列的文本控制标签。下面将对这些标签进行详细介绍。

1. 页面格式化标签

为了使网页中的文本排版清晰，HTML 提供了相应的页面格式化标签，具体介绍如下。

（1）标题标签

HTML 共提供了 6 个等级的标题标签，分别为<h1>、<h2>、<h3>、<h4>、<h5>、<h6>，标题标签的语法格式如代码 2-2 所示。

代码 2-2

```
<hn align="对齐方式">标题</hn>
```

在上面的语法格式中，n 的取值从 1~6，字号从<h1>到<h6>依次减小。<h1> 代表 1 级标题，用于定义字号最大的标题；<h6>代表 6 级标题，用于定义字号最小的标题。align 属性用于设置标题的对齐方式，取值分别如下。

● left：设置标题对齐方式为左对齐，是默认的对齐方式。

● center：设置标题对齐方式为居中对齐。

● right：设置标题对齐方式为右对齐。

> ⓘ 网页中一般不建议使用 align 属性设置标题的对齐方式，建议通过 CSS 样式设置。
> 注意

（2）段落标签

在 HTML 文档中，段落标签是最常见的标签之一，可以使网页中的文本有条不紊地显示出来。段落标签是双标签，<p></p>之间的内容形成一个段落，语法格式如代码 2-3 所示。

代码 2-3

```
<p>文本</p>
```

（3）水平线标签

水平线一般用于段落与段落之间的分隔，可以使文档更加清晰，文字编排更加整齐。水平线标签<hr>是单标签，其语法格式如代码 2-4 所示。

<div align="center">代码 2-4</div>

```
<hr>
```

（4）换行标签

在网页中，为了使某个段落内的文本强制换行，可以使用换行标签
。
标签是一个单标签，连续的多个
标签可以实现多次换行。

2. 文本格式化标签

在网页中，有时需要为文本设置粗体、斜体、上标、下标等效果，就需要用到文本格式化标签。在 HTML 中，常见的文本格式化标签如表 2-1 所示。

<div align="center">表 2-1　文本格式化标签</div>

文本格式化标签	显示效果
<b></b>和<strong></strong>	文本以粗体效果显示
<i></i>和<em></em>	文本以斜体效果显示
<s></s>和<del></del>	文本以加删除线效果显示
<u></u>和<ins></ins>	文本以加下画线效果显示
	定义上标文本
	定义下标文本

3. 特殊字符

在浏览网页时，能看到一些包含特殊字符的文本，如版权信息、注册商标等。网页中常见的特殊字符如表 2-2 所示。

<div align="center">表 2-2　特殊字符</div>

特殊字符	描述	字符代码
	空格符	
<	小于号	&lt;
>	大于号	&gt;
&	和	&amp;
¥	人民币符号	&yen;
©	版权符号	&copy;
®	注册商标符号	&reg;
°	摄氏度单位符号	&deg;
±	正负号	&plusmn;
×	乘号	&times;
÷	除号	&divide;
^{2}	平方	&sup2;
^{3}	立方	&sup3;

2.2.2 图像和超链接

1. 图像

网页设计中图像的应用非常广泛，不同的图像格式适用于不同的场景。页面中有了图像，会瞬间变得多姿多彩，大大提升用户的浏览体验。下面将对图像的格式及其使用技巧进行详细介绍。

（1）常见的图像格式

网页中的图像文件太小会影响图像的质量，太大则会影响页面的加载速度。目前网页中常见的图像格式主要有 GIF、JPG 和 PNG。下面对这 3 种格式进行详细介绍。

● GIF 格式：GIF 是一种无损的图像格式，当对图片进行修改之后，图像质量没有损失。GIF 格式适用于动态图像，以及色调一致的小图像，支持背景透明、支持动画、支持图像渐进、支持无损压缩，但 GIF 格式只能处理 256 种颜色。在网页制作中，常常用于小图标、LOGO、导航栏、按钮以及色彩单一的图像。

● JPG/JPEG 格式：JPG/JPEG 是一种有损压缩的图像格式，不支持透明图像和动态图像，支持数百万种颜色（即真彩色），通常用于存储色彩丰富、细节复杂的图像。在网页制作中，banner 广告、较大的插图可以考虑使用该格式。

● PNG 格式：PNG 格式压缩比高，生成文件体积小，支持 alpha 透明，且颜色过渡平滑，适用于需要透明效果的图像。

（2）图像标签

在 HTML 中，图像由图像标签（<img>标签）进行定义，其语法格式如代码 2-5 所示。

代码 2-5

```
<img src="文件路径">
```

在上述语法格式中，src 属性用于设置图像文件路径，除了 src 属性，图像标签还有其他的一些属性。图像标签的常见属性如表 2-3 所示。

表 2-3　图像标签的常见属性

属性	属性值	描述
align	top、bottom、middle、left、right	不推荐使用。规定如何根据周围的文本排列图像
loading	eager（立即加载） lazy（延迟加载）	指定浏览器加载图像的方式
alt	文本	设置图像的替代文本
border	数值，单位为 pixels（像素，px）	不推荐使用。设置图像的边框
height	数值，单位为 px	规定图像的高度
hspace	数值，单位为 px	不推荐使用。设置图像左侧和右侧的空白
src	URL	规定显示图像的 URL
vspace	数值，单位为 px	不推荐使用。设置图像顶部和底部的空白
width	数值，单位为 px	设置图像的宽度

（3）相对路径和绝对路径

网页中的路径分为相对路径和绝对路径两种。相对路径使用"/"字符作为目录的分隔字符，而绝对路径可以使用"\"或"/"字符作为目录的分隔字符，具体介绍如下。

● 绝对路径：指网页文件在硬盘上真正存在的路径，如 D:\img\icon.jpg。完整的网络地址也属于绝对路径，如 http://cache.yisu.com/upload/information/20210311/298/ 5920.jpg。

● 相对路径：指相对于当前文件的路径，通常以当前网页文件为起点，主要分为如下 3 种情况。

◇ 图像文件和网页文件处于同一路径，举例：<img src="banner.jpg">。

◇ 图像文件位于网页文件所在位置的下级目录，举例：<img src="img/banner.jpg">。

◇ 图像文件位于网页文件所在位置的上级目录，举例：<img src="../banner.jpg">。

2. 超链接

超链接是网页中必不可少的元素。使用超链接，可以使各个页面联系在一起，从而构成一个完整的网站。下面对超链接标签的语法格式及使用技巧进行详细介绍。

（1）超链接标签

超链接标签是一个双标签，其语法格式如代码 2-6 所示。

代码 2-6

```
<a href="跳转目标">链接文本或图像</a>
```

在上述语法格式中，href 属性用于设置跳转目标的地址，除此之外该标签还有一些其他的常见属性。超链接标签的属性如表 2-4 所示。

表 2-4 超链接标签的属性

属性	描述
href	设置单击后跳转目标的 URL，可以是网页、图片、E-mail 等地址
target	设置跳转目标在什么地方打开，包括在本页、新窗口、父框架、浏览器等
title	当鼠标指针移至该超链接时，会在链接附近出现一段提示文本
style	设置链接的样式，包括颜色、下画线、字体、字号等

上述表格中的 target 属性用于设置单击链接后的跳转目标在什么地方打开，主要分为以下 5 种情况。

● _blank：在新的浏览器窗口或选项卡中打开链接文档。

● _self：在与当前相同的框架中打开链接文档（默认）。

● _parent：在父框架中打开链接文档。

● _top：在窗口的整个主体中打开链接文档。

● framename：在指定的 iframe 中打开链接文档。

（2）锚点链接

锚点链接，也称书签链接。当浏览的网页内容较为繁杂、内容叙述较长时，需要不断拖动滚动条才能看到目标信息。为了方便操作，可以在页面顶部或者目录上设置链接，当单击链接之后可以快速跳转到当前页面的指定位置上，提高信息的检索速度。锚点链接的设置方法如下。

以锚点"第一章"为例，若要实现当前页面内的跳转，可使用代码 2-7 实现。

代码 2-7

```
<a href="#one">跳到第一章</a>
<div style="height:3000px;">楔子...</div>          //为了使锚点跳转更明显，添加此占位框
<a name="one">第一章</a>                            //这里也可以是 id 名称为 one 的 div 框
```

> ⚠️ **注意**　href 的值要跟 name 的值保持一致，href 的值要加上#号，此种方法是跳转到当前页面的锚点位置。如果要跳转到另一个网页的锚点位置（如 111.html 页面的锚点"第一章"），需要提供该锚点所在页面的完整 URL，具体如代码 2-8 所示。

代码 2-8

```
<a href="111.html#one">跳到第一章</a>
```

2.2.3　表格和列表

1. 表格

表格是网页设计中用于展示数据的一种常见元素。表格由行和列组成，行列交叉形成单元格，单元格用于存储数据。表格在网页中常用于比较和对比信息，使得数据呈现更加清晰、易于理解。表格标签的语法格式如代码 2-9 所示。

表格和列表

代码 2-9

```
<table>
    <tr>
        <td>单元格文本</td>
        ...
    </tr>
    <tr>
        <td>单元格文本</td>
        ...
    </tr>
    ...
</table>
```

在上述语法格式中，<table></table>用于表示表格的开始和结束；<tr></tr>用于定义表格中的一行，<table></table>中包括几个<tr></tr>，就表示该表格有几行；<td></td>用于定义表格中的单元格，一对<tr></tr>中包括几对<td></td>，就表示该行有几列。

（1）<table>标签的属性

<table>标签包含大量的属性，用于控制表格的显示样式。<table>标签的常见属性如表 2-5 所示。

表 2-5　<table>标签的常见属性

属性	属性值	描述
align	left、center、right	设置表格相对于周围元素的对齐方式，一般使用样式代替
bgcolor	颜色值，rgb(x,x,x)、#xxxxxx、colorname	设置表格的背景颜色，一般使用样式代替
border	数值，单位为 px	设置表格边框的宽度
cellpadding	数值，单位为 px 或百分比（%）	设置单元格边缘与其内容之间的空白
cellspacing	数值，单位为 px 或%	设置单元格之间的空白
width	数值，单位为 px 或%	设置表格的宽度
height	数值，单位为 px 或%	设置表格的高度
background	URL	设置表格的背景图像

（2）<tr>标签的属性

<tr>标签的常见属性如表 2-6 所示。

表 2-6　<tr>标签的常见属性

属性	属性值	描述
align	left、right、center、justify、char	定义表格行的内容对齐方式，一般使用样式代替
bgcolor	颜色值，rgb(r,g,b)、#xxxxxx、colorname	设置行背景颜色
background	URL	设置行背景图像
valign	top、middle、bottom、baseline	规定表格行中内容的垂直对齐方式

（3）<td>标签的属性

<td>标签的常见属性如表 2-7 所示。

表 2-7　<td>标签的常见属性

属性	属性值	描述
align	left、right、center、justify、char	规定单元格内容的水平对齐方式
bgcolor	颜色值，rgb(x,x,x)、#xxxxxx、colorname	规定单元格的背景颜色，一般使用样式代替
colspan	数值	规定单元格可横跨的列数
height	数值，单位为 px 或%	规定表格单元格的高度，一般使用样式代替
rowspan	数值	规定单元格可横跨的行数
valign	top、middle、bottom、baseline	规定单元格内容的垂直排列方式
width	数值，单位为 px 或%	规定表格单元格的宽度，一般使用样式代替

2. 列表

网页信息常以列表形式呈现以提升易读性。例如，许多购物商城网站首页的商品服务分类列表或各大网站的导航栏就排列有序、条理清晰。HTML5 提供了 3 种常用的列表元素以满足网页排版需求：无序列表、有序列表和定义列表。下面对这三种列表进行详细介绍。

（1）无序列表

无序列表用于呈现没有特定顺序的项目集合，其各个列表项之间没有优先级或次序之分。无序列表使用<ul>标签定义，其语法格式如代码 2-10 所示。<li>标签嵌套在<ul>标签中，用于描述具体的列表项，每对<ul>标签中至少应包含一对<li>标签。<li>与</li>之间可以容纳所有的元素，但<ul></ul>中只能嵌套<li></li>，直接在<ul>和</ul>之间输入文本是不符合规范的。

代码 2-10

```
<ul>
    <li>列表项 1</li>
    <li>列表项 2</li>
    ...
</ul>
```

（2）有序列表

有序列表是一种区分排列顺序的列表形式，如网页中常见的新闻热点榜单、音乐排行榜等都可以用有序列表定义。使用<ol>标签定义有序列表，其语法格式如代码 2-11 所示。

代码 2-11

```
<ol>
    <li>列表项 1</li>
    <li>列表项 2</li>
    ...
</ol>
```

有序列表和无序列表一样也使用<li></li>标签对来定义列表项。列表项是不分有序和无序的，列表项套在有序列表<ol></ol>里边就是有序列表的样子，默认以阿拉伯数字作为序号，而套在无序列表<ul></ul>里边就是无序列表的样子，默认使用粗体圆点作为标记。

（3）定义列表

定义列表通常用于解释或描述名词、术语等，与无序列表和有序列表不同，它的列表项前没有项目符号或编号。<dl>标签用于指定定义列表，其语法格式如代码 2-12 所示。<dt>和<dd>并列嵌套于<dl>标签中，<dt>用于指定名词术语，<dd>用于解释和描述。一对<dt>标签可以对应多对<dd>标签，即可以对一个名词或术语进行多项解释说明。<dd></dd>标签中的内容会向右缩进。

代码 2-12

```
<dl>
<dt>名词 1</dt>
    <dd>名词 1 的描述信息 1</dd>
    <dd>名词 1 的描述信息 2</dd>
    ...
<dt>名词 2</dt>
    <dd>名词 2 的描述信息 1</dd>
```

```
    <dd>名词 2 的描述信息 2</dd>
    ...
</dl>
```

【任务实现】

1. 效果展示

本任务将完成"古诗-嫦娥"网页制作，页面效果如图 2-2 所示。

图 2-2 "古诗-嫦娥"页面效果

2. 实现代码

本任务主要采取文本控制标签来实现，如代码 2-13 所示。

代码 2-13

```
<!DOCTYPE html>
<html>
  <head>
    <title>文本控制标签</title>
    <meta charset="utf-8">
  </head>
  <body>
    <font size="7" face="隶书"><b>嫦娥</b></font> <br><br>
    <font size="3" color="gray"><i>唐：李商隐</i></font> <br><br>
    <font size="3">云母屏风烛影深，长河渐落晓星沉。</font> <br><br>
    <font size="3">嫦娥应悔偷灵药，碧海青天夜夜心。</font> <br><br>
    <h3>译文及注释</h3>
    <p>云母屏风上烛影暗淡，银河渐渐斜落，晨星也隐没低沉。</p>
    <p>嫦娥应该后悔偷偷取了长生不老之药，如今空对碧海青天夜夜孤寂。</p>
  </body>
</html>
```

任务 2.3 美化网页样式

【任务目标】

美化网页样式

知识目标

- 掌握使用 CSS 的方式。
- 掌握 CSS 选择器的使用。
- 理解文本格式化的使用。

能力目标

- 能够使用 CSS 选择器定义标签样式。
- 能够运用 CSS 文本样式属性定义文本样式。

素质目标

- 学习 CSS 相关知识，探索图文混排网页效果的制作，激发创新精神并树立严谨的学习态度。

【导学知识】

2.3.1 使用 CSS 的方式

CSS 能够控制页面显示效果，以达到分离网页内容和样式代码的作用。在 HTML 文档中有 4 种使用 CSS 的方式，分别为行内式、内嵌式、外链式、导入式。下面对这 4 种方式分别进行介绍。

1. 行内式

行内式也称为"内联样式"，是一种简单直观的样式设置方式，利用标签的 style 属性直接定义标签的样式，其语法格式如代码 2-14 所示。

代码 2-14

```
<标签名 style="属性1:属性值1;属性2:属性值2;…;属性n:属性值n;">内容</标签名>
```

> ⚠ 行内式是利用标签的属性对样式进行控制的，不能起到结构与样式分离的作用，一般不推荐使用。
>
> 注意

2．内嵌式

内嵌式将 CSS 的样式代码添加到 HTML 文档的<head>标签中，并且使用<style></style>进行定义。其基本语法格式如代码 2-15 所示。

代码 2-15

```
<head>
    <style type="text/css">
        选择器{属性 1:属性值 1;属性 2:属性值 2;属性 3:属性值 3;}
    </style>
</head>
```

内嵌式 CSS 的样式只对其所在的 HTML 页面有效，此种方式实现了页面内容和样式控制代码的不完全分离。

3．外链式

外链式将所有的样式放在一个或者多个扩展名为.css 的外部样式表文件中，同一个样式表文件可以被不同的 HTML 文件使用，真正实现了结构与样式的分离，是 CSS 中使用频率较高、较为实用的方式。其基本语法格式如代码 2-16 所示。

代码 2-16

```
<link href="css 文件路径" type="text/css" rel="stylesheet">
```

上述语法格式中的<link>标签必须放在<head>标签中，并需要为<link>标签指定 3 个属性，具体如下。

- href：定义 CSS 文件所在的位置。
- type：定义样式表文件的类型。
- rel：定义当前文件与被链接的样式表文件之间的关系，属性值"stylesheet"表示被链接的是一个样式表文件。

4．导入式

导入式与外链式的功能基本相同，其基本语法格式如代码 2-17 所示。

代码 2-17

```
<style type="text/css">
    @import url("CSS 文件路径");
    或者@import "CSS 文件路径";
</style>
```

导入式与外链式虽然功能基本相同，但是二者的加载顺序和时间并不相同。当页面被加载时，<link>标签引用的样式表文件也同时被加载，而导入式引用的样式表文件则等页面全部加载完毕才被加载。

2.3.2 CSS 选择器

在 CSS 中，选择器是一种模式，用于选择需要添加样式的元素。根据 CSS 选择器的用途，其可以分为标签选择器、类选择器、id 选择器等。

1. 标签选择器

标签选择器使用 HTML 标签名作为选择器，其基本语法格式如代码 2-18 所示。

代码 2-18

```
标签名{属性1:属性值1;属性2:属性值2;…;属性n:属性值n;}
```

下面通过一个案例来学习标签选择器的使用，如代码 2-19 所示。

代码 2-19

```html
<!DOCTYPE html>
<html>
    <head>
        <meta charset="UTF-8">
        <title></title>
        <style type="text/css">
            p{color: red;font-size:25px;}
        </style>
    </head>
    <body>
        <p>段落文本</p>
    </body>
</html>
```

上述案例代码在浏览器中运行以后，"段落文本" 4 个字将显示为红色、25px。

2. 类选择器

类选择器使用 "." 进行定义，使用类选择器可以为一系列标签定义相同的显示效果，其基本语法格式如代码 2-20 所示。

代码 2-20

```
.类名{属性1:属性值1;属性2:属性值2;…;属性n:属性值n;}
```

类名可以自己设置，第一个字符不能使用数字，严格区分大小写，一般使用小写。当某个标签需要应用类选择器时，需要设置 class 属性，并将其属性值设置为相应的类名。

下面通过一个案例来学习类选择器的使用，如代码 2-21 所示。

代码 2-21

```html
<!DOCTYPE html>
<html>
    <head>
        <meta charset="UTF-8">
        <title></title>
        <style type="text/css">
            .red{color:red;}
        </style>
```

```
    </head>
    <body>
        <h1 class="red">标题</h1>
        <p class="red">段落文本</p>
    </body>
</html>
```

上述代码运行以后，"标题"和"段落文本"均显示为红色。

3. id 选择器

id 选择器与类选择器类似，可以设置特定属性的属性值。id 选择器使用 "#" 作为标识，后面紧跟 id 名称，其基本语法格式如代码 2-22 所示。

代码 2-22

```
#id 名称{属性 1:属性值 1;属性 2:属性值 2;…;属性 n:属性值 n;}
```

在上述语法格式中，元素的 id 名称是唯一的。当某个标签需要应用 id 选择器时，需要设置 id 属性，并将该属性值设置为相应的 id 名称。

下面通过一个案例来进一步学习 id 选择器的使用，如代码 2-23 所示。

代码 2-23

```
<!DOCTYPE html>
<html>
    <head>
        <meta charset="UTF-8">
        <title></title>
        <style type="text/css">
            #font25{font-size: 25px;}
        </style>
    </head>
    <body>
        <h1 id="font25">标题</h1>
        <p id="font25">段落文本</p>
    </body>
</html>
```

上述代码在浏览器中运行以后，"标题"与"段落文本"均显示为 25px 的大小。

2.3.3　文本格式化

文本包含英文、数字、汉字、符号等。HTML 中文本是很常见的，文本也是构成网页的核心元素之一。可以利用 CSS 对文本样式进行控制，文本类 CSS 属性非常多。下面对常用的文本样式属性进行介绍。

文本格式化

1. 设置文本字号

font-size 属性用于设置文本字号。该属性的属性值可以使用相对长度单位和绝对长度单位，常见的长度单位如表 2-8 所示。

表 2-8　常见的长度单位

单位类型	长度单位	描述
相对长度单位	%	百分比
	em	1em 等于当前的字体尺寸；2em 是当前字体尺寸的 2 倍。em 可以自动适应用户使用的字体
	px	像素（计算机屏幕上的一个点）
绝对长度单位	cm	厘米
	mm	毫米
	pt	磅（1 pt 等于 1/72 in）
	in	英寸

其中，相对长度单位较为常用，绝对长度单位使用较少。

2. 设置文本字体

font-family 属性用于设置文本字体，可以同时指定多个字体，每个字体之间用逗号隔开，示例如代码 2-24 所示。

代码 2-24

```
p{font-family: "微软雅黑","宋体";}
```

> 注意
>
> 中文字体需要用英文状态的单引号标识；当需要设置英文字体时，英文字体名称须位于中文字体名称之前。

3. 设置文本字体粗细

font-weight 属性用于设置文本字体的粗细，font-weight 属性的常见属性值如表 2-9 所示。

表 2-9　font-weight 属性的常见属性值

属性值	描述
normal	默认值
bold	设置粗体字符
bolder	设置更粗的字符
lighter	设置更细的字符
100～900	定义由细到粗的字符，其中 400 与 normal 相同，700 与 bold 效果相同

4. 设置文本字体风格

font-style 属性用于设置文本字体的风格，其常见属性值如下。

- normal：默认值。
- italic：浏览器会显示斜体的文字。
- oblique：浏览器会显示倾斜字体样式的文字。

41

5．综合设置文本字体样式

可以使用 font 属性对字体样式进行综合设置，具体语法格式如代码 2-25 所示。

代码 2-25

```
选择器{font:font-style font-weight  font-size/line-height font-family;}
```

在上述语法格式中，不需要设置的属性可以省略，font-size 属性和 font-family 属性不能省略。

6．定义服务器字体

@font-face 是 CSS3 的新增规则，可以用于定义服务器字体。其基本语法格式如代码 2-26 所示。

代码 2-26

```
@font-face {
    font-family:字体名称;
    src: url();
}
```

下面通过一个案例来演示@font-face 规则的使用，如代码 2-27 所示。

代码 2-27

```html
<!DOCTYPE html>
<html>
    <head>
        <meta charset="UTF-8">
        <title></title>
        <style type="text/css">
            @font-face {
                font-family:jianzhi;
                src: url(FZJZJW.TTF);
            }
            h1{
                font-family: jianzhi;
                text-align: center;
            }
        </style>
    </head>
    <body>
        <h1>标题</h1>
    </body>
</html>
```

在浏览器中运行上述代码，标题将显示为剪纸的字体效果。

7．设置文字颜色

color 属性可以用于设置文字的颜色，颜色取值可以有如下几种方式。

- 颜色值：如 red、blue 等。
- RGB 代码：如 rgb（255,0,0）表示红色。

- 十六进制：如#FF0568、#25DFEA 等，较为常用。

8. 设置字符间距

letter-spacing 属性用于设置字符间距，即字符与字符之间的空白，默认值为 normal。

9. 设置单词间距

word-spacing 属性用于设置英文单词之间的距离，默认值为 normal。

10. 设置行高

line-height 属性用于设置行间距，即行与行之间的距离，一般称为行高，该属性的属性值单位可以为 px、em 或者%。

11. 设置英文字符大小写转换

text-transform 属性用于设置英文字符的大小写转换。text-transform 属性的常见属性值如表 2-10 所示。

表 2-10　text-transform 属性的常见属性值

属性值	描述
none	默认
capitalize	文本中的每个单词以大写字母开头
uppercase	文本中仅有大写字母
lowercase	文本中无大写字母，仅有小写字母
inherit	规定应该从父元素中继承 text-transform 属性的属性值

12. 设置文本装饰

text-decoration 属性用于设置文本的下画线、上画线、删除线等。该属性的常见属性值如表 2-11 所示。

表 2-11　text-decoration 属性的常见属性值

属性值	描述
none	默认。定义标准的文本
underline	定义文本下的一条线
overline	定义文本上的一条线
line-through	定义穿过文本的一条线
blink	定义闪烁的文本
inherit	规定应该从父元素中继承 text-decoration 属性的属性值

13. 设置水平对齐方式

text-align 属性用于设置文本内容的水平对齐方式，其常见属性值如下。

- left：左对齐。
- right：右对齐。
- center：居中对齐。

14．设置首行缩进

text-indent 属性用于设置首行缩进效果，其属性值单位可以是%、em 等，建议使用 em。

15．设置空格字符的处理方式

white-space 属性用于设置对象内空格字符的处理方式。其常见属性值如表 2-12 所示。

表 2-12　white-space 属性的常见属性值

属性值	描述
normal	默认
pre	空格字符会被浏览器保留
nowrap	文本不会换行，文本会在同一行上继续排列，直到遇到
 标签为止

16．设置文本的阴影

text-shadow 属性是 CSS3 新增的属性，用于设置文本的阴影。其语法格式如代码 2-28 所示。

代码 2-28

```
选择器{text-shadow: h-shadow v-shadow blur color;}
```

其中，h-shadow 用于设置水平阴影的位置，可以为负值；v-shadow 用于设置垂直阴影的位置，可以为负值；blur 可选，用于设置模糊半径；color 可选，用于设置阴影的颜色。

17．处理溢出的文本

text-overflow 属性为 CSS3 的新增属性，用于处理溢出的文本。其常见属性值如表 2-13 所示。

表 2-13　text-overflow 属性的常见属性值

属性值	描述
clip	裁剪文本
ellipsis	用省略符号代表被裁剪的文本
string	使用给定的字符串来代表被裁剪的文本

18．设置文本的自动换行

word-wrap 属性是 CSS3 的新增属性，用于设置长单词和 URL 的自动换行。word-wrap 属性的常见属性值如表 2-14 所示。

表 2-14 word-wrap 属性的常见属性值

属性值	描述
normal	只在允许的断字点换行（浏览器保持默认处理）
break-word	在长单词或 URL 内部进行换行

【任务实现】

AIGC 实战演练

AI 辅助生成页面
结构代码

1. 效果展示

本任务将完成如图 2-3 所示的"5G 新时代科学知识"图文混排网页效果。

图 2-3 图文混排网页效果

2. 设置页面结构

首先设置页面结构，具体如代码 2-29 所示。

代码 2-29

```
<!DOCTYPE html>
<html>
    <head>
        <meta charset="UTF-8">
        <title></title>
    </head>
    <body>
        <header>5G 新时代科学知识<hr></header>
        <article>
            <h2>5G 助力冬奥智能生活</h2>
            <p>2022 年的北京冬奥会，可以说是一次展现中国科技的盛会。这届冬奥会让世界看到了
中国科幻浪漫的另一面。科技是此次北京冬奥会的主旋律，而 5G 作为世界前沿的通信技术，在此次冬奥会
中扮演着重要角色。</p>
```

```
        <p>创造智能科技时代，中国是认真的。在北京奥运村里面，随处可见的是智能机器人忙碌
的身影，如做菜机器人、鸡尾酒机器人、上菜机器人以及扫地机器人等。在无人化服务方面，还有着无人化
驾驶、无人化零售等。这一切无人化技术有条不紊地运行，都要得益于 5G 技术。
        </p>
        <img src="img/5.jpeg">
    </article>
    <footer><hr>Copyright © 2022</footer>
</body>
</html>
```

3. 设置 CSS 样式

（1）设置 header 区域样式，如代码 2-30 所示。

代码 2-30

```
header{
    text-align: center;
    font-size:30px;
    font-weight: bold;
}
```

（2）设置 article 区域样式，如代码 2-31 所示。

代码 2-31

```
article{
    text-align: center;
}
h2{
    text-align: center;
    font-size:25px;
}
p{
    text-align: left;
    text-indent: 2em;
    line-height: 36px;
}
```

（3）设置 footer 区域样式，如代码 2-32 所示。

代码 2-32

```
footer{
    text-align: center;
    line-height:46px;
}
```

项目总结

本项目已经完成了，经过本项目的学习，希望大家能够掌握以下几个方面的知识点。

● HTML5 的语义化标签。

● 文本控制标签、图像标签、列表标签、超链接标签的应用。

- CSS 选择器的定义。
- 使用 CSS 文本样式属性定义文本样式。

代码与人生

数字化思维与价值创造

本项目讲解了图像、列表等网页构建要素，以及美化网页效果的 CSS 样式。网页作为数字经济的重要载体，其设计与开发也需要紧跟时代步伐，需要不断融入新的技术和理念，以适应数字时代的挑战和机遇。

在 AI 深度渗透的数字化转型浪潮中，数字化思维既是开发人员的核心素养，更是驾驭技术变革的基础能力。AI 正加速重塑各行各业的生产逻辑，网页作为数字经济的核心交互界面，其设计与开发已离不开 AI 技术的赋能，从智能交互逻辑的预判、个性化推荐算法的应用，到自动化布局生成、动态样式适配的优化，均需以数字化思维为纲，将 AI 工具与前沿理念深度融合。开发人员需主动以 AI 驱动的数字化思维突破传统，通过 AI 分析用户行为数据，优化布局逻辑，借助 AI 辅助设计工具在技术迭代中平衡功能实用性与智能体验感。

练习测试

一、单选题（每小题 4 分，共 20 分）

1. 以下属于无序列表的标签是（   ）。
   A. \<ul>   B. \<ol>   C. \<dl>   D. \<al>

2. 关于行内式的描述，下列说法不正确的是（   ）。
   A. 行内式使用标签的属性来控制样式
   B. 仅设计一个页面或设计多个页面时，都可以使用行内式
   C. 行内式可以将结构和样式完全分离
   D. 行内式不能将结构与样式分离

3. 以下哪个不是 text-shadow 属性的属性值？（   ）
   A. h-shadow   B. v-shadow   C. blur   D. inset

4. 下列选项中，用于设置文本字体的属性是（   ）。
   A. font-size   B. font-style   C. font-weight   D. font-family

5. 下列选项中，用于设置字体风格的属性是（   ）。
   A. font-size   B. font-style   C. font-weight   D. font-family

二、多选题（每小题 4 分，共 20 分）

1. 属于 HTML5 新增标签的是（   ）。
   A. \<header>   B. \<nav>   C. \<footer>   D. \<section>

2. 下列选项中，属于\<tr\>标签属性的是（　　　）。

    A. height   B. cellspacing   C. cellpadding   D. background

3. 关于\<footer\>标签的描述，下列说法正确的是（　　　）。

    A. \<footer\>标签用于定义一个页面或者区域的底部

    B. \<footer\>标签可以包含所有放在页面底部的内容

    C. 一个页面中可以包含多个\<footer\>标签

    D. 一个页面只能包含一个\<footer\>标签

4. 下列选项中，属于创建表格的基本标签的是（　　　）。

    A. \<table\>\</table\>   B. \<tr\>\</tr\>

    C. \<td\>\</td\>   D. \<title\>\</title\>

5. 关于 font 属性，下列说法正确的是（　　　）。

    A. 可以设置字体风格   B. 可以设置字体粗细

    C. 可以设置字号大小   D. 可以综合设置字体样式

三、判断题（每小题 4 分，共 20 分）

1. \<dl\>标签中可以有多对\<dt\>标签，每对\<dt\>标签中可以有多对\<dd\>标签。（　　　）

2. CSS 样式规则由选择器和声明构成。（　　　）

3. \<li\>与\</li\>相当于一个容器，可以容纳几乎所有的网页元素。（　　　）

4. 无序列表可以和无序列表嵌套，但无序列表不能与有序列表嵌套。（　　　）

5. 外链式将所有的样式放在一个或多个以.css 为扩展名的外部样式表文件中。（　　　）

四、实操题（40 分）

使用 HTML 语义标签实现如图 2-4 所示的页面布局效果，并用 CSS 样式修饰页面效果。

图 2-4　页面布局效果图

评价与考核

课程名称：Web 前端开发项目教程		授课地点：		
项目 2：制作 5G 新时代科学知识页面		授课教师：		授课学时：
课程性质：理实一体课程		综合评分：		
理论知识掌握情况评分（30 分）				
序号	知识考核点	自我评价	分值	得分
1	规划页面的布局		5	
2	文本控制标签、图像标签		10	
3	列表标签、超链接标签		5	
4	CSS 选择器		5	
5	文本格式化		5	
工作任务完成情况评分（70 分）				
序号	能力操作考核点	组内评价	分值	得分
1	使用 HTML5 语义化标签布局网页的能力		10	
2	使用 CSS 选择器修饰网页效果的能力		10	
3	使用 CSS 修饰文本风格的能力		10	
4	编写代码完成简单网页的能力		20	
5	程序排错的能力		10	
6	与组员协作的能力		10	
违纪扣分（–20 分）				
序号	违纪考查点	教师评价	分值	扣分
1	迟到/早退		–5	
2	睡觉		–5	
3	打游戏/玩手机		–5	
4	其他影响课堂学习的行为		–5	

项目 ③ 制作背包客旅行网站注册和登录页面

项目导读

在之前的项目中，我们已经深入探讨了 HTML 页面的基础架构，全面学习了 HTML 常用标签及其属性的应用，并熟练掌握了使用这些标签进行网页布局和美化的技巧。在网页开发中，表单扮演着用户与浏览器之间交互的关键角色，其重要性不言而喻。表单主要用于收集用户在浏览器中提交的各种信息，并将这些信息作为载体传递给后台服务器。本项目将通过制作背包客旅行网站的注册页面和登录页面，引导大家学习与表单相关的标签，熟练掌握构建表单和添加表单控件的方法，以及使用 CSS 样式美化表单页面的技巧。

项目教学

任务 3.1　创建背包客旅行网站注册和登录页面

【任务目标】

创建背包客旅行网站注册页面

创建背包客旅行网站登录页面

AIGC 实战演练

AI 创建背包客旅行网站注册页面

知识目标

- 理解表单的构成。
- 掌握与表单相关的标签。

能力目标

- 可以快速创建表单。
- 灵活运用 input、textarea 与 select 表单控件。

素质目标

- 完成创建背包客旅行网站中注册页面和登录页面的表单，满足求知欲和好奇心，培养严谨的学习态度、崇高的职业素养和专注的工匠精神。

【导学知识】

3.1.1 初识表单

HTML 表单被视为浏览器与服务器之间信息交换的一种页面元素，在浏览器中主要负责数据采集。它允许用户将数据发送到网站进行处理，但 Web 页面本身也可以拦截并利用这些数据。一个完整的表单通常由表单域、提示信息以及表单控件构成，如图 3-1 所示。

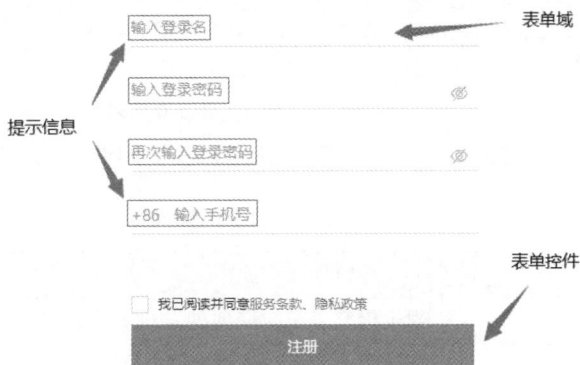

图 3-1 表单的基本构成

以下是关于表单构成中的表单域、提示信息和表单控件的详细说明。

（1）表单域

表单域是由 \<form\> 标签定义的，它是一个容器，用于存放提示信息和表单控件。表单域不仅能够容纳这些元素，还负责定义数据的提交地址（即 action 属性）和提交方式（即 method 属性）。如果没有定义表单域，用户在表单中输入的信息和数据就无法被传送到网站进行处理。

（2）提示信息

提示信息是提供给用户的指导性文本，用于指示用户在表单控件中应该输入什么内容。这些信息帮助用户理解每个表单控件的目的和预期输入，从而确保用户能够正确地填写表单。

（3）表单控件

表单控件是用户与表单交互的具体元素，允许用户输入或选择信息。常见的表单控件包括文本框（用于单行文本输入）、文本域（用于多行文本输入）、密码框（输入内容通常以星号或圆点显示以保护隐私）、列表框（默认允许用户选择一项，但可配置为允许多选）、单选按钮（用于在一组选项中选择唯一一个）、复选框（用于在一组选项中选择多个）以及提交按钮（用于提交表单或执行其他操作）。

为了帮助初学者更好地理解和掌握表单的构成，我们接下来将学习如何创建具有这些功能的表单。通过实践，初学者能够熟悉表单的各个部分，并学会如何将它们组合在一起以创建功能齐全的表单。

3.1.2　创建表单

创建一个表单非常简单，只需定义一对<form></form>标签即可。这个表单将用于收集用户的信息和数据，并将它们传递到指定的目的地。由于本书的重点不在于网站后端和数据库等技术，因此我们只讨论表单的创建和使用方法。下面是一个实现表单的基本示例，如代码 3-1 所示。

代码 3-1

```
<form action="URL" method="提交方式" name="表单名称">
 表单元素
</form>
```

在上述代码中，action、method 和 name 是三个重要的属性，它们分别用于定义表单提交的目标地址、提交数据的方式以及表单控件的名称。这三个属性的详细描述如表 3-1 所示。

表 3-1　<form>标签的常用属性

属性	属性值	描述
action	URL	规定提交表单时向何处发送表单数据
method	get/post	默认值为 get，get 方法为明文提交，保密性差，get 请求有长度限制（最长不超过 2048 字节）；post 方法为密文提交，保密性好，post 请求没有长度限制
name	text	规定表单的名称

代码 3-2 展示了如何创建一个简单的注册页面。如图 3-2 所示，当用户填写完账户和密码并单击"注册"按钮后，这些信息将被提交到后台服务器进行交互处理。使用 post 方法提交的数据不会在浏览器地址中明文显示，而是将数据放在 HTTP 请求的消息体中传输，因此地址栏中只会显示请求的 URL，不会包含提交的数据，适合提交大量数据或敏感信息的情况。get 方法则是表单发送数据的默认方式，但其安全性不如 post 方法，因为用户的账号和密码等隐私信息会直接显示在浏览器地址栏中，适用于仅查询和获取数据的情况。在实际开发中，程序员应根据数据的安全性和隐私性要求来选择使用 post 方法还是 get 方法。

代码 3-2

```
<!DOCTYPE html>
<html>
<head>
  <meta charset="utf-8">
  <title>创建表单</title>
</head>
<body>
  <form action="#" method="post">
  账户:
```

```
 <input type="text" value="账户" >
 密码:
 <input type="password" value="密码">
 <input type="button" value="注册">
 </form>
</body>
</html>
```

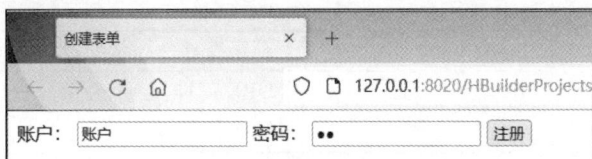

图 3-2　表单应用的示例

3.1.3　构建表单控件

在网页中，文本框、密码框、下拉菜单、单选按钮、多选按钮、提交按钮、重置按钮以及多行文本框等元素都是专门用于与服务器进行交互的媒介，这些元素统称为表单控件。在HTML 中，表单控件通常被放置在<form action="#" method="post"></form>标签对中，其中action 属性指定了表单提交时数据将被发送到的 URL，而 method 属性则定义了数据提交的方式，通常是 post 或 get。本节将详细讲解这些常用的表单控件，包括它们的用途、属性以及如何在网页中使用它们。通过学习这些控件，读者将能够理解如何创建一个功能完备的表单，以及如何使用这些控件来收集和提交用户数据。

1. input 控件

掌握表单的核心在于熟练使用表单控件。HTML 提供了多种表单控件，每种控件都有其特定的功能。input 控件是表单控件中使用非常频繁的一类输入控件，它由一个单标签<input>定义，使用标签的 type 属性可以定义多种类型的控件，如文本框、密码框、单选按钮、多选按钮等。下面是一个示例，它展示了如何使用<input>标签创建不同类型的表单控件，如代码 3-3 所示。

代码 3-3

```
<input type="控件类型">
```

<input>标签的常用属性如表 3-2 所示。

表 3-2　<input>标签的常用属性

属性	属性值	描述
type	text	文本框
	password	密码框
	submit	提交按钮
	reset	重置按钮
	button	普通按钮

属性	属性值	描述
type	radio	单选按钮
	checkbox	多选按钮
	file	文件域
	hidden	隐藏域
	image	图片按钮
	email	邮箱控件
	url	URL 控件
	number	数字控件
name	text	规定控件的名称
size	number	规定输入字段的可见宽度
Value	text	规定 input 控件的 value 值
checked	checked	规定控件中的默认选项
readonly	readonly	规定输入字段的只读属性
required	required	规定必须输入的字段
disable	disable	规定控件是不可用和不可被单击的
placeholder	text	规定描述字段的提示信息
maxlength	number	规定输入字段允许的最大长度
autocomplete	on/off	规定输入字段是否应该启用自动完成功能

（1）文本框

在文本框中，用户可以输入各种文字类信息，如账号、用户名、地址等，同时也可以输入任意字符和符号。input 控件有几个常见的属性，它们用于定义文本框的行为和外观：size 属性用于设置文本框的长度，即可以显示的字符数。value 属性用于设置文本框的显示默认值。name 属性用于定义文本框的名称，这是在表单提交时用于识别文本框的标识。id 属性可以为文本框提供一个唯一的标识符，通常用于 JavaScript 和 CSS 中。下面是一个创建文本框的示例，该示例展示了如何使用<input>标签的这些属性，如代码 3-4 所示。

代码 3-4

```
<input type="text" name="uName">
```

（2）密码框

密码框是一种特殊的文本框，用于输入密码等需要保密的信息。浏览器会提供一种本地隐私保护功能，当用户在密码框中输入字符时，密码框中不会显示字符本身，而是会显示掩码符号（如黑色圆点或星号等），以保护密码不被旁人看到。创建密码框可以使用<input>标签，并设置 type 属性为 password。下面是一个创建密码框的示例，如代码 3-5 所示。

代码 3-5

```
<input type="password" name="psw" size="20">
```

（3）单选按钮

在同一个网页中，隶属于同一组的单选按钮必须指定相同的 name 值，这是为了确保用户只能从该组中选择一个选项。如果单选按钮的 name 值不同，它们将被视为独立的控件，用户可以同时选中多个单选按钮。checked 属性用于设置默认选中的单选按钮。下面是一个创建性别组单选按钮的示例，如代码 3-6 所示。其中，value 属性定义了每个单选按钮的值，这些值将在表单提交时作为数据传递。

单选按钮的 value 值作为数据传递，而 name 值本身不会直接传递。如果需要通过 JavaScript 来获取或设置单选按钮的选中状态，可以使用 name 值来引用相应的单选按钮组。例如，可以使用 JavaScript 来检查哪个单选按钮被选中，或者动态地改变单选按钮的选中状态。

代码 3-6

```
性别：
<input type="radio" name="sex" value="男" checked>男
<input type="radio" name="sex" value="女" >女
```

（4）多选按钮

多选按钮，又称为复选框，允许用户从一组选项中选择一个或多个。与单选按钮类似，多选按钮的 value 值用于在表单提交时传递数据。然而，与单选按钮不同的是，隶属于不同组的多选按钮的 name 值不允许相同，这样可以确保服务器能够正确地解析每个选项的值。如果多个多选按钮具有相同的 name 值，服务器可能会将它们视为同一组，从而导致错误。下面是一个创建多选按钮的示例，如代码 3-7 所示。

代码 3-7

```
你喜欢的运动：
<input type="checkbox" name="sports" value="篮球" >篮球
<input type="checkbox" name="sports" value="足球" >足球
<input type="checkbox" name="sports" value="网球" >网球
<input type="checkbox" name="sports" value="游泳" >游泳
<input type="checkbox" name="sports" value="跑步" >跑步
<input type="checkbox" name="sports" value="羽毛球" >羽毛球
<input type="checkbox" name="sports" value="乒乓球" >乒乓球
```

（5）文件域

用户可以通过文件域选择本地文件进行上传操作。文件域通常与一个按钮（通常标记为"浏览"）一起使用，用户单击该按钮后可以浏览并选择本地计算机中的文件。选择文件后，文件域会将文件传递给后台服务器进行处理。文件域的 value 值会显示文件的存储路径、文件名以及文件类型。下面是一个创建文件域的示例，如代码 3-8 所示。

代码 3-8

```
上传头像：
<input type="file" name="photo" value="">
```

（6）隐藏域

隐藏域是网页中的一种表单控件，对网页浏览者是不可见的，即页面上不显示隐藏域。然而，它和其他表单控件一样真实存在，主要服务于后台程序。隐藏域的实现方式与文本框比较接近，只是它的 type 属性被设置为 hidden。隐藏域通常用于存储不需要用户输入但需要传递给服务器的数据。下面是一个创建隐藏域的示例，如代码 3-9 所示。

代码 3-9

```
上传头像：
<input type="hidden" name="" value="" >
```

（7）邮箱控件

邮箱控件在 HTML 表单中通常表现为一个文本框，但具有额外的属性来验证输入的邮箱地址是否符合标准格式。当用户提交表单时，浏览器会自动进行邮箱格式的验证，并在不符合格式时给出提示信息。邮箱控件通常使用<input>标签实现，并设置其 type 属性为 email。下面是一个创建邮箱控件的示例，如代码 3-10 所示。

代码 3-10

```
<input type="email" name="mailbox" >
```

（8）URL 控件

URL 控件在 HTML 表单中通常表现为一个文本框，但 URL 控件具有额外的属性来验证输入的 URL 是否符合规范格式。当用户提交表单时，浏览器会自动进行 URL 格式验证，并在 URL 不符合格式时给出提示信息。URL 控件通常使用<input>标签实现，并设置其 type 属性为 url。下面是一个创建 URL 控件的示例，如代码 3-11 所示。注意，多数浏览器允许 URL 前有空格存在。

代码 3-11

```
<input type="url" name="address" >
```

（9）数字控件

数字控件在 HTML 表单中用于接收数值输入，并且可以通过 min、max 和 step 属性来规定用户输入的最小值、最大值以及数字变化的间隔。value 属性用于设置输入框的默认值。下面是一个创建数字控件的示例，如代码 3-12 所示。

代码 3-12

```
<input type="number" name="num" min="1" max="10" step="2" value="1">
```

（10）按钮

在 HTML 表单中，按钮用于触发特定的操作，如提交表单、重置表单或执行其他自定义功能。按钮的类型包括提交按钮（submit）、重置按钮（reset）、普通按钮（button）和图片按钮（image）。下面是一个创建这些按钮的示例，如代码 3-13 所示。

代码 3-13

```
<input type="submit" name="subbtn" value="提交按钮" >
```

```
<input type="reset" name="resbtn" value="重置按钮" >
<input type="button" name="btn" value="普通按钮" >
<input type="image" src="images/login.jpg" >
```

2. textarea 控件

textarea 控件是 HTML 中用于创建多行文本输入框的元素。它允许用户输入和编辑多行文本。textarea 控件的重要属性包括 rows 和 cols，分别用于定义文本区域的高度（行数）和宽度（列数）。此外，还可以使用 name 属性和 id 属性来定义控件的名称和唯一标识符。下面是一个创建 textarea 控件的示例，如代码 3-14 所示。

代码 3-14

```
<textarea rows="行数" cols="列数">
```

rows 属性和 cols 属性用于控制 textarea 控件的显示行数和列数，从而间接控制其宽度和高度。rows 表示文本框的行数，而 cols 表示文本框的列数。然而，由于不同的浏览器对 rows 属性和 cols 属性的默认值和解释可能有所不同，这可能导致 textarea 控件在不同浏览器中的显示尺寸存在差异。由于这种不一致性，在现代 Web 开发实践中，通常不推荐使用 rows 属性和 cols 属性定义 textarea 控件的大小。相反，建议使用 CSS 的 height 属性和 width 属性来设置 textarea 控件的大小，这样可以提供更精确的控制，并且能够在不同浏览器和设备上保持一致的外观。

3. select 控件

select 控件在 HTML 中用于创建下拉菜单，用户可以从下拉菜单中选择一个选项。<select>标签定义了整个下拉菜单，而<option>标签定义了下拉菜单中的单个选项。每个<option> 标签可以包含文本，这些文本将显示在下拉菜单中供用户选择。select 控件的应用示例效果如图 3-3 所示，实现如代码 3-15 所示。

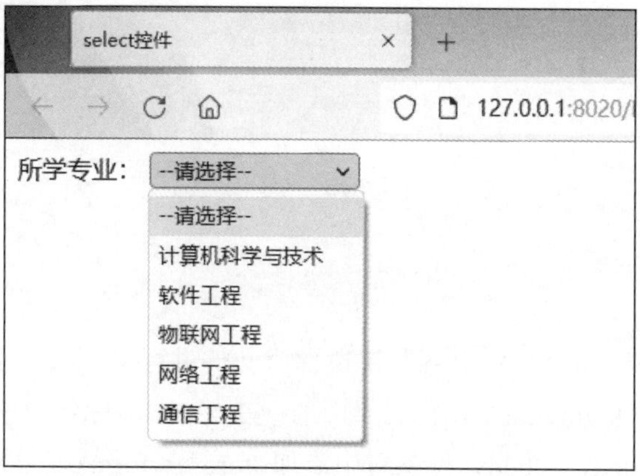

图 3-3 select 控件的应用示例效果

代码 3-15

```
所学专业：
<select name="major">
```

```
 <option value="">--请选择--</option>
 <option value="计算机科学与技术">计算机科学与技术</option>
 <option value="软件工程">软件工程</option>
 <option value="物联网工程">物联网工程</option>
 <option value="网络工程">网络工程</option>
 <option value="通信工程">通信工程</option>
</select>
```

select 控件支持单选和多选，并且可以通过 multiple 属性来规定用户是否可以同时选中多个选项。size 属性用于规定下拉菜单中一次性显示的选项数量，如果 size 值大于 1，下拉菜单将显示为一个列表框，允许用户看到多个选项而无须滚动。<optgroup>标签用于对下拉菜单中的选项进行分组，每个<optgroup>标签可以包含一个 label 属性，该属性定义了分组的名称，并且可以包含多个<option>标签。当表单被提交时，select 控件的 name 值和被选中的<option>标签的 value 值会被发送到服务器。如果 select 控件设置了 multiple 属性，则 name 值将对应一个数组，包含所有被选中的 value 值。

【任务实现】

1. 创建背包客旅行网站中注册和登录页面的表单

启动 HBuilder X，创建一个注册页面文件，并将其命名为 register.html，在代码界面的<title></title>标签对中添加标题"注册页面"文字，在代码界面的<body></body>标签对中添加<form></form>表单标签对。具体实现如代码 3-16 所示。

代码 3-16

```
<!DOCTYPE html>
<html>
<head>
 <meta charset="utf-8">
 <title>注册页面</title>
</head>
<body>
 <form class="modal-content" action="">
 </form>
</body>
</html>
```

编写完，一定不要忘记按"Ctrl+S"快捷键对文件进行保存。接下来，创建一个登录页面文件，并将其命名为 login.html，在代码界面的<title></title>标签对中添加标题"登录页面"文字，在代码界面的<body></body>标签对中添加<form></form>表单标签对。具体实现如代码 3-17 所示。

代码 3-17

```
<!DOCTYPE html>
<html>
```

```
<head>
  <meta charset="utf-8">
  <title>登录页面</title>
</head>
<body>
  <form class="modal-content" action="">
  </form>
</body>
</html>
```

2. 在注册页面和登录页面添加表单控件

为创建好的注册页面中的表单添加相应功能的表单控件，具体实现如代码 3-18 所示。

代码 3-18

```
<form class="modal-content" action="">
  <div class="imgcontainer">
    <img src="beibaoke.jpg" alt="LOGO" class="logo">
  </div>
  <div class="container">
  <label><b>账号</b></label>
  <input type="text" placeholder="请您输入账号" name="email" required>
  <label><b>设置密码</b></label>
  <input type="password" placeholder="请您设置密码" name="psw" required>
  <label><b>确认密码</b></label>
  <input type="password" placeholder="请您确认密码" name="psw-repeat" required>
  <input type="checkbox" checked="checked"> 记住我
  <div class="clearfix">
    <button type="button" class="cancelbtn">取消</button>
    <button type="submit" class="signupbtn">注册</button>
  </div>
  </div>
</form>
```

完成背包客旅行网站注册页面中表单控件的添加后，效果如图 3-4 所示。接下来，添加背包客旅行网站登录页面的表单控件，具体实现如代码 3-19 所示，效果如图 3-5 所示。

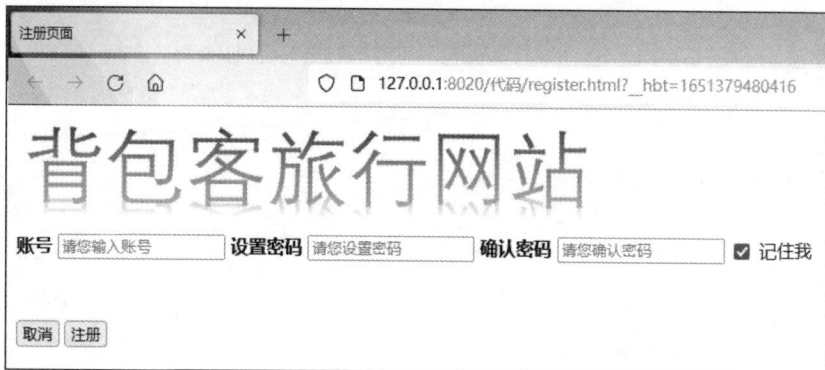

图 3-4　添加表单控件后的注册页面

代码 3-19

```
<form class="modal-content" action="">
 <div class="imgcontainer">
 <img src="beibaoke.jpg" alt="LOGO" class="logo">
 </div>
 <div class="imgcontainer">
 <img src="photo.png" alt="头像" class="picture">
 </div>
 <div class="container">
 <label><b>账号</b></label>
 <input type="text" placeholder="请您输入账号" name="uname" required>
 <label><b>密码</b></label>
 <input type="password" placeholder="请您输入密码" name="psw" required>
 <button type="submit">登录</button>
 <input type="checkbox" checked="checked"> 记住我
 </div>
 <div class="container" style="background-color:#f1f1f1">
 <button type="button" class="cancelbtn">取消</button>
 <span class="psw"><a href="#">忘记密码?</a></span>
 </div>
</form>
```

图 3-5 添加表单控件后的登录页面

任务 3.2 美化背包客旅行网站注册和登录页面

【任务目标】

美化背包客旅行
网站注册和登录
页面

知识目标

- 能够分析表单页面的构成。
- 掌握使用 CSS 美化表单页面的方法。

60

- 掌握表单样式的应用。
- 学会通过控制 CSS 来美化表单页面。

![素质目标] 素质目标

- 学习如何美化背包客旅行网站的注册页面和登录页面，养成良好的学习方法和习惯，培养审美能力和用户体验意识。

【导学知识】

3.2.1 定义页面布局和基础样式

在开发网页过程中，表单不仅需要具备实用的功能，还要具有美观的视觉样式。通常使用<div>标签能够有效地规划页面的布局，而 CSS 则提供了轻松控制表单样式的工具。<div>标签作为一个容器，虽然本身不显示内容，但非常适用于存放其他标签，从而实现页面布局的划分。CSS 则能够灵活地调整表单控件的字体、边框、背景、位置以及内外边距等样式属性。将<div>标签与 CSS 样式结合，可以为页面中不同区域定义元素属性，从而有效地完成页面布局和样式设计。例如，使用<div>标签来划分网页结构，然后使用 CSS 样式定义各部分的具体样式，最后，编写表单中各结构的具体内容。这种方法使得开发人员能够快速、高效地创建表单，同时确保网页既实用又美观。

3.2.2 使用 CSS 控制表单样式

在网页制作中，保持整个网站的文本和表单样式的协调统一至关重要。然而，手动设置每个网页的样式既烦琐又低效。CSS 提供了一个解决方案，它不仅能够控制单个文件的表单样式，还能同时管理多个文件的样式，确保整个网站的风格一致。学习 CSS，可以掌握如何高效地控制表单样式，从而提高网页制作的工作效率。本任务将引导大家深入理解并掌握使用 CSS 控制表单样式的方法，创建出既美观又实用的网页。

【任务实现】

1. 使用 CSS 美化样式设置注册页面和登录页面

目前已经完成了背包客旅行网站中注册页面和登录页面主体结构的制作，但是页面不够精致，有很大的美化空间。想要美化背包客旅行网站的注册页面和登录页面，还需要创建两个文件 reg.css 和 login.css，这两个文件用来修饰表单控件。设置背包客旅行网站中注册页面的 CSS 美化样式，如代码 3-20 所示。

代码 3-20

```css
/* 宽屏输入字段 */
input[type=text], input[type=password] {
    width: 100%;
    padding: 12px 20px;
    margin: 8px 0;
    display: inline-block;
    border: 1px solid #ccc;
    box-sizing: border-box;
}
/* 为所有按钮设置样式  */
button {
    background-color: #4CAF50;
    color: white;
    padding: 14px 20px;
    margin: 8px 0;
    border: none;
    cursor: pointer;
    width: 100%;
}
/* LOGO 位置居中 */
.imgcontainer {
    text-align: center;
    margin: 25px 0 15px 0;
    position: relative;
}
/* 设置 LOGO 样式  */
img.logo {
    width: 60%;
}
/* 取消按钮的额外样式  */
.cancelbtn {
    padding: 14px 20px;
    background-color: #f44336;
}
/* 浮动 "取消" 按钮和 "注册" 按钮，并为其添加相同的宽度  */
.cancelbtn,.signupbtn {
    float:left;
    width:50%;
}
/* 向容器添加填充  */
.container {
    padding: 15px;
}
/* 模型内容  */
.modal-content {
    background-color: #fefefe;
    margin: 5% auto 15% auto;
    border: 1px solid #888;
```

```
    width: 20%;
}
/* 设置浮动 */
.clearfix::after {
    content: "";
    clear: both;
    display: table; /*此元素会作为块级表格来显示,表格前后带有换行符。*/
}
```

设置背包客旅行网站中登录页面的 CSS 美化样式,如代码 3-21 所示。

代码 3-21

```
/* 宽屏输入字段 */
input[type=text], input[type=password] {
    width: 100%;
    padding: 12px 20px;
    margin: 8px 0;
    display: inline-block;
    border: 1px solid #ccc;
    box-sizing: border-box;
}
/* 为所有按钮设置样式 */
button {
    background-color: #4CAF50;
    color: white;
    padding: 14px 20px;
    margin: 8px 0;
    border: none;
    cursor: pointer;
    width: 100%;
}
button:hover {
    opacity: 0.8;
}
/* 设置"取消"按钮的额外样式 */
.cancelbtn {
    width: auto;
    padding: 10px 18px;
    background-color: #f44336;
}
/* LOGO 和头像位置居中 */
.imgcontainer {
    text-align: center;
    margin: 25px 0 15px 0;
    position: relative;
}
/* 设置 LOGO 样式 */
img.logo {
    width: 60%;
}
```

```
/* 设置头像边框圆角 */
img.picture {
    width: 40%;
    border-radius: 50%;
}
/* 设置容器内边距 */
.container {
    padding: 15px;
}
/* 设置 span 右对齐 */
span.psw {
    float: right;
    padding-top: 15px;
}
/* 模型背景 */
.modal {
    display: none;
    position: fixed;
    z-index: 1;
    left: 0;
    top: 0;
    width: 100%;
    height: 100%;
    overflow: auto;
    background-color: rgb(0,0,0);
    background-color: rgba(0,0,0,0.4);
    padding-top: 60px;
}
/* 模型内容 */
.modal-content {
    background-color: #fefefe;
    margin: 5% auto 15% auto;
    border: 1px solid #888;
    width: 20%;
}
```

2. 引用 CSS 样式展示背包客旅行网站的页面效果

完成上述步骤后，需要在 register.html 文件和 login.html 文件中找到<head></head>标签对，并为其分别链接上述的样式表文件 reg.css 和 login.css。reg.css 文件对应背包客旅行网站的注册页面，login.css 文件对应背包客旅行网站的登录页面，引用样式表文件的方法如代码 3-22 所示。

代码 3-22

```
<link rel="stylesheet" href="reg.css">
<link rel="stylesheet" href="login.css">
```

引用完毕后保存并刷新页面，就能够看到对应的网页效果，如图 3-6 和图 3-7 所示。到此，带有 CSS 美化效果、应用表单制作的背包客旅行网站的注册页面和登录页面就完成了。本项目页面的模块是分别实现的，初学者可以沿此思路适当整合并进行实践。

图 3-6　美化后的注册页面

图 3-7　美化后的登录页面

项目总结

本项目通过应用表单制作背包客旅行网站的注册页面和登录页面，帮助初学者进一步加深对知识的掌握。表单控件的创建和使用是表单的核心内容。此外，使用 CSS 修饰表单是一个难点，希望大家多练习并熟练掌握以下知识点。

- 创建表单。
- 添加各类表单控件。
- 使用 CSS 美化表单页面。

代码与人生

开发实践中的全局意识与 AI 工具协同

本项目讲解了创建表单、添加各类表单控件、使用 CSS 美化表单页面，以及注册页面和登录页面的开发等。在开发过程中，保持全局意识是非常重要的，开发人员需要对项目进行认真的分析和设计，从整体上把握项目，确保各个部分协调一致，不能盲目上手。

在 AI 工具深度融入开发环节的当下，以良好的全局意识为指引，能助力开发人员跳出 AI 工具生成的局部代码与设计方案，从整体层面把握项目架构与用户体验的统一性，确保 AI 生成的各个模块协调统一，保持整体美感，网页内容层级合理，重点信息突出，方便用户快速找到所需信息。同时，还可以结合 AI 对用户行为的分析结果不断优化交互，提升用户满意度。这种全局意识应贯穿于从需求分析到 AI 工具应用再到最终测试优化的整个设计过程。

练习测试

一、单选题（每小题 4 分，共 20 分）

1. <input>标签的类型是用哪个属性来描述的？（   ）
   A. type　　　　　B. name　　　　　C. size　　　　　D. value

2. 密码框的 type 属性值应该设置为（   ）。
   A. radio　　　　　B. text　　　　　C. password　　　　　D. file

3. 创建多行文本框所需要的标签是（   ）。
   A. <input type="text">　　　　　B. <select></select>
   C. <input type="file">　　　　　D. <textarea></textarea>

4. 下列选项中，用于指定接收并处理表单数据的服务器程序的 URL 是（   ）。
   A. action　　　　　B. method　　　　　C. src　　　　　D. href

5. placeholder 的作用是（   ）。
   A. 为文本框设置默认值　　　　　B. 为文本框设置对齐样式
   C. 为文本框设置默认提示文字　　　D. 以上说法都不正确

二、多选题（每小题 4 分，共 20 分）

1. 表单中的<input>控件的 type 属性值不可以是（   ）。
   A. password　　　　B. name　　　　C. text　　　　D. size

2. 表单对象的按钮，其动作可设置为哪几种类型？（   ）
   A. 注册　　　　　B. 提交　　　　　C. 重置　　　　　D. 单选

3. 下面哪些是 HTML5 新增的表单属性？（   ）
   A. datalist　　　　B. optgroup　　　C. output　　　　D. legend

4. 下列选项中，属于表单控件的是（   ）。
   A. input　　　　　B. select　　　　C. table　　　　D. textarea

5. 下面这段代码中，哪种颜色为加载表单后的默认值？（   ）

```
<form>
    红色<input type="checkbox" checked="checked">
    黄色<input type="checkbox">
    蓝色<input type="checkbox" checked>
    白色<input type="checkbox">
</form>
```

   A. 红色　　　　　B. 黄色　　　　　C. 蓝色　　　　　D. 白色

三、判断题（每小题 4 分，共 20 分）

1. 在 HTML5 中，required 属性用于规定输入字段是必填的。（   ）

2. 在 HTML 中，<form>标签用于定义表单域，即创建一个表单，以实现网站对用户信息的收集和传递。（   ）

3. \<select\>是 HTML 中的一个表单控件。(　　　)

4. 在 HTML5 中，checked="checked"可以简写为 checked, readonly="readonly"可以简写为 readonly。(　　　)

5. 在表单中，method 属性用于设置提交方式，post 是其默认值。(　　　)

四、实操题（40 分）

创建一个简单的\<form\>表单，使其用于提交个人基本资料，自定义该表单的 CSS 样式。

评价与考核

课程名称：Web 前端开发项目教程	授课地点：		
项目 3：制作背包客旅行网站注册和登录页面	授课教师：		授课学时：
课程性质：理实一体课程	综合评分：		

理论知识掌握情况评分（30 分）

序号	知识考核点	自我评价	分值	得分
1	创建表单的方法		10	
2	设置表单控件的属性		10	
3	CSS 样式的设置		10	

工作任务完成情况评分（70 分）

序号	能力操作考核点	组内评价	分值	得分
1	创建表单的能力		10	
2	使用表单控件的能力		10	
3	使用 CSS 美化表单页面的能力		10	
4	编写代码完成表单页面的能力		20	
5	程序排错的能力		10	
6	与组员协作的能力		10	

违纪扣分（-20 分）

序号	违纪考查点	教师评价	分值	扣分
1	迟到/早退		-5	
2	睡觉		-5	
3	打游戏/玩手机		-5	
4	其他影响课堂学习的行为		-5	

项目 ④ 开发今日影评网站

项目导读

大多数网页由三个核心部分组成：结构（Structure）、表现（Presentation）和行为（Behavior）。结构部分定义了网页的内容和布局，表现部分则负责网页的视觉样式，而行为部分则涉及网页的交互功能。本项目将带领大家开发今日影评网站，重点学习网页表现部分的实现技术——CSS。CSS（Cascading Style Sheets，层叠样式表）是一种用于描述网页外观的样式表语言，它能够控制网页的字体、颜色、布局等视觉元素。学习 CSS，可以轻松地创建出美观、协调的网页样式。经过本项目的学习，你将深入理解并掌握 CSS 的使用方法，并能够根据实际需求选择合适的 CSS 引入方式，从而创建出既美观又实用的网页。

项目教学

任务 4.1 制作今日影评网站剧情简介页面

【任务目标】

AIGC 实战演练

制作今日影评网站
剧情简介页面

AI 制作今日影评
网站剧情简介页面

知识目标

- 熟悉 CSS 样式规则的定义。
- 掌握 CSS 选择器的用法。

能力目标

- 能够选择恰当的 CSS 的引入方式。
- 能够灵活运用 CSS 选择器定义元素样式。

素质目标

- 开发今日影评网站，传递积极向上的价值观念，激发求知热情和创新思维。

【导学知识】

4.1.1　应用 CSS 样式规则

在开发网站的过程中，为了提高代码的效率和可维护性，建议优先使用 CSS 属性来代替 HTML 属性。这样做不仅可以减少重复代码的编写，还能增强样式的可重用性和一致性。例如，CSS 中的 text-align 属性可以用来设置文本对齐方式，这比 HTML 中的 align 属性更为灵活和强大。在 HTML 中，如果有多个<h1>标签需要设置对齐方式，每个标签都需要单独设置 align 属性，而在 CSS 中，只需要一句 "text-align: center;" 即可统一设置所有<h1>标签的对齐方式。本项目将主要利用 CSS 样式规则来精细控制网站页面中文本和图像样式，使用 CSS 设置文本的字体、大小、颜色和对齐方式，以及图像的尺寸、边框样式、边距和阴影效果等。以今日影评网站剧情简介页面为例，如图 4-1 所示，该页面中文本的字体、颜色和背景等视觉元素的控制，以及整个页面的排版布局，都是利用 CSS 来实现的。利用这种方式，我们可以确保网站页面的一致性和专业性，同时简化了样式的管理和维护。

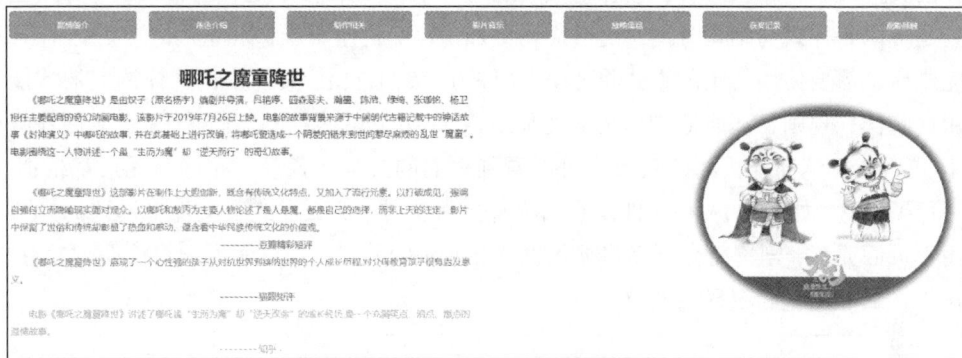

图 4-1　今日影评网站的剧情简介页面

一个制作精美的网页必须通过 CSS 控制才能实现美观的样式效果。如果仅在页面中添加各种元素，页面是无法达到理想效果的。在运用 CSS 之前，我们的首要任务是掌握 CSS 的样式规则。项目 2 中已经初步介绍了 CSS 样式，本项目将对其进行具体学习并在今日影评网站页面中分析及应用。定义基本的 CSS 样式规则，具体如下。

选择器{属性 1:属性值 1; 属性 2:属性值 2;…;属性 n:属性值 n;}

在上述 CSS 样式规则中，选择器用于"查找"（或选取）要设置样式的 HTML 标签，"{}"内部可以包含一组或多组声明，声明以键值对（属性 1:属性值 1;）的形式出现，声明的属性与属性值之间使用 ":" 连接，多组声明之间使用 ";" 进行分隔。举例如代码 4-1 所示。

代码 4-1

```
p{color: #339; font-size: 14px; line-height: 30px;}
```

其中，p 表示选择器，规定页面中的 p 元素能够使用定义好的样式。在 CSS 样式规则中，属性 color（文字颜色）、font-size（文字大小）和 line-height（行高）定义了元素的视觉实现，而属性值#339（灰蓝色）、14px（14 像素的文字大小）和 30px（30 像素的行高）则具体指定了这些属性的表现形式。color: #339;是一组声明，即一个键值对，上述 CSS 样式规则中共包含三个键值对，可以根据需要增加或减少键值对。常用的 CSS 选择器如表 4-1 所示，分别是标签选择器、类选择器和 id 选择器，另外，还可以灵活运用空格及其他符号组成后代选择器等组合选择器，去匹配特定的标签来应用样式规则，具体的 CSS 组合选择器将在后续内容中为读者介绍，剧情简介页面中的导航、标题、介绍、影评、剧照等均需要使用合适的选择器匹配和应用相应的 CSS 样式规则后，才会呈现出图 4-1 所示的效果。

表 4-1　常用的 CSS 选择器

选择器类型	描述	举例
标签选择器	相同的元素具有相同的样式	h1{}、body{}、p{}、div{}
类选择器	具有相同类名的不同的网页元素具有相同的样式	.class{}
id 选择器	准确定位和控制单个元素的样式	#id{}

4.1.2　引入 CSS 样式表文件

在网页开发中，将 CSS 样式规则编写在独立的样式表文件中是一种常见的做法。这样做的好处是可以将样式与结构分离，使得代码更加清晰，也便于维护和重用。当 CSS 样式规则编写完成后，需要使用特定的方式将 CSS 文件引入到 HTML 文件中，这样浏览器才能读取并应用这些样式规则，从而渲染出页面的显示效果。图 4-1 展示了引入样式表文件并应用了 CSS 样式后，剧情简介页面的效果。可以看到页面的文本、背景、布局等元素都根据 CSS 样式进行了美化。如果 HTML 文件没有引入样式表文件，那么样式表文件中设置的样式将无法应用于页面元素，剧情简介页面将显示图 4-2 所示的效果，即页面元素将按照 HTML 默认样式显示，缺乏美化和布局的调整。

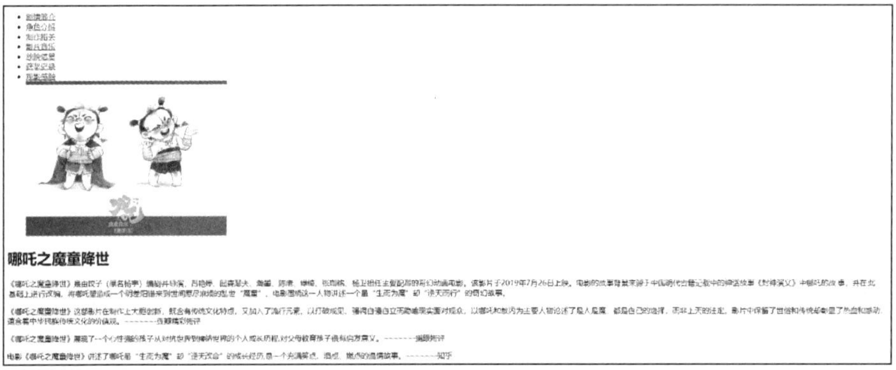

图 4-2　未应用 CSS 样式的剧情简介页面

4.1.3　CSS 中的特殊选择器

1. CSS 伪类

CSS 伪类用于定义元素在其不同状态下的特殊样式。这些状态通常与用户的交互有关，例如鼠标指针发生指定动作时设置的样式。它可以用于指定鼠标指针悬停在元素上时的样式，包括已访问和未访问链接不同的样式、元素获得焦点时的样式等。伪类用冒号（:）来表示,并且可以应用于各种 HTML 标签上,以实现更丰富的交互效果。以超链接<a>标签为例,CSS 提供了常用的 4 种状态的伪类,如表 4-2 所示。

表 4-2　4 种状态的伪类

伪类名称	描述
a:link	超链接被单击之前的默认显示样式
a:active	超链接被单击不释放鼠标按键时显示的样式
a:visited	超链接被访问后显示的样式
a:hover	鼠标指针悬停在超链接上时显示的样式

这些伪类可以单独使用,也可以组合使用,以创建复杂的交互效果。例如,可以设置未访问链接为蓝色,已访问链接为紫色,鼠标悬停时链接变为红色,单击时链接变为橙色。开发者可以使用伪类增强网页的交互性和用户体验,同时保持代码的简洁性和可维护性。在实际应用中,伪类常用于导航菜单、按钮和其他交互元素的样式设计。

如果 a:hover 定义在 a:link 和 a:visited 之前,它可能会覆盖这些状态,导致样式无法正确显示。a:active 应该定义在 a:hover 之后,以确保在激活链接时应用正确的样式。伪类的名称对大小写不敏感,所以:hover、:Hover、:HOVER 等都是允许的。

伪类可以与 CSS 类结合使用,以创建更具体的样式规则。如代码 4-2 所示,将鼠标指针悬停在类名为 "highlight" 的超链接上时会改变超链接的字体颜色和背景颜色。

代码 4-2

```
a.highLight:hover {
  color: #fff;
  background-color: #0f0;
}
```

2. CSS 伪元素

CSS 伪元素用于设置元素指定部分的样式,允许我们为元素的一部分或在其内容之前/之后添加样式。伪元素在 CSS3 中使用双冒号(::)来表示,这是为了与伪类[使用单冒号(:)表示]区分开来。尽管在 CSS2 和 CSS1 中,伪类和伪元素都使用了单冒号语法,但现在的 CSS 规范推荐使用双冒号来表示伪元素。这些伪元素可以用于各种场合,例如添加装饰性的首字母或首行,或者在元素内容前后添加图标或文本。常用的 CSS 伪元素见表 4-3。

表 4-3　常用的 CSS 伪元素

伪元素	例子	例子描述
::after	p::after	在每个 <p> 标签之后插入内容
::before	p::before	在每个 <p> 标签之前插入内容
::first-letter	p::first-letter	选择每个 <p> 标签的首字母
::first-line	p::first-line	选择每个 <p> 标签的首行
::selection	p::selection	选择用户选择的标签部分

3. 通用选择器

通用选择器也称通配符选择器，它是一类特殊的选择器，使用"*"来表示，并能够匹配网页中所有元素。通用选择器通常用于设置全局样式，比如清除所有元素的默认内边距和外边距，或者为所有元素应用一些基础的样式。通用选择器的语法规则如下所示。

```
*{属性 1:属性值 1;属性 2:属性值 2;…;属性 n:属性值 n;}
```

通用选择器作用范围最广，常用来清除页面元素的内边距和外边距，如代码 4-3 所示。

代码 4-3

```
*{
  margin: 0;
  padding: 0;
}
```

上述代码会删除每个元素中 margin 属性和 padding 属性的默认值，在不同的浏览器中元素的 margin 属性和 padding 属性的默认值可能不同，通用选择器会将所有元素的 margin 属性和 padding 属性设置为 0，这在网页布局中非常有用，因为它可以提供一个干净的起点，让你可以自由地定义每个元素的样式，而不必担心默认的浏览器样式。

然而，需要注意的是，通用选择器会匹配页面中的所有元素，因此使用它可能会影响页面的性能，尤其是在大型网站或复杂页面中。此外，由于它会影响所有元素，所以可能会覆盖其他更具体的选择器设置的样式。因此，应该谨慎使用通用选择器，并只在确实需要全局样式设置时使用它。

【任务实现】

1. 编写剧情简介页面

创建 index.html 文件，在该文件中查找<title></title>标签对，在该标签对中添加标题"剧情简介_今日影评"，推荐使用<link >标签引用独立的样式表文件，具体实现如代码 4-4 所示，剧情简介页面效果如图 4-1 所示。

代码 4-4

```
<!doctype html>
<html lang="en">
<head>
    <meta charset="UTF-8">
    <title>剧情简介_今日影评</title>
    <link rel="stylesheet" type="text/css" href="css/common.css">
    <link rel="stylesheet" type="text/css" href="css/index.css">
</head>
<body>
    <header>
        <ul>
            <li><a href="index.html">剧情简介</a></li>
```

```
        <li><a href="page2.html">角色介绍</a></li>
        <li><a href="page3.html">制作相关</a></li>
        <li><a href="page4.html">影片音乐</a></li>
        <li><a href="page5.html">放映信息</a></li>
        <li><a href="page6.html">获奖记录</a></li>
        <li><a href="page7.html">观影感触</a></li>
    </ul>
</header>
<main>
    <img src="../../img/i1.jpg">
    <div class="text">
        <h1>哪吒之魔童降世</h1>
        <p>《哪吒之魔童降世》是由饺子（原名杨宇）编剧并导演，吕艳婷、囿森瑟夫、瀚墨、陈
浩、绿绮、张珈铭、杨卫担任主要配音的奇幻动画电影。该影片于 2019 年 7 月 26 日上映。电影的故事背
景来源于中国明代古籍记载中的神话故事《封神演义》中哪吒的故事，并在此基础上进行改编，将哪吒塑造
成一个阴差阳错来到世间惹尽麻烦的乱世"魔童"。电影围绕这一人物讲述一个虽"生而为魔"却"逆天而
行"的奇幻故事。</p>
    </div>
    <div class="ping">
        <p class="p1">《哪吒之魔童降世》这部影片在制作上大胆创新，既含有传统文化特点，
又加入了流行元素。以打破成见，强调自强自立而隐喻现实面对观众。以哪吒和敖丙为主要人物论述了是人
是魔，都是自己的选择，而非上天的注定。影片中保留了世俗和传统却彰显了热血和感动，蕴含着中华民族
传统文化的价值观。<span>——豆瓣精彩短评</span></p>
        <p class="p2">《哪吒之魔童降世》展现了一个心性强的孩子从对抗世界到接纳世界的
个人成长历程，对父母教育孩子很有启发意义。<span>——猫眼短评</span></p>
        <p class="p3">电影《哪吒之魔童降世》讲述了哪吒虽"生而为魔"却"逆天改命"的
成长经历，是一个充满笑点、泪点、燃点的温情故事。<span>——知乎</span></p>
    </div>
</main>
</body>
</html>
```

2. 编写 common.css 文件

创建样式表文件 common.css，将多个页面都会用到的样式统一添加到这个样式表文件中，如代码 4-5 所示。在后面创建的每个 HTML 文件中均采用外链式的方式调用 common.css 文件，充分发挥分离式开发 CSS 代码重用的优势。

代码 4-5

```
*{box-sizing: border-box;}
p,h1,h2,h3,h4,h5,h6,ul,ol,dl,li,form,table,a,div,img,body{
    margin:0;
    padding:0;
}
a{
    text-decoration: none;
}
```

```
li{
    list-style: none;
}
header ul{
    width: 90%;
    display: flex;
    justify-content: space-around;
    margin: 20px auto;
}
header ul li{
    width: 13%;
}
header ul li a{
    color: #fff;
    display: block;
    background-color: rgba(0,0,0,0.4);
    border: 1px solid gray;
    text-align: center;
    line-height: 45px;
    font-size: 14px;
    border-radius: 5px;
}
header ul li a:hover{
    color: #bc2e22;
    background-color: rgba(0,0,0,0.6);
}
main{
    width: 90%;
    margin: 0px auto;
}
h2{
    color: #b2652d;
    line-height: 60px;
    text-align: center;
    font-size: 34px;
    font-family: "幼圆";
    width: 15%;
    margin: 10px auto;
    letter-spacing: 2px;
    text-shadow: 4px 3px 3px #b7a696;
}
```

3. 编写 index.css 文件

创建样式表文件 index.css，针对剧情简介页面进行一些个性化的样式设置，如代码 4-6 所示。在 index.html 文件中采用外链式的方式调用 index.css 文件。

代码 4-6

```
main img{
    position: absolute;
```

```
    right: 150px;
    top: 230px;
    border-radius: 50%;
    box-shadow:0px 0px 10px 10px #bc2e22;
}
h1{
    color: #039;
    line-height: 50px;
    text-align: center;
}
.text,.ping{
    width: 45%;
    padding: 20px;

}
.text p,.ping{
    font-size: 14px;
    line-height: 30px;
    text-indent: 2em;
}
.text p{
    color: #339;
}
.ping .p1{
    color: #C33;
}
.ping .p2{
    color: #969;
}
.ping .p3{
    color: #F96;
}
p span{
    display: block;
    margin-left:360px;
}
```

根据需要设计样式表，实现结构与样式的完全分离。

任务 4.2　使用 CSS 控制元素样式

【任务目标】

知识目标

使用 CSS 控制
元素样式

- 掌握不同类型元素的 CSS 样式属性及其取值。

能力目标

● 熟练使用 CSS 控制不同元素的样式效果。

素质目标

● 使用 CSS 控制元素样式从而改善页面外观效果，点燃读者的学习热情，培养读者的学习兴趣。

【导学知识】

4.2.1　CSS 图像

在 CSS 中，有许多属性可以用来控制图像的显示效果。以下是一些常见的 CSS 图像属性。

● width 或 height：设置图像的宽度或高度，可以设置具体的像素值或百分比。

● border：设置图像的边框，可以同时设置边框的宽度、样式和颜色。

● border-style：设置图像边框的样式，如实线、虚线、点线等。

● border-width：设置图像边框的宽度。

● border-color：设置图像边框的颜色。

● border-radius：设置图像边框圆角效果。

● opacity：设置图像的透明度。

● box-shadow：设置图像的阴影效果。

● transform：设置图像 2D 或 3D 变换效果，如旋转、缩放、倾斜等。

4.2.2　CSS 链接

除了 HTML <a>标签的基本属性，CSS 提供了丰富的属性来增强链接的视觉效果和用户体验。常见的 CSS 属性包括 color、font-family、background、text-decoration 等。此外，后面还会介绍 CSS 允许根据链接的不同状态（如悬停、激活等）来设置不同的样式。利用伪类选择器，开发者可以根据用户的交互来改变链接的外观，从而提供更加丰富和动态的体验。

4.2.3　CSS 表格

除了 HTML 提供的与表格相关的标签属性，CSS 还提供了一系列属性来控制表格的样式和布局，如表 4-4 所示。

表 4-4　CSS 表格属性

属性	描述
border	简写属性，在一条声明中设置所有边框属性
border-collapse	规定是否应折叠表格边框

属性	描述
border-spacing	规定相邻单元格之间的边框的距离
caption-side	规定表格标题的位置
empty-cells	规定是否在表格中的空白单元格上显示边框和背景
table-layout	设置用于表格的布局算法

在 HTML 表格中，<tr>、<th>和<td>标签可以使用 CSS 属性来控制其样式，具体如下。

● margin：用于设置元素与周围元素之间的距离。在表格中，它通常用于控制行与行之间或列与列之间的间距。但请注意，margin 属性在表格单元格上并不总是表现如预期，因为表格布局有其特殊性。

● padding：用于设置元素内部内容与元素边框之间的距离。在表格单元格中，padding 属性可以用来增加单元格内容与单元格边框之间的空白区域。

4.2.4　CSS 列表

有序列表（<ol>）和无序列表（<ul>）都使用<li></li>标签对来定义列表项。列表项是不分有序和无序的，列表项套在有序列表<ol></ol>里边就是有序列表的样子，默认以阿拉伯数字作为序号，而套在无序列表<ul></ul>里边就是无序列表的样子，默认使用粗体圆点作为标记。针对有序列表和无序列表可以使用如下 CSS 列表属性。

● list-style-type：设置列表项标记的类型。对于有序列表，默认是数字（decimal），而对于无序列表，默认是圆点（disc）。除了这些默认值，还有其他选项，如 circle（空心圆）、square（方块）、none（无标记）等。

● list-style-position：设置列表项标记的位置。默认值是 outside，表示标记位于列表项之外；inside 表示标记位于列表项之内。

● list-style-image：允许使用图像作为列表项的标记。如果图像无法显示，将使用 list-style-type 属性指定的标记类型作为后备。

● list-style：是一种简写属性。它用于在一条声明中设置所有列表属性。其属性值对应的列表属性的顺序为：list-style-type（如果指定了 list-style-image，那么在由于某种原因而无法显示图像时，会显示这个属性的值）、list-style-position（指定列表项标记应显示在内容流的内部还是外部）、list-style-image（将图像指定为列表项标记）。如果缺少这 3 个属性之一，则将插入缺少属性的默认值（如果有）。使用这些 CSS 列表属性，可以创建出各种样式的列表，以满足网页设计的需求。

可以使用 list-style-type:none 属性删除默认的列表项标记。请注意，列表拥有默认的外边距和内边距，要删除这两个边距，可以设置 margin:0 和 padding:0 。

4.2.5　CSS 表单

除了使用 HTML 中关于表单的属性，使用 CSS 也可以极大地改善 HTML 表单的外观。如果只想设置 input 控件特定输入类型的样式，则可以使用如下属性选择器。

- input[type=text]：选择所有类型为 text 的 input 控件，即普通的文本输入框。
- input[type=password]：选择所有类型为 password 的 input 控件，即密码输入框，用户输入的内容会显示为星号或圆点。
- input[type=number]：选择所有类型为 number 的 input 控件，即数字输入框，通常包含上下箭头用于增加或减少数值。
- input[type=email]：选择所有类型为 email 的 input 控件，即电子邮件输入框，通常用于输入电子邮件地址。
- input[type=url]：选择所有类型为 url 的 input 控件，即 URL 输入框，通常用于输入网址。
- input[type=tel]：选择所有类型为 tel 的 input 控件，即电话号码输入框。

使用这些选择器，可以针对不同类型的 input 控件应用不同的样式，从而改善表单的外观和用户体验。

【任务实现】

1. 编写角色介绍页面

创建一个 page2.html 文件，在其中查找<title></title>标签对，在该标签对中添加标题"角色介绍_今日影评"，推荐使用<link >标签调用独立的样式表文件，实现如代码 4-7 所示。

代码 4-7

```html
<main>
    <h2>角色介绍</h2>
    <ul>
        <li>
            <img src="img/r1.jpg" width="150" height="200">
            <h4>哪吒</h4>
            <p>哪吒是魔丸转世，李靖之子。因为魔丸转世的身份，他遭到陈塘关百姓的歧视、排斥、嘲笑和敌对。也因此，他性格孤僻、冷漠、叛逆、憋屈、玩世不恭，时不时就要大闹陈塘关百姓，让大家也不得安生。玩世不恭的外表下，哪吒比谁都孤独，比谁都渴望认同。</p>
        </li>
        <li>
            <img src="img/r2.jpg" width="150" height="200">
            <h4>敖丙</h4>
            <p>敖丙是灵珠转世，东海龙王三太子，申公豹的徒弟。身形飘逸，举止儒雅，一派翩翩美少年形象。他背负整个龙族翻身的期望，全族压力令他痛苦不堪而走上了邪路，做出了冰压陈塘关的举动。敖丙在哪吒的影响下，最终学会敢于做自己、不认命，并与哪吒联手抵抗命运，成为对方"唯一的朋友"。</p>
        </li>
        <li>
            <img src="img/r3.jpg" width="150" height="200">
            <h4>李靖</h4>
            <p>李靖是哪吒的父亲，殷夫人的丈夫，陈塘关的镇关总兵，负责守护百姓抵挡妖魔鬼怪。
```

不善言辞、沉默少言。他对哪吒不是排斥的、霸道的，而是主动寻求一种温和、平等的沟通，即便哪吒把陈塘关惹得鸡飞狗跳，他也不惜舍弃自己的情面，帮助哪吒得到世人认可。</p>

```
            </li>
            <li>
                <img src="img/r4.jpg" width="150" height="200">
                <h4>殷夫人</h4>
                <p>哪吒的母亲，李靖的妻子，性格火爆，巾帼不让须眉，在哪吒成长道路上起了重要的引
```
导作用。爱子如命，虽工作忙碌却尽力抽出时间陪伴哪吒成长，她和丈夫李靖对于哪吒均无私付出，但因不被哪吒谅解而遭到怨恨。</p>

```
            </li>
            <li>
                <img src="img/r5.jpg" width="150" height="200">
                <h4>太乙真人</h4>
                <p>哪吒的师父，乾元山金光洞的洞主，阐教大仙，元始天尊的弟子之一。说着一口"川普"，
```
生性洒脱，为人诙谐幽默，不贪念权色却嗜酒如命。元始天尊命徒弟太乙真人将灵珠托生于李靖之子哪吒身上，然而阴差阳错下，灵珠和魔丸被掉包。太乙真人后收哪吒为徒，导其向善。</p>

```
            </li>
            <li>
                <img src="img/r6.jpg" width="150" height="200">
                <h4>申公豹</h4>
                <p>元始天尊的弟子之一，阐教门人，太乙真人的师弟，敖丙的师傅，豹子修炼成精的妖魔。
```
一个口齿不伶俐，内心很压抑的角色。他邪恶狡诈，备受天庭偏见而愤愤不平。为了争夺十二金仙的地位，逆天行事，更改了魔丸和灵珠的命运。</p>

```
            </li>
        </ul>
</main>
```

  基于前面的剧情简介页面，重新设置角色介绍页面的个性化样式，对应的样式文件 page2. css 的实现如代码 4-8 所示。同样使用 <link> 标签调用独立的样式表文件，角色介绍页面效果如图 4-3 所示。

代码 4-8

```css
ul{
    width: 80%;
    margin: 20px auto;
    margin-bottom: 30px;
}
ul li{
    margin-bottom: 10px;
}
ul li img{
    float: left;
    display: block;
    margin-right: 30px;
}
ul li p{
    color: #3366CC;
    margin-bottom: 30px;
}
```

图 4-3　角色介绍页面

2. 编写制作相关页面

创建一个 page3.html 文件，在该文件中查找<title></title>标签对，在该标签对中添加标题 "制作相关_今日影评"，推荐使用<link >标签调用独立的样式表文件，主要实现如代码 4-9 所示。

代码 4-9

```html
<main>
    <h2>制作相关</h2>
    <p>
        整部电影充分展现了 "天人合一"，通过影像艺术，充分将天人合一思想进行影像化的表达。电影中，"天人合一" 的思想主要体现在哪吒与敖丙……
    </p>
    <img src="img/p1.jpg">
</main>
```

制作相关页面对应个性化样式表文件 page3.css，实现如代码 4-10 所示，页面效果如图 4-4 所示。

代码 4-10

```css
p{
    font-size: 14px;
    background-color: rgba(0,0,0,0.1);
    padding: 20px;
    margin: 15px;
    line-height: 28px;
    text-indent: 2em;
    float: left;
    width: 60%;
}
```

```
img:nth-of-type(1){
    float: right;
    margin: 0 10px 20px 20px;
    width: 36%;
    display: block;
}
```

图 4-4　制作相关页面

3．编写影片音乐页面

创建一个 page4.html 文件，在该文件中查找<title></title>标签对，在该标签对中添加标题"影片音乐_今日影评"，推荐使用<link >标签调用独立的样式表文件，如代码 4-11 所示。

代码 4-11

```
<main>
    <h2>影片音乐</h2>
    <table border="1">
        <tr>
            <th>曲目名称</th>
            <th>词曲作者</th>
            <th>演唱者</th>
            <th>备注</th>
        </tr>
        <tr>
            <td>《哪吒》</td>
            <td>GAI、大痒痒</td>
            <td>GAI、大痒痒</td>
            <td>主题曲</td>
        </tr>
        <tr>
            <td>《今后我与自己流浪》</td>
```

```
            <td>王子</td>
            <td>张碧晨</td>
            <td>片尾曲</td>
        </tr>
    </table>
    <img src="img/m1.jpg" width="640" height="300">
</main>
```

对应的样式文件 page4.css 实现如代码 4-12 所示，影片音乐页面效果如图 4-5 所示。

代码 4-12

```
table{
    width: 50%;
    margin-left: 100px;
    float: left;
    border-collapse: collapse;
    margin-top: 60px;
    text-align: center;
}
td, tr{
    line-height: 36px;
}
img{
    margin-left: 30px;
}
```

本任务完成了 CSS 对文本、图像、表格等页面内容样式的控制，可以尝试使用 CSS 对超链接、列表以及表单元素样式进行设计。

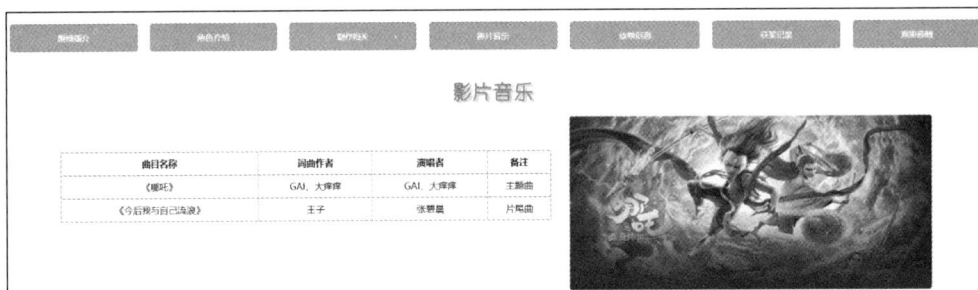

图 4-5　影片音乐页面

任务 4.3　使用 CSS 高级设置

【任务目标】

使用 CSS 高级设置

知识目标

● 掌握 CSS 组合选择器、CSS 的特征。

● 理解 CSS 优先级、了解 CSS 排错。

能力目标

● 能够使用 CSS 组合选择器准确匹配元素，根据 CSS 的特征合理设计样式。
● 会判断并合理设置 CSS 优先级以及使用 CSS 排错处理和解决问题。

素质目标

● 完成 CSS 高级设置，端正行为，形成科学的学习态度和正确的价值观。
● 掌握知识的同时提高个人的动手能力，不能眼高手低。

【导学知识】

4.3.1 CSS 组合选择器

CSS 组合选择器又称复合选择器，是一种强大的工具，允许两个或多个选择器组合在一起，以便更精确地定位 HTML 元素并应用样式。结合标签选择器、类选择器、id 选择器一起使用的 CSS 组合选择器，能够对元素进行灵活定位，用于给层次较深的 HTML 元素设置样式。常见的 CSS 组合选择器如表 4-5 所示。

表 4-5　常见的 CSS 组合选择器

选择器	描述
交集选择器	也称为分类选择器，语法格式：标签选择器.类选择器{}。两个选择器中间不能有空格
并集选择器	也称为群组选择器，各个选择器之间使用逗号","连接
后代选择器	外层标签写在前面，内层标签写在后面，中间用空格分隔
子选择器	父标签在前，子标签在后，中间用大于号">"进行连接
相邻兄弟选择器	选择紧随指定元素之后的同级相邻的元素，用加号"+"进行连接
通用兄弟选择器	匹配属于指定元素的同级元素的所有元素，用波浪线"～"进行连接

4.3.2 CSS 的层叠性和继承性特征

1. 层叠性

层叠性（Cascading）是指多种 CSS 样式的叠加，即可以为同一个元素声明多个样式规则，就好比一个人可以里里外外一层层地套很多件衣服来装扮自己。样式属性不冲突时，使用层叠性可以将多个样式规则中的属性层叠在一起并应用到同一个元素上。层叠性使得 CSS 非常灵活，允许开发者通过多种方式定义样式，同时保持样式的一致性和可维护性。

2. 继承性

继承性是指书写 CSS 时，子标签会继承父标签的某些样式，如文本颜色和字体大小。如果想要设置一个可继承的属性，只需要将它应用于父标签即可。恰当地使用 CSS 继承性可以优化代码，简化工作，降低 CSS 样式的复杂程度。但是不是所有的 CSS 属性都可以继承，例如边框属性、外边距属性、内边距属性、背景属性、定位属性、布局属性、元素宽高属性、浮动属性等均不具有继承性。所有元素可继承可见属性（visibility）和鼠标指针样式属性（cursor）。通过理解 CSS 的继承性，开发者可以更有效地组织样式，减少冗余代码，并创建更清晰、更易于维护的 CSS 结构。

下面通过一个简单的例子来讲解继承性，实现过程如代码 4-13 所示，效果如图 4-6 所示，可以看到并未定义<p>标签的文字的字体样式为斜体，<p>标签里的文字之所以显示为斜体，是因为它的字体样式属性是从父标签<div>继承来的。

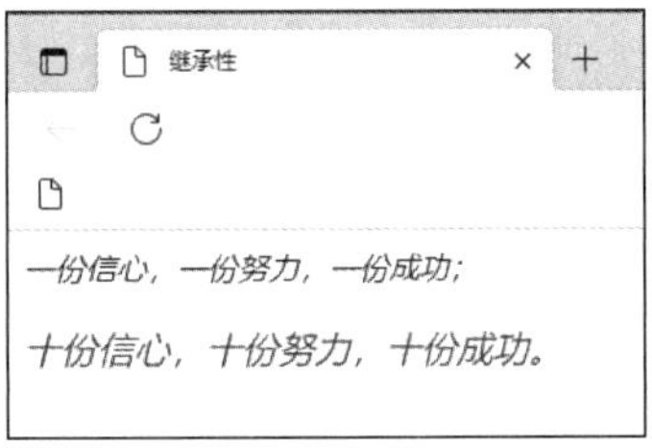

图 4-6　继承性示例

代码 4-13

```
<!DOCTYPE html>
<html>
<head>
  <meta charset="utf-8">
  <title>继承性</title>
  <style type="text/css">
    div{font-style: italic;}
    #one{
      font-size: 19px;
      color:blue;
    }
  </style>
</head>
<body>
  <div>
    一份信心，一份努力，一份成功；
    <p id="one">十份信心，十份努力，十份成功。</p>
  </div>
</body>
</html>
```

4.3.3　CSS 优先级

当有多条样式定义规则应用于同一个元素以进行样式设置时，可以使用 CSS 优先级来解决样式规则作用范围重叠的问题。CSS 优先级本质上判断的是 CSS 选择器优先级的高低。CSS 选择器的优先级决定了当多个样式规则应用于同一个元素时，哪个规则会被应用。CSS 选择器的优先级机制会分配给指定的 CSS 声明一个权重值，权重值由匹配的选择器中的每一种选择器类型的数值大小来决定，如果多个 CSS 优先级相等，一般来说，最后一个 CSS 声明将会被作用到元素上，只有多个 CSS 声明中的优先级不同时，CSS 选择器的优先级才会有意义。CSS 选择器按优先级从高到低依次如下。

- ！important（顶级优先级）。
- 行内式（例如，红色）。
- id 选择器（例如，#header）。
- 类选择器（例如，.header）、属性选择器（例如，[type="text"]）和伪类选择器（例如，:hover）。
- 类型选择器（例如，h1）和伪元素选择器（::before）。
- 通用选择器（例如，*）。

CSS 优先级的计算规则如下。

- id 选择器，优先级权重为 100。
- 类选择器、属性选择器或伪类选择器，优先级权重为 10。
- 类型选择器和伪元素选择器，优先级权重为 1。
- 通用选择器，优先级权重为 0。
- 继承 CSS 的样式优先级为 0。

4.3.4　CSS 排错

在前端开发编写代码的过程中，如果将属性单词字母写反或是漏了某个字母时，现代的代码编辑器（如 HBuilder、Visual Studio Code、Sublime Text 等）中显示的代码颜色会与同类型单词的颜色有所不同，根据颜色的变化，即使不浏览网页也大致可以判断出问题所在，不需要等到浏览不出设置效果时才查看错误原因出在哪儿。开发人员要学会用开发者工具（如 Chrome DevTools、Firefox Developer Tools 等）调试代码，边写、边看、边调试，注意观察代码遗漏和错误。例如，如果某个属性没映射出效果，在开发者工具中看到的可能会是黄色感叹号、有删除线的状态，可以检查属性名或是属性值是否写错，如果写错工具通常会提示 Unknow property name 或 Invalid property value。注意，如果是选择器出问题，则整个设置效果都看不到，什么样式都没有。

【任务实现】

1．编写放映信息页面

创建一个 page5.html 文件，在该文件中查找<title></title>标签对，在该标签对中添加标题"放映信息_今日影评"，推荐使用<link >标签调用独立的样式表文件，如代码 4-14 所示。

代码 4-14

```
<main>
    <h2>放映信息</h2>
    <h3>前期宣传</h3>
    <p>电影《哪吒之魔童降世》由 80 后全能导演饺子执导，从分镜、表情示范、配音到海报都由其亲自掌舵。影片总耗时 4 个多月，单是江山社稷图四人抢笔一景的草图，便耗费了 2 个月。全片 1318 个特效
```

镜头，占比高达 80%。2019 年 7 月 21 日，2019 超燃国漫《哪吒之魔童降世》在成都举办千人首映礼，于 2019 年 7 月 26 日正式上映。</p>

```
    <h3>发行上映</h3>
    <table border="1">
        <tr>
            <td>地区</td>
            <td>上映时间</td>
        </tr>
        <tr>
            <td>中国</td>
            <td>2019 年 7 月 26 日</td>
        </tr>
        <tr>
            <td>澳大利亚</td>
            <td>2019 年 8 月 23 日</td>
        </tr>
        <tr>
            <td>北美</td>
            <td>2019 年 8 月 29 日</td>
        </tr>
        <tr>
            <td>新西兰</td>
            <td>2019 年 8 月 29 日</td>
        </tr>
        <tr>
            <td>英国</td>
            <td>2019 年 8 月 30 日</td>
        </tr>
    </table>
</main>
```

对应的样式文件 page5.css 的实现如代码 4-15 所示，放映信息页面效果如图 4-7 所示。

代码 4-15

```
h3{
    color: #923c3b;
    letter-spacing: 5px;
    text-align: center;
    line-height: 60px
}
table{
    width: 50%;
    border-collapse: collapse;
    margin: 10px auto;
    text-align: center;
}
td, tr{
    line-height: 36px;
}
p{
```

```
    width: 80%;
    margin: 0 auto;
    font-size: 14px;
    line-height: 28px;
}
```

图 4-7　放映信息页面

2. 编写获奖记录页面

创建一个 page6.html 文件，在该文件中查找<title></title>标签对，在该标签对中添加标题 "获奖记录_今日影评"，推荐使用<link>标签调用独立的样式表文件，主要实现如代码 4-16 所示。

代码 4-16

```
<main>
    <h2>获奖记录</h2>
    <p class="p1"><span>2019 年：</span><br>
        第 16 届中国动漫金龙奖最佳动画长片奖金奖、最佳动画导演奖、最佳动画编剧奖、最佳动画配音奖
    </p>
    <p class="p1"><span>2020 年：</span><br>
        第 33 届中国电影金鸡奖最佳美术片
    </p>
    <p class="p1"><span>2020 年：</span><br>
        第 35 届大众电影百花奖最佳导演（提名）、最佳编剧
    </p>
    <p class="p1"><span>2023 年：</span><br>
        第 18 届中国电影华表奖优秀故事片奖
    </p>
</main>
```

对应的样式文件 page6.css 的实现如代码 4-17 所示，获奖记录页面效果如图 4-8 所示。

代码 4-17

```
p{
    width: 85%;
    margin: 0 auto;
```

```
    font-size: 14px;
    line-height: 28px;
}
p.p1{width: 38%;}
p.p1 span{
    display: inline-block;
    margin-left: -50px;
    margin-top: 10px;
    color: #e46427;
    padding: 5px 2px 5px 8px;
    background-color: rgba(0,0,0,0.2);
    border-radius: 50%;
}
```

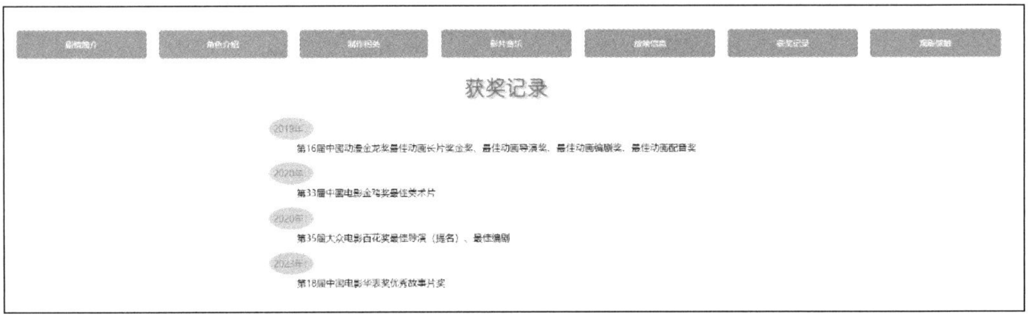

图 4-8　获奖记录页面

3. 编写观影感触页面

创建一个 page7.html 文件，在该文件中查找<title></title>标签对，在该标签对中添加标题"观影感触_今日影评"，推荐使用<link >标签调用独立的样式表文件，主要实现如代码 4-18 所示。

代码 4-18

```
<main>
    <h2>观影感触</h2>
    <form>
        <span>您的姓名: </span><input type="text" ><br>
        <span>联系方式: </span><input type="text" ><br>
        <span>发表评价: </span><textarea></textarea>
        <button>发表</button>
    </form>
</main>
```

对应的样式文件 page7.css 的实现如代码 4-19 所示，观影感触页面效果如图 4-9 所示。

代码 4-19

```
form{
    width: 50%;
    margin: 50px auto;
}
form span{
    width: 100px;
```

```
    display: inline-block;
    vertical-align: top;
}
form input{
    width: 350px;
    line-height: 35px;
    border: 1px solid #DCDCDC;
    border-radius: 5px;
    background-color: rgba(0,0,0,0.2);
    margin-bottom: 10px;
}
form textarea{
    width: 350px;
    height: 200px;
    border: 1px solid #DCDCDC;
    border-radius: 5px;
    background-color: rgba(0,0,0,0.2);
    margin-bottom: 10px;
}
button{
    display: block;
    width: 60px;
    height: 35px;
    margin: 20px auto;
    border: 1px solid #DCDCDC;
    border-radius: 5px;
    background-color: rgba(0,0,0,0.2);
}
```

图 4-9　观影感触页面

项目总结

本项目已经完成了，希望大家掌握以下主要知识点，为后续网页设计打好基础。

● 设计 CSS 样式、引入 CSS、应用 CSS 样式的方法。

- CSS 选择器和组合选择器的使用方法。
- CSS 层叠性、继承性和优先级的概念。

代码与人生

保持探索突破精神

本项目介绍了 CSS 的基础知识与核心特征，通过学习可知 CSS 能够在保留原始 HTML 页面结构的前提下，赋予页面丰富多元的视觉效果。对于 Web 前端开发工程师而言，若要突破技术常规、实现体验升级，需具备一种关键职业素养——探索突破精神。

古人云：“和实生物，同则不继”，道出了“和谐共生方能催生新事物，同质化则会阻滞发展”的哲理。这一智慧 Web 前端领域同样适用：若局限于标准化组件与常规样式，网页将沦为千篇一律的技术堆砌。此外，利用好 AI 工具，能够基于需求生成规范的基础样式代码，减少重复的机械工作，高效实现页面视觉效果的多元化呈现。工程师应该秉持探索突破精神，在技术规范与用户需求的边界中寻找新解法，让页面效果既符合技术逻辑，又展现独特的实现路径。

练习测试

一、单选题（每小题 4 分，共 20 分）

1. 下列选项中，关于选择器权重的优先级的说法正确的是（　　）。
   A. 标签选择器 ＜ 类选择器 ＜ id 选择器 ＜ !import
   B. 类选择器 ＜ id 选择器 ＜ !import ＜ 标签选择器
   C. 标签选择器 ＜ !import ＜ id 选择器 ＜ 类选择器
   D. id 选择器 ＜ 标签选择器 ＜ 类选择器 ＜ !import

2. 在 CSS 样式设置中，用于设置鼠标指针悬停在其上时超链接的状态的伪类是（　　）。
   A. a:visited　　　　B. a:link　　　　C. a:hover　　　　D. a:active

3. 在 HTML 中使用以下哪个标签可以导入 CSS 外部样式？（　　）。
   A. <link>　　　　B. <import>　　　　C. <script>　　　　D. <csslink>

4. 在 CSS 样式设置中，用于综合设置列表样式的属性是（　　）。
   A. list-style　　　　B. list-type　　　　C. list-css　　　　D. list-class

5. 下列选项中，属于并集选择器的书写方式的是（　　）。
   A. h1　p{ }　　　　B. h1_p{ }　　　　C. h1,p{ }　　　　D. h1-p{ }

二、多选题（每小题 4 分，共 20 分）

1. 以下关于 CSS 伪元素的说法哪些是正确的？（　　）
   A. ::before 和::after 是 CSS3 中引入的伪元素，它们可以用来在元素内容前后插入生成的内容

B. ::first-letter 伪元素可以用来设置段落首字母的样式，通常用于创建首字下沉效果

C. ::first-line 伪元素与::first-letter 伪元素类似，但它用于设置段落第一行的样式

D. 伪元素::selection 可以用来改变用户选中文本的样式，如背景色和文字颜色

2. 以下关于 CSS 样式中的选择器的说法正确的是（　　　）。

　　A. <div> p 表示选择 div 元素的子元素 p

　　B. div　p 表示选择 div 元素的所有后代元素

　　C. div+p 表示选择 div 的所有兄弟元素 p

　　D. div~p 表示选择 div 元素后面的所有兄弟元素 p

3. 以下哪些是引入样式的方法？（　　　）

　　A. 行内式　　　　　B. 内嵌式　　　　　C. 外链式　　　　　D. 以上都正确

4. 以下 CSS 选择器名称书写正确的是（　　　）。

　　A. %table　　　　　B. .box p　　　　　C. div　　　　　D. *

5. 关于<link>和@import 说法错误的是（　　　）。

　　A. @import 是 CSS 提供的语法结构，只有导入样式表的作用

　　B. <link>是 HTML 提供的标签，不仅可以用来加载 CSS 文件，还可以用来定义 rel 连接属性

　　C. 加载页面时，<link>标签引入的 CSS 在页面加载完才被加载

　　D. @import 引入的 CSS 在加载结构的时候同时被加载

三、判断题（每小题 4 分，共 20 分）

1. 当两个相同的 CSS 属性上下出现时，写在下面的属性值会生效。（　　　）

2. 使用外链式的方式引入 CSS 时，一个 HTML 页面只能引入一个样式表文件。（　　　）

3. 在 CSS 中，元素的宽度和高度具有继承性。（　　　）

4. 外链式最大的好处是同一个 CSS 可以被不同的 HTML 页面链接使用。（　　　）

5. CSS 样式中的选择器严格区分大小写，属性的名称和值同样也区分大小写。（　　　）

四、实操题（40 分）

利用所学知识设计并实现如图 4-10 所示的计算器页面。

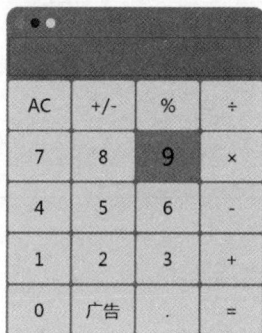

图 4-10　计算器页面

评价与考核

课程名称：Web 前端开发项目教程		授课地点：		
项目 4：开发今日影评网站		授课教师：		授课学时：
课程性质：理实一体课程		综合评分：		

理论知识掌握情况评分（30 分）

序号	知识考核点	教师评价	分值	得分
1	CSS 样式规则		5	
2	引入 CSS 的方式		5	
3	设计 CSS 选择器		5	
4	使用 CSS 控制元素样式		5	
5	CSS 组合选择器的使用		5	
6	CSS 层叠性、继承性和优先级		5	

工作任务完成情况评分（70 分）

序号	能力操作考核点	教师评价	分值	得分
1	引入 CSS 的能力		10	
2	设置 CSS 选择器的能力		10	
3	使用 CSS 控制元素样式的能力		10	
4	使用 CSS 组合选择器的能力		10	
5	判断 CSS 优先级的能力		10	
6	程序排错的能力		10	
7	与组员协作的能力		10	

违纪扣分（-20 分）

序号	违纪考查点	教师评价	分值	扣分
1	迟到/早退		-5	
2	睡觉		-5	
3	打游戏/玩手机		-5	
4	其他影响课堂学习的行为		-5	

项目 ⑤ 美化传统文化网

项目导读

　　读者根据前面介绍的各项目的制作过程，应该了解了网页设计开发所用到的文本、列表、表单等各种元素，知道了基本的页面结构布局以及使用 CSS 样式的方式等。本项目主要利用 CSS 盒子模型的边距、边框、阴影、背景等属性，为传统文化网添加漂亮的图像、设置多种边框及背景效果等，以达到美化传统文化网的目的。

项目教学

任务 5.1　制作图片展以及图像边框

【任务目标】

知识目标

● 理解盒子模型及其构成。

● 掌握使用 padding、margin 属性设置盒子的内、外边距，使用 width、height 属性调整盒子的宽度与高度，使用 border-image 相关属性设置盒子的边框，使用 box-shadow 属性为盒子添加阴影，以及使用 opacity 属性等设置颜色透明度的方法。

能力目标

● 能够应用盒子模型控制元素的显示和布局。

● 提升观察和判断能力，会使用盒子属性美化页面元素、实现常见的盒子模型效果。

素质目标

● 深入学习盒子模型，培养空间感知力、布局理解力和细节关注力，更好地掌握网页和应用的布局设计，创造出结构清晰、美观且功能性的界面。

【导学知识】

5.1.1 认识盒子模型

页面中每个块状元素都可以被看作是一个方形盒子或者矩形框，即盒子模型（Box Model），也称为盒模型或框模型，它由外边距（margin）、边框（border）、内边距（padding）和内容（content）组成，如图 5-1 所示。要想拉开一个盒子与其他盒子的间隔距离，可以通过调整外边距实现。外边距内部围绕着内边距和边框，可以设置边框的粗细、样式和颜色，边框和内容之间的距离可以使用内边距来设置。盒子模型最中间是其具体内容。盒子模型是网页布局的基础，可以用 CSS 对盒子模型的各个部分进行控制，从而实现不同的布局效果。我们平时浏览的网页所看到的各类信息版块其实都是由多个盒子嵌套排列而成的，如图 5-2 所示。

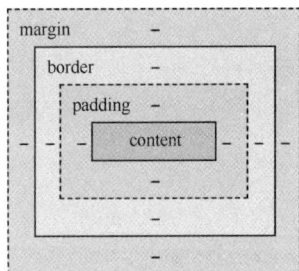

图 5-1　盒子模型

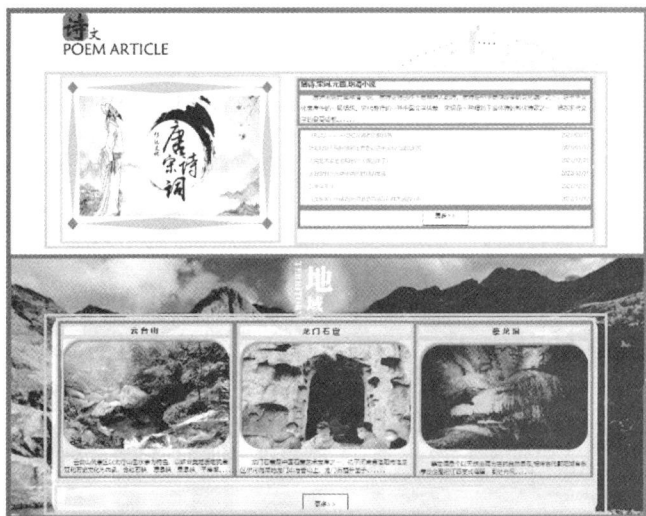

图 5-2　盒子模型的应用举例

5.1.2 盒子的外边距与内边距

1. 外边距

（1）认识外边距

外边距指的是边框之外的空白区域的宽度，即盒子与相邻盒子之间的距离，默认值是 0，而盒子之间如果没有间隙，都紧贴在一起，会显得拥挤。适当留白会使页面更加美观，使用外边距的目的就是控制盒子与盒子之间的距离，外边距越大，盒子之间的距离就越大。外边距属性（margin）是一个复合属性，利用这个属性可以同时设置上、右、下、左 4 个方向上的外边距，也可以使用单边外边距属性分别设置上、右、下、左 4 个方向上的外边距，使用负值时会使相邻盒子发生重叠，这时就不是为了设置盒子之间的距离，而是为了反方向移动盒子，外边距属性及其说明见表 5-1。

表 5-1 外边距属性及其说明

设置内容	样式属性	取值说明
外边距	margin:值 1（上）值 2（右）值 3（下）值 4（左）； margin:值 1（上）值 2（左右）值 3（下）； margin:值 1（上下）值 2（左右）； margin:值 1（上右下左）；	使用外边距简写属性时，取 4 个值时，默认按上、右、下、左的顺序分别给对应 4 个方向的外边距赋值；取 3 个值时，赋值顺序为上、左右、下；取 2 个值时，赋值顺序为上下、左右；取 1 个值时，即 4 个方向赋相同值。注意，多个值之间需要用空格分隔。 使用外边距单属性时，可以单独指定某个一方向的外边距。具体取值时，可以用 px、pt、cm、em 等单位指定外边距，当取值为 0 时可以省略单位；也可以以包含盒子宽度的百分比（%）指定外边距，百分比只对应其父元素的宽度 width。 取值为 auto 时，由浏览器解析页面时自动分配外边距，auto 只针对左右外边距有效，通常用"margin:0 auto;"设置块元素水平居中。 取值为 inherit 时，指定从父元素继承外边距
上外边距	margin-top:值 1;	
右外边距	margin-right:值 1;	
下外边距	margin-bottom:值 1;	
左外边距	margin-left:值 1;	

（2）注意外边距的特殊事项

① 上、下外边距对行内元素<span>、<i>、<b>、<s>、<u>等不起作用，对左、右外边距没影响。

② 上、下外边距作用于行内块元素时，会影响到该行的所有元素，也就是整行的元素都会跟着行内块元素往下或往上移。

③ 外边距合并（塌陷）指的是两个元素的垂直方向的外边距相遇时，会发生重叠，形成一个外边距。两个相邻元素的外边距均为正数时，合并后的外边距等于两个外边距中的较大值；都是负数时，合并后的外边距是两者绝对值的较大值；一正一负时，合并结果是两者相加的和。只有标准文档流（指的是 HTML 中的元素默认会按照添加的先后顺序，从左到右排成一行直到该行排满，自上而下逐行排列，也称为常规流、标准流）中的毗邻兄弟块元素、无上边框和上内边距的父级块元素与其第一个子元素、无下边框和下内边距的父级块元素与其最后一个子元素、空块元素之间才会发生合并，行内块元素、浮动块元素、绝对定位或固定定位块元素之间的外边距不会发生合并。了解这一特性，将有助于我们更好地使用 CSS 进行网页布局。

④ 外边距溢出指的是当一个元素的外边距超出其父元素的边界时发生的情况。以图 5-3（a）为例，父元素 d1 只设置左、右边框，不设置上、下边框，给第一个子元素 d2 设置 20px 的上外边距，子元素 d3 设置 20px 的上、下外边距，这时子元素 d2 的上外边距和子元素 d3 的下外边距会溢出到父元素 d1 之外，分别如图 5-3（b）、图 5-3（c）所示。为了避免这个问题，可以为父元素 d1 设置上、下边框，如图 5-3（d）所示；或者用父元素 d1 的内边距取代子元素的外边距，如图 5-3（e）所示。若给 d3 的子元素 d4 设置 40px 的上、下、左、右 4 个方向的外边距，其中上外边距会溢出到其父元素 d3 之外，并与父元素 d3 的 20px 的上外边距合并显示为 40px，即 d2 与 d3 之间间隔 40px，而不是 60px，如图 5-3（f）所示。

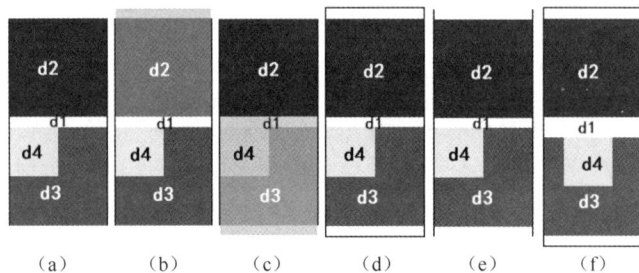

图 5-3　外边距溢出举例

2. 内边距

内边距用于控制内容与边框之间的距离，以便精确控制内容在元素中的位置，加大内边距会扩大元素所占区域，其设置方法与外边距相似，内边距越大，边框和内容之间距离就越大。

> **注意**
>
> 内边距不能使用负值，并且内边距的效果只作用于元素本身，并不会给其他元素的内边距带来影响。

3. CSS 重写

在使用内、外边距实现图文混排效果时，会发现浏览器边界与页面元素之间存在一定的距离，但并未对\<body\>或\<p\>设置过内边距或外边距，这是因为\<body\>、\<h1\>～\<h6\>、\<p\>等默认就存在内、外边距样式，可以使用代码 5-1 进行 CSS 重写。

代码 5-1

```
*{
  padding:0;            /*清除内边距*/
  margin:0;             /*清除外边距*/
}
```

5.1.3　盒子的宽度与高度

每个盒子都有固定的大小，占据着一定的页面空间，存放着特定的内容，使用宽度属性 width 和高度属性 height 可以对盒子内容区域的大小进行控制。width 和 height 的属性值可以是不同单位的数值或相对于父元素的百分比，实际工作中常用的是像素值。

在盒子模型中，宽度、高度、总宽度、总高度是不同的概念。盒子在页面上实际占据的总空间大小由"外边距+边框+内边距+内容"共同决定。

计算页面元素实际占据空间的总宽度时：

元素总宽度=左外边距+左边框+左内边距+内容宽度+右内边距+右边框+右外边距。

计算页面元素实际占据空间的总高度时：

元素总高度=上外边距+上边框+上内边距+内容高度+下内边距+下边框+下外边距。

调整盒子的边框、边距等属性值可以改变盒子的大小，往往也会影响盒子在页面中的位置。在编写代码之前建议提前计算好各盒子准确的宽度、高度、边距等数据，方便实现合理的排版效果。但需要注意的是，通常我们所说的盒子模型是标准盒模型，默认宽度（width）和高度（height）指的是内容区域的宽度和高度，如图 5-4（a）所示。而将盒子的 box-sizing 属性的默认值 content-box 设置为 border-box 后，盒子模型会成为怪异盒模型，宽度和高度变成了边框、内边距、内容区域 3 部分的和，如图 5-4（b）所示，当微调其中边框或是内边距的数值大小（边框和内边距的总数值大小不超出指定的宽度和高度时）时，会自动调节内容区域的大小以保持盒子总体大小不变，因此不会影响与周围盒子间的位置关系，这在页面布局确定后想微调某块内容又不想影响布局时很有用。

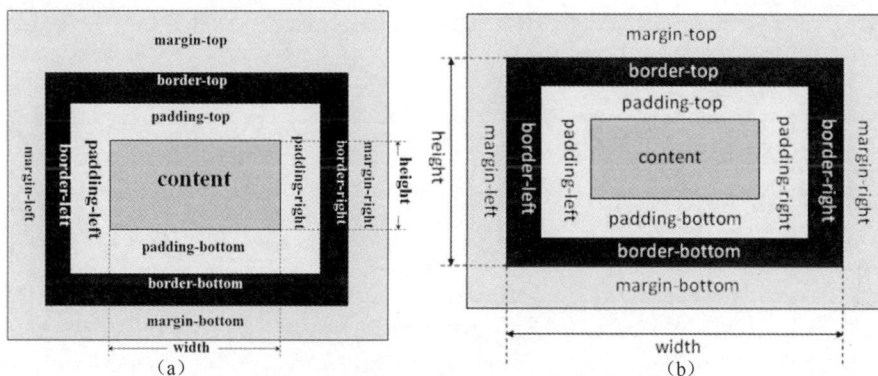

图 5-4　标准盒模型与怪异盒模型的宽度与高度

　　下面通过代码 5-2 展示标准盒模型及怪异盒模型的边框占位效果，其解析说明如图 5-5 所示。在外层<div>盒子之内包裹有左（类名为 leftBox）、中（类名为 middleBox）、右（类名为 rightBox）三个盒子，margin、border、padding、width 与 height 的大小设置如图 5-6 所示。设置 middleBox 的 box-sizing 属性值为 border-box，其 border、padding、content 共同形成 width、height，盒子总的大小及布局由内容区域进行调节，不受 border/padding 值的变化影响。

代码 5-2

```
<!DOCTYPE html>
<html>
<head>
  <meta charset="UTF-8">
  <title>标准盒子与怪异盒子</title>
  <style>
    .leftBox{
      box-sizing: content-box;
      width: 200px;
      height: 200px;
      margin: 5px;
      padding: 10px;
      background-color: cornflowerblue;
      border: 10px dotted blue;
      float: left;
    }
```

```
    .middleBox{
    box-sizing: border-box;
    width: 200px;
    height: 200px;
    margin: 5px;
    padding: 10px;                          /*分别修改内边距为 3px、50px，观察变化，如图
5-5 所示，可发现总体大小及位置始终不变*/
    background-color: rgb(237, 223, 100);
    border: 10px dotted rgb(183, 0, 255);    /*分别修改边框宽度为 3px、50px，观察变化，
如图 5-5 所示，可发现总体大小及位置始终不变*/
    float: left;
    }
    .rightBox{
    width: 200px;
    height:200px;
    margin: 5px;
    padding: 10px;
    background-color: rgb(240, 214, 175);
    border: 10px dotted rgb(255, 0, 119);
    border-top-color: transparent;  /*尝试透明边框效果，观察四个角的交界位置，灵活运用
边框特性可以设置出三角形等特殊图形*/
    float: left;
    }
  </style>
</head>
<body>
  <div style="width: 710px;height: 250px;border:2px solid chocolate;">
    <div class="leftBox">box-sizing: content-box;标准盒子（也可以叫作内容盒子），调整
内边距/边框大小时，盒子的整体大小随之改变，内容区域的宽度和高度不变。</div>
    <div class="middleBox">box-sizing: border-box;怪异盒子（边框盒子），调整内边距/边
框大小且内边距与边框的和在 width 与 height 值之内时，会自动调节内容区域的大小，以保证盒子的整
体大小不变。</div>
    <div class="rightBox">如果不设置 box-sizing 属性，那么默认为标准盒子。</div>
  </div>
</body>
</html>
```

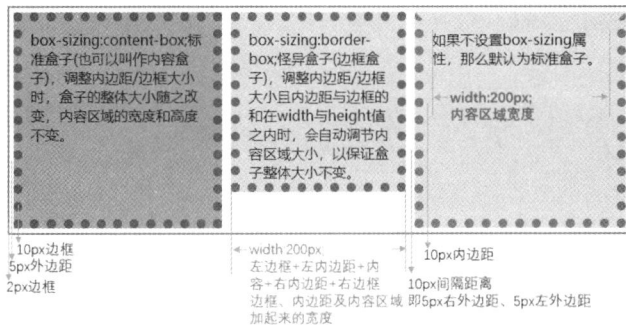

图 5-5　标准盒模型及怪异盒模型的占位效果举例

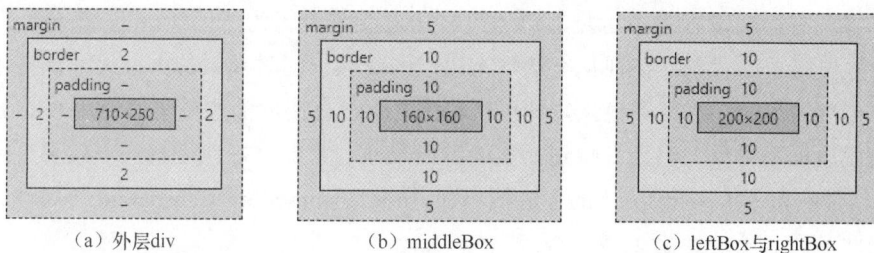

（a）外层div　　　　　　　（b）middleBox　　　　　　　（c）leftBox与rightBox

图 5-6　margin、border、padding、width 与 height 的大小设置

5.1.4　盒子边框属性

为了区分页面中不同的元素，常需要给元素设置边框属性。在 CSS 中边框属性包括边框样式属性（border-style）、边框宽度属性（border-width）、边框颜色属性（border-color）等，可以单边单属性定义、单属性定义，也可以单边或多边综合属性定义，CSS 常见边框属性及说明见表 5-2 所示。

利用盒子的边框、轮廓、阴影属性制作圆角内发光头像

表 5-2　CSS 常见边框属性及说明

设置内容	样式属性	取值说明
上边框	border-top-width:宽度； border-top-style:样式； border-top-color:颜色；	宽度取值：可以将宽度设置为特定大小（以 px、pt、cm、em 计），也可以将宽度设置为预定义值，如 thin、medium 或 thick；
下边框	border-bottom-style:样式； border-bottom-width:宽度； border-bottom-color:颜色；	样式取值：none 表示没有边框，即忽略所有边框的宽度（默认值）；solid 表示单实线；dashed 表示虚线；dotted 表示点线；double 表示双实线；
左边框	border-left-style:样式； border-left-width:宽度； border-left-color:颜色；	颜色取值：可以使用颜色名（如 "red"）、十六进制值（如 "#ff0000"）、RGB 值[如"rgb(255,0,0)"]或 HSL 值指定；
右边框	border-right-style:样式； border-right-width:宽度； border-right-color:颜色；	在设置边框宽度或颜色时，必须同时设置边框样式，如果未设置边框样式或设置边框样式为 none，则边框宽度和颜色设置为任何值都无效
单属性	border-width: 值1 [值2 值3 值4]； border-style: 值1 [值2 值3 值4]； border-color: 值1 [值2 值3 值4]；	单属性可以按上、右、下、左的顺序设定 4 个值分别给 4 个边框赋值（也可以设定 3 个值设置上、左右、下边框；设定 2 个值设置上下、左右边框；设定 1 个值设置 4 个边框），多个值之间以空格隔开
综合	border-top:宽度 样式 颜色； border-right:宽度 样式 颜色； border-bottom:宽度 样式 颜色； border-left:宽度 样式 颜色； border:四边宽度 四边样式 四边颜色；	边框的默认颜色为元素本身的文本颜色，若元素内没有文本则为父元素的文本颜色。综合设置时，宽度、样式、颜色顺序任意，可以只指定需要的属性，省略的属性将取默认值（样式不能省略）

若需将现有边框设置为不可见，可通过将边框颜色设置为透明（transparent）来实现。此时，边框位置透出背景，在视觉上达到无边框的效果，同时元素的占位尺寸保持不变。当需要边框再次可见时，将其颜色恢复即可。相比之下，直接取消边框（如使用 border: none;）虽然也能使边框不可见，但会影响到元素的占位尺寸。为了更好地理解这一效果，可以在代码 5-2 中，为右盒子（rightBox）的上边框添加 "border-top-color: transparent;" 属性，并观察添加该属性前后盒子的变化。

5.1.5　轮廓属性

轮廓是在元素周围绘制的一条线，它在边框之外，以凸显元素。CSS 拥有如下轮廓属性：outline-style、outline-color、outline-width、outline-offset、outline。outline-style 属性用于指定轮廓的样式，outline-color 属性用于设置轮廓的颜色，outline-width 属性用于指定轮廓的宽度，outline-offset 属性用于在元素的轮廓与边框之间添加透明空间，outline 属性用于设置轮廓样式、颜色、宽度中 1 个、2 个或 3 个值的简写。

> **注意**
>
> 轮廓与边框不同：轮廓是在元素边框之外绘制的，并且可能与其他元素重叠；轮廓不是元素尺寸的一部分，元素的总宽度和总高度不受轮廓的影响。轮廓属性中的样式属性必须设置，否则其他属性即使设置也会失效。

5.1.6　盒子阴影属性

box-shadow 属性可以为盒子添加一个或多个阴影，其语法格式如代码 5-3 所示。

代码 5-3

```
box-shadow: h-shadow v-shadow blur spread color inset;
```

使用 box-shadow 属性可以轻松实现阴影效果，其参数及说明见表 5-3。

表 5-3　box-shadow 属性的参数及说明

参数	说明
h-shadow	水平阴影的位置（必选属性），取正值阴影向右移动，取负值阴影向左移动
v-shadow	垂直阴影的位置（必选属性），取正值阴影向下移动，取负值阴影向上移动
blur	模糊距离（可选属性），不能为负值
spread	阴影尺寸（可选属性），不能为负值
color	阴影颜色（可选属性）
inset	内阴影（可选属性），不设置此属性值时默认为外阴影

下面通过代码 5-4 制作图 5-7 所示的内阴影头像，演示为图片添加阴影的方法。同设置文字阴影的 text-shadow 属性一样，box-shadow 属性也可以改变阴影的方向以及添加多重阴影效果。

代码 5-4

```
img{
  width: 300px;
```

```
height: 300px;
padding: 20px;/*内阴影需要内边距配合，让图像与阴影拉开距离，否则阴影会被图像遮挡*/
border-radius: 50%;                          /*将图片设置为圆形*/
border: 1px solid #666;
box-shadow: 6px 6px 12px 3px #888 inset;  /*添加内阴影效果*/
/*box-shadow:6px 6px 12px 3px #0173cc #888 inset,-6px -6px 12px 3px #fcd645 inset;
为头像添加如图 5-8 所示的多重内阴影效果*/
}
```

图 5-7　内阴影头像　　　　　　　　　　　图 5-8　多重内阴影头像

5.1.7　CSS3 新增盒子模型属性

1. 颜色透明度

除了前面提到的 "border-top-color: transparent;" 可用于设置透明颜色，CSS3 中还新增了两种可用于设置颜色透明度的方法，一种是使用 rgba 颜色模式，另一种是设置 opacity 属性。

CSS3 新增盒子
模型属性

（1）rgba 颜色模式

rgba 颜色模式是 rgb 颜色模式的延伸，是在红、绿、蓝三原色参数的基础上添加了不透明度参数，其语法格式如代码 5-5 所示。

代码 5-5

```
rgba(r,g,b,alpha);
```

前 3 个参数 r、g、b 分别是红、绿、蓝的颜色色值或百分比，alpha 参数是介于 0.0（完全透明）和 1.0（完全不透明）之间的数字。

（2）opacity 属性

opacity 属性用于设置整个元素的不透明度，作用范围要比 rgba 颜色模式大得多，能够使整个元素呈现出透明效果，其语法格式如代码 5-6 所示。

代码 5-6

```
opacity:参数;
```

opacity 属性的参数是一个介于 0（完全透明）到 1（完全不透明）的浮点数值，0.5 表示半透明。

⚠
注意
使用 opacity 属性为元素添加透明度时，该元素的所有子元素都将继承相同的透明度，这可能会使完全透明的元素内的文本难以阅读。

101

2. 圆角

border-radius 属性可以将矩形边框的 4 个角圆角化，能够实现圆形、椭圆形等特殊形状效果的按钮、头像的制作，其语法格式如代码 5-7 所示。

代码 5-7

```
border-radius:水平半径参数 1 水平半径参数 2 水平半径参数 3 水平半径参数 4/垂直半径参数 1 垂直半径参数 2 垂直半径参数 3 垂直半径参数 4;
```

水平半径参数和垂直半径参数之间用 "/" 隔开，取值单位可以是 px 或%，每个角的水平和垂直半径参数均可设置参数值，如图 5-9 所示。代码 5-8 设置的圆角边框效果如图 5-10 所示。

代码 5-8

```
img{
  border:8px solid black;
  border-radius:50px 20px 10px 70px/30px 40px 60px 80px;  /*分别设置 4 个角的水平半径和垂直半径参数*/
}
```

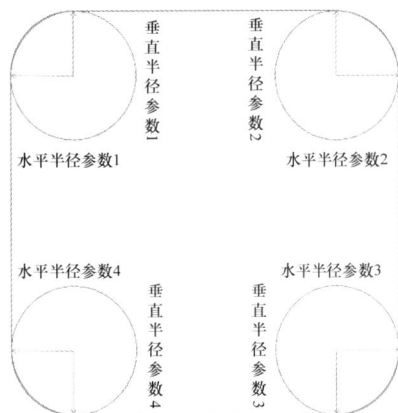

图 5-9   四个角的半径参数

图 5-10   圆角边框效果

水平半径参数和垂直半径参数均可以设置 1~4 个参数值，如果"垂直半径参数"省略，则会默认其等于"水平半径参数"的参数值。

● 设置 1 个参数值时，表示 4 个角的圆角半径参数均相同。

● 设置 2 个参数值时，第 1 个参数值代表左上角和右下角的圆角半径，第 2 个参数值代表右上角和左下角的圆角半径，比如 div{border-radius:60px 20px/20px 60px;}。

● 设置 3 个参数值时，第 1 个参数值代表左上角的圆角半径，第 2 个参数值代表右上角和左下角的圆角半径，第 3 个参数值代表右下角的圆角半径。

● 设置 4 个参数值时，依次对应左上角、右上角、右下角、左下角的圆角半径。

实际应用中经常会采用简写的形式，想要设置正圆形效果，只需设置 1 个参数值即可，比如针对宽度和高度均为 600px 的图片，将其设置为正圆形的示例如代码 5-9 所示。

代码 5-9

```
img{border-radius:300px;}    /*正方形盒子圆角半径设置为一半边长即可变成正圆形，矩形盒子圆
角半径设置为一半边长即可变成椭圆形*/
img{border-radius:50%;}    /*使用百分比会比换算图片的半径更加省事*/
```

3. 图像边框

border-image 属性用于在元素的边框上使用图像来创建装饰效果，该属性可以将一个图像作为元素的边框，并使用其自身的颜色、形状、边缘效果来代替传统的边框样式。border-image 相关属性说明见表 5-4。

表 5-4　border-image 相关属性说明

属性	说明
border-image:source slice/width/outset repeat;	用于设置所有 border-image-*属性的简写属性，例如，border-image:url(cat.jpg) 33%/40px/20px repeat;
border-image-source: none|image;	指定边框图像的路径
border-image-slice:number|%|fill;	规定图像的上、右、下、左侧边框的向内偏移量，取值可以是像素值、百分比或 fill。如果只设定 3 个值，则为上、左右、下边框；如果设定两个值，则为上下、左边框，如果只设定 1 个值，则为所有边框，即 4 个边框向内偏移量均相同
border-image-width: number|%|auto;	指定边框图像的宽度
border-image-outset: length|number;	指定边框图像区域向盒子外部延伸的距离
border-image-repeat: stretch|repeat|round;	指定边框图像拉伸（stretch）、平铺（repeat）或铺满（round）

在设计图像边框时，通常将 border-image-slice 属性取值为 33.3%，即将图像均分成 9 份（类似九宫格）以分配到边框不同的位置，如图 5-11 所示。九宫格的 4 个拐角图像（1、3、9、7 这 4 个方格的图像）置于元素边框的拐角处，九宫格四边的中间部分即 2、6、8、4 这 4 个方格的图像置于元素边框的中间位置，并设置为重复或拉伸。中心区域的图像（方格 5 的图像）通常丢弃不用。

（a）　　　　　　　　　　　　　　　　　（b）

图 5-11　利用 border-image 属性将图像均分成九宫格

下面通过代码 5-10 来演示将图 5-12 所示的图像素材设置为边框的过程，border-image-repeat 属性的默认值为 stretch，对应的拉伸边框效果如图 5-13 所示。将 border-image-repeat 属性的取值改为 repeat（即平铺图像以填满边框区域的方式），对应的平铺边框效果如图 5-14 所示。

代码 5-10

```css
p{
  box-sizing: border-box;
  width:250px;
  height: 250px;
  border-style: solid;
  border-image-source: url(images/borderImgSource.jpg);   /*设置边框图像路径*/
  border-image-slice: 33.3%;       /*边框图像的向内偏移量为图像尺寸的三分之一*/
  border-image-width: 50px;        /*设置边框图像宽度*/
  border-image-outset: 0;          /*设置边框图像区域超出边框量*/
  border-image-repeat: repeat;/*设置边框图像四边的中间为重复，效果如图 5-14 所示*/
  /*border-image:url(images/borderImgSource.jpg) 33%/40px/20px repeat;简写*/
}
```

图 5-12　图像素材　　　　图 5-13　拉伸边框效果　　　　图 5-14　平铺边框效果

【任务实现】

1．制作图片展

传统文化网首页的地域版块如图 5-15 所示，其对应的主体 HTML 代码如代码 5-11 所示。

创作图片展、画像展、图像边框

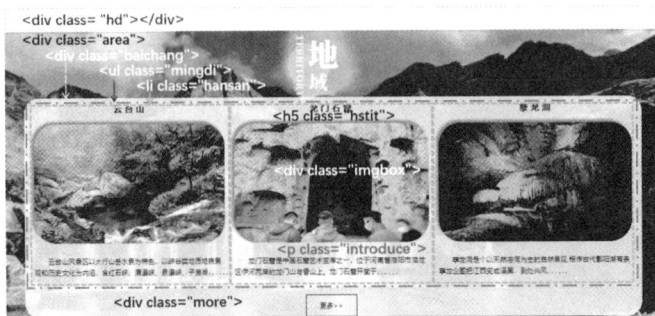

图 5-15　地域版块

代码 5-11

```
<!--地域版块开始-->
<div class="hd">
  <ul>
    <li class="on"></li>
  </ul>
</div>
<div class="area">
  <div class="baichang">
    <ul class="mingdi">
      <li class="hansan">
        <a href="#">
          <h5 class="hstit">云 台 山</h5>
          <div class="imgbox">
            <img src="images/yuntaishan.jpg" width="400" height="240" alt="地域
文化">
          </div>
          <p class="introduce">
            云台山风景区以太行山岳水景为特色,以峡谷类地质地貌景观和历史文化为内涵,含红石峡、
潭瀑峡、泉瀑峡、子房湖……
          </p>
        </a>
      </li>
      <li class="hansan">
        <a href="#">
          <h5 class="hstit">龙 门 石 窟</h5>
          <div class="imgbox">
            <img src="images/longmenshiku.jpg" width="400" height="240" alt="
地域文化">
          </div>
          <p class="introduce">
            龙门石窟是中国石窟艺术宝库之一，位于河南省洛阳市洛龙区伊河两岸的龙门山与香山上。
龙门石窟开凿于……
          </p>
        </a>
      </li>
      <li class="hansan">
        <a href="#">
          <h5 class="hstit">孽 龙 洞</h5>
          <div class="imgbox">
            <img src="images/nielongdong.jpeg" width="400" height="240" alt="
地域文化">
          </div>
          <p class="introduce">
            孽龙洞是个以天然溶洞为主的自然景观,相传古代鄱阳湖有条孽龙企图把江西变成泽国,到
处兴风……
          </p>
        </a>
      </li>
      <div class="clear"></div>
```

```
    </ul>
    <a href="#">
      <div class="more">更多&gt;&gt;</div>
    </a>
  </div>
</div>
<!--地域版块结束-->
```

地域版块主要的 CSS 样式设置如代码 5-12 所示。

代码 5-12

```
.more {
  font-size: 14px;
  color: #000;
  text-align: center;
  line-height: 43px;
  border: 1px solid #000;
  width: 104px;
}
.more:hover {
  background: #000;
  color: #fff;
}
.area {
  width: 100%;
  background: url(../images/diyu.jpg) no-repeat top center;
  height:583px;
  overflow: hidden;
}
.baichang {
  width: 1280px;
  margin: 0 auto;
  background: rgba(255,255,255,0.8);
  margin-top: 135px;
  overflow: hidden;
}
.mingdi {
  width: 1240px;
  margin: 0 auto;
}
.hansan {
  width: 400px;
  float: left;
  margin-right: 20px;
}
.hstit {
  margin-top: 5px;
  font-size: 18px;
  font-weight: bold;
  color: #000;
  text-align: middle;
  line-height: 2em;
```

```
  margin-bottom: 12px;
  transition: 0.3s;
}
.hstit:hover {
  color: #e60012;
}
.mingdi li:nth-child(3n) {
  margin-right: 0;
}
.introduce {
  width: 100%;
  font-size: 14px;
  color: #000;
  text-align: left;
  text-indent: 2em;
  line-height: 1.6em;
  margin-top: 20px;
  height: 80px;
  overflow: hidden;
  transition: 0.3s;
}
.introduce:hover {
  color: #e60012;
}
```

2. 制作图像边框

在传统文化网中，利用图 5-16 所示的图像边框素材制作图像边框，效果如图 5-17 所示（实现代码与代码 5-10 类似，这里不再赘述）。若将代码中的 "border-image-repeat: stretch;" 改写为 "border-image-repeat: repeat;"，可以将图像边框变成图 5-18 所示的平铺边框效果。

图 5-16　图像边框素材　　　图 5-17　拉伸边框效果　　　图 5-18　平铺边框效果

【任务拓展】

1. 巧"写"三角形

在网页中经常会看到图 5-19 所示的三角形图标，如果使用添加三角形图片的方式实现不仅占用存储空间而且影响页面传输速度。我们可以巧用盒子边框属性，设置左、上、右或左、右、下三个方向的边框为透明边框，只显示下或上方

巧"写"三角形、优化展示框

向的边框即可实现三角形效果，即通过编写代码完成三角形图标的制作。

图 5-19　网页中的三角形图标

2．优化展示框

当展示图片时，为了使鼠标指针指向的图片突出显示，经常会采用添加边框的方式。但是添加边框后，会使图片的总高度和总宽度多出边框的大小，导致鼠标指向图片前后的图片大小发生变化而发生抖动现象。为了避免这种情况，可以预先为图片添加相同宽度的透明边框，使鼠标指向前后图片大小不发生变化。优化展示框效果如图 5-20 所示。

图 5-20　优化展示框

任务 5.2　添加创意渐变色与多重图像背景

【任务目标】

知识目标

- 掌握背景图像的大小、背景图像的位置及背景图像的平铺方式等的设置方法。
- 理解 CSS3 渐变属性的原理，能够设置线性或径向渐变背景。

能力目标

- 能够使用单属性及复合属性设置元素的背景颜色和背景图像。
- 能够在网页设计中为元素添加合适的背景效果以确定网站的风格。

素质目标

- 学习渐变和背景属性，掌握添加创意渐变色与多重图像复合背景的技巧，培养创新思维和视觉设计能力，提升其网页制作中对美感和设计感的把握，树立专业自信。

【导学知识】

5.2.1　背景颜色

background-color 属性可以指定元素的背景颜色，颜色值可以使用有效的颜色名称表示，比如蓝色"blue"；十六进制值表示蓝色的写法是"#0000ff"，可简写为"#00f"；RGB 函数 rgb()表示的蓝色的写法是"0,0,255"。

背景颜色、背景图像、背景重复、背景位置、背景附着

5.2.2　背景图像

1．添加背景图像

背景不仅可以设置为某种颜色，还可以设置为某张图像。在 CSS 中，使用 background-image 属性可以将图像设置为网页元素的背景。默认情况下，图像会重复，以覆盖整个元素。

如果某元素同时具有 background-image 属性和 background-color 属性，那么 background-image 属性将优先于 background-color 属性，也就是说背景图像永远覆盖于背景颜色之上，可以利用虚线边框或是透明的背景图像测试该效果。

> ⓘ 注意
>
> 使用背景图像时，请使用不会干扰文本阅读的图像，或是为文字加衬底，以使内容清晰便于阅读。

2．控制背景图像

CSS 中已经有设置背景图像平铺方式、位置、附着滚动或固定等的属性，CSS3 中又增加了一些新的调整背景图像的属性，这些属性可以用来定义背景图像大小、指定背景图像显示区域及设置背景图像向外裁剪的区域等，灵活运用这些属性能够帮助开发者实现漂亮的页面效果。

（1）background-repeat 属性

background-repeat 属性用来控制背景图像的平铺方式。默认情况下，当背景图像不足以占满整个容器时，会在水平方向和垂直方向重复，以填满整个容器。若希望背景图像只出现一次或只在某个方向上重复，可以令该属性的取值为 no-repeat 或 repeat-x、repeat-y，各属性值及其含义如下。

- repeat：沿水平和垂直两个方向平铺（默认值）。
- no-repeat：不平铺，即背景图像只出现一次。
- repeat-x：只沿水平方向平铺。
- repeat-y：只沿垂直方向平铺。
- round（CSS3 新增属性值）：背景图像将被重复拉伸或缩小，以使其刚好填满容器。这可能会导致图像失真，但是可以确保容器被完全填充，且没有空白间隔。
- space（CSS3 新增属性值）：背景图像将被等距地重复以填满容器。如果背景图像不能完全填充容器，则会在图像之间留下等距空白间隔。这种方式保留了图像的原始比例和外观，但可能会导致容器的一侧有空白边距。

（2）background-position 属性

background-position 属性用于设置背景图像在元素内的位置。该属性允许用户指定背景图像的水平和垂直位置，并可以使用关键字、长度值或百分比来设置。

（3）background-attachment 属性

background-attachment 属性指定背景图像是否随着页面滚动而滚动。其属性值及其含义如下。

- scroll：背景图像会随着元素内容的滚动而滚动。
- fixed：背景图像会固定在某个位置，不随着内容的滚动而移动。
- local：背景图像会随着元素内部的滚动而滚动，不会随着整个页面的滚动而移动。

（4）background-size 属性

在 CSS3 之前，背景图像的大小只能由其实际尺寸决定，而在 CSS3 中可以用 background-size 属性规定背景图像的大小，其语法格式如代码 5-13 所示。

代码 5-13

```
background-size:auto|<长度值 1> [长度值 2]| <百分比 1> [百分比 2] |cover|contain; /*
说明：竖线|前后只选其一，尖括号<>为必选项，方括号[]为可选项*/
```

采用长度值或百分比时，可以设置 1 个或 2 个值以定义背景图像的宽度和高度，如果只设置 1 个值，则另一个值会默认为 auto，其属性值见表 5-5。

表 5-5 background-size 属性的属性值

属性值	描述
auto	auto 为默认值，即不改变背景图像的原始宽度和高度
长度值	设定具体的宽度值和高度值，例如"100px 100px"，如果只设定 1 个值，则高度会等比变化
百分比	以元素宽度和高度的百分比来设置背景图像的宽度和高度。设定两个值时，第 1 个值为宽度，第 2 个值为高度；如果只设置 1 个值，则高度会等比变化
cover	等比缩放背景图像以完全覆盖元素的内容区域，可能会裁剪图像
contain	等比缩放背景图像以适合元素的内容区域，可能会出现空白间隔

（5）background-origin 属性

给元素添加背景颜色或背景图像时，该背景颜色或背景图像默认会延伸到围绕在内容周围的内边距和边框区域，使用较宽的虚线边框可以较好地识别出背景颜色或背景图像所覆盖的区域范围，注意背景图像所覆盖的区域范围是可以更改的。

运用 CSS3 中的 background-origin 属性就可以设置背景图像的起始显示区域，也就是改变背景图像默认的定位方式以自行定义背景图像的相对位置，其语法格式如代码 5-14 所示。

代码 5-14

```
background-origin: padding-box| border-box| content-box;
```

- padding-box：表示背景图像相对于内边距区域定位（默认值）。
- border-box：表示背景图像相对于边框区域定位。
- content-box：表示背景图像相对于内容定位。

> ⚠️ 注意
>
> 当 background-attachment 属性的值设置为 fixed 时，background-origin 属性会失效。

（6）background-clip 属性

background-clip 属性用于指定背景图像的绘制区域，也就是设置裁剪背景图像区域。它和 background-origin 属性的取值相似，但含义不同，各属性值及其解释如下。

- border-box：裁剪掉边框外的背景图像（默认值）。
- padding-box：裁剪掉内边距外的背景图像。
- content-box：裁剪掉内容框外的背景图像。
- text：裁剪掉文字形状外的背景图像。

背景尺寸、背景起源、背景修剪、背景简写、复合背景

（7）background 复合属性

background 复合属性可以综合设置元素背景的颜色、图像、平铺方式等，各个样式的顺序任意，不需要的样式可以省略，其语法格式如代码 5-15 所示。

代码 5-15

```
background:[background-color] [background-image] [background-repeat] [background-
attachment] [background-position]/[background-size] [background-origin] [background-
clip];
//背景色 背景图像 平铺方式 是否固定 背景位置/背景尺寸 起始区域 裁剪区域
```

3. 制作多重图像复合背景

CSS3 允许同时引用多幅图像作为页面元素的背景，不过需要通过 background-image、background-repeat、backgrond-position 和 background-size 等属性配合才能实现，各幅图像的属性值之间用逗号分隔。下面通过代码 5-16 展示多重图像复合背景效果。在代码中依次添加了需要叠放在一起的图像，如顶层的小鸟装饰图，中间层的星光、草地，底层的背景图等。合成后的最终效果如图 5-21 所示。

代码 5-16

```
<!DOCTYPE html>
<html>
<head>
 <meta charset="UTF-8">
 <title>多重图像复合背景</title>
 <style>
  p{
   width: 1280px;
   height: 600px;
```

```
   border: 3px  solid  rgb(196, 198, 199);
   background-image: url(bird.gif),url(star.gif),url(grass.png),url(bg.jpeg);
   background-repeat: no-repeat,no-repeat,repeat,no-repeat;
   background-position: 800px -60px,0 220px,0,0;
  }
 </style>
</head>
<body>
 <p></p>
</body>
</html>
```

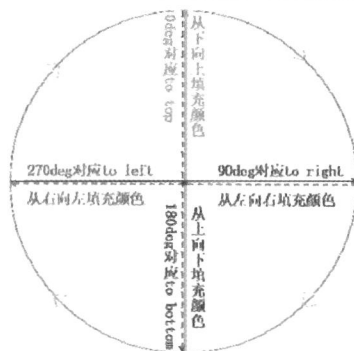

图 5-21　多重图像复合背景

5.2.3　CSS3 新增渐变

1.　线性渐变

渐变（Gradients）是指在两个或多个指定的颜色之间平滑的过渡显示。线性渐变（Linear-Gradient）必须至少定义两个颜色，颜色会从起始色沿着固定角度平滑过渡到结束色，其语法格式如代码 5-17 所示。

CSS3 新增渐变

代码 5-17

```
background-image:linear-gradient(渐变角度,色标 1,…,色标 n);
```

渐变角度可以是以 deg 为单位的角度数值或以"to"加"left""right""top"或"bottom"的方向说明，如图 5-22 所示，0deg 对应"to top"，表示从下向上填充颜色，90deg 对应"to right"，表示从左向右填充颜色，180deg 对应"to bottom"，表示从上向下填充颜色，270deg 对应"to left"，表示从右向左填充颜色。注意，省略该设置时，默认为"180deg"，等同于"to bottom"。

图 5-22　渐变角度数值与方向说明的关系

色标参数用于定义渐变颜色及其在渐变中的起始、结束的位置，在每个颜色值后面，可以紧跟一个位置数值来指定其位置（若未指定位置，颜色将根据其顺序自动均匀分布）。如代码 5-18 所示，"background-image: linear-gradient(90deg,#f00 50px,#0f0 100px,#00f 200px);"规定红色从最左端显示到距离最左端 50px 的位置后逐渐过渡到绿色，在距离最左端 100px 的位置完全变为绿色，接着从距离最左端 100px 的位置开始再从绿色逐渐过渡为蓝色，直到距离最左端

200px 的位置完全变为蓝色。可以使用百分比来设定色标的位置，多个色标参数之间用 "，" 隔开，同时确保颜色值与其对应的位置之间用空格隔开。

代码 5-18

```
p{
width: 200px;
height: 200px;
border-radius: 100px;
background-image: linear-gradient(90deg,#f00 50px,#0f0 100px,#00f 200px);/*总宽
度为 200px，此渐变效果如图 5-23 所示*/
/*background-image: linear-gradient(90deg,#f00,#0f0 100px,#00f 200px);*/
/*红色#f00 后面不设定百分比，则从最左端的位置开始过渡到 100px 的位置变为绿色，效果如图 5-24
所示。*/
/*background-image: linear-gradient(90deg,#f00,#0f0 50%,#00f 100%);与上面使用像
素值的效果相同。*/
/*background-image: repeating-linear-gradient(90deg,#f00,#0f0 25px,#00f 50px);
设置为重复线性渐变时，需要根据想重复的次数重新分配渐变位置，此设置将重复 4 次，效果如图 5-25
所示。*/
}
```

图 5-23　从距离最左端 50px 位置开始线性渐变　　图 5-24　从最左端位置开始线性渐变　　图 5-25　重复线性渐变

2. 径向渐变

radial-gradient()函数可以设置径向渐变，repeating-radial-gradient()函数则用于设置重复径向渐变，起始颜色会从中心点开始按照圆形或椭圆形渐变。移动语法格式如代码 5-19 所示。

AIGC 实战演练

借助 AI 工具快速生成多种径向渐变效果

代码 5-19

```
background-image:radial-gradient(渐变形状 [渐变结束位置] 中心位置,
色标 1,…,色标 n);
```

渐变形状的取值既可以是关键字，也可以是定义渐变形状的水平和垂直半径的像素值或百分比，说明如下。

● circle：圆形径向渐变。

● ellipse：椭圆形径向渐变，默认值为 ellipse。

● 像素值或百分比：定义渐变形状的水平和垂直半径，例如 "100px 50px" 即表示渐变形状是一个水平半径为 100px，垂直半径为 50px 的椭圆形。

当仅设置颜色而未设定位置时，可以通过设定渐变结束位置参数来确定渐变在何处结

束。若参数取值为 closest-side 时，表示渐变到离中心位置最近的边结束；取值为 closest-corner时，表示渐变到离中心位置最近的角结束；取值为 farthest-side 时，表示渐变从中心位置到离中心最远的边结束；取值为 farthest-corner 时，表示渐变从中心位置到离中心最远的角结束。

中心位置使用"at"加上像素值或百分比或关键字来定义，类似于 CSS 中 background-position 属性的属性值，如果省略则默认为"at center"。其属性值主要有以下几种。

- 像素值或百分比：用于定义中心点的水平和垂直坐标，允许设为负值。
- left：元素最左端为径向渐变中心位置。
- center：元素中心为径向渐变中心位置。
- right：元素最右端为径向渐变中心位置。
- top：元素顶端为径向渐变中心位置。
- bottom：元素底端为径向渐变中心位置。

径向渐变中色标参数的设置方法与线性渐变中的类似，这里不赘述。代码 5-20 设置了从红色到绿色再到蓝色的径向渐变，主要 CSS 代码如下。

代码 5-20

```
p{
  width: 200px;
  height: 200px;
  border-radius: 50%;
  background-image: radial-gradient(100px 50px at 150px 100px,#f00,#0f0 75px,#00f
150px);/*径向渐变,渐变形状是水平半径100px、垂直半径50px的椭圆,中心位置在距离最左端150px、
距离顶端100px 处, 效果如图 5-26 所示*/
  /*background-image:  repeating-radial-gradient(circle  at  50%  50%,#f00,#0f0
10px,#00f 20px);重复径向渐变, 共重复 5 次, 效果如图 5-27 所示*/
}
```

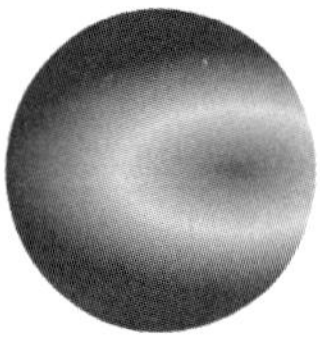

图 5-26　径向渐变效果

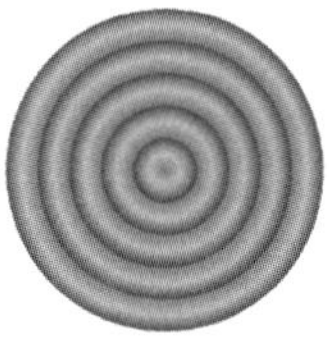

图 5-27　重复径向渐变效果

【任务实现】

1. 添加创意渐变色背景

为避免页面颜色单调乏味，合理运用渐变色可显著提升页面的美观度和趣味性。本任务旨在为传统文化页面民族版块标题行打造灵动的渐变背景，可选择上下或左右方向的渐变效果，如图 5-28 所示。然而，过度繁杂的配色可能导致与周围环境冲突，因此，本任务将汲取标题行周边元素的颜色，并使其自然过渡至背景色，确保标题行背景与整体环境和谐统一，呈现协调自然的视觉效果。

114

图 5-28　渐变背景效果

实现上述效果的主要 HTML 代码如代码 5-21。

代码 5-21

```
<div class="mzzi">
  <a href="#">
   <img src="images/national.png">
  </a>
</div>
```

实现上述效果的主要 CSS 代码如代码 5-22。

代码 5-22

```
.mzzi {
  padding-top: 5px;
  margin-bottom: 25px;
  /*1.上下线性渐变效果1*/
  background-image:linear-gradient(180deg,#e3d1a9,#f4f1e2 95%,#e3d1a9 95%,
  #e3d1a9 100%);
/* 2.左右线性渐变
*background-image:linear-gradient(90deg,#e3d1a9,#f4f1e2 50%,#e3d1a9 100%);
*  3.上下线性渐变效果2
*background-image:linear-gradient(180deg,#e3d1a9,#f4f1e2 50%,#e3d1a9 100%);
*  4.上下线性渐变效果3
*background-image:linear-gradient(180deg,#e3d1a9,#f4f1e2 80%,#e3d1a9 98%);
*/
}
```

2. 添加创意多重图像复合背景

为了美化民族版块，首先在绘图软件中设计制作宽度为 40px、高度为 40px 的背景图像 minzubj.jpg，然后使用背景属性设置其分别在民族版块的左、右两侧上下平铺，效果如图 5-29 所示。

图 5-29　多重图像复合背景效果

多重图像复合背景主要 CSS 代码如代码 5-23。

代码 5-23

```
#minzuwaikuang{
 width: 1240px;
 margin: 0 auto;
 background-image: url(../images/minzubj.jpg),url(../images/minzubj.jpg);
 background-repeat: repeat-y,repeat-y;
 background-position: 0 0,1200px 0;
}
.minzu {
 width: 1160px;
 margin: 0 auto;
 border: 2px solid #e3d1a9;
 overflow: hidden;
}
```

【任务拓展】

1. 图片渐变

本任务将介绍另一种实现民族版块标题行渐变色背景效果的小技巧。在绘图软件中制作出宽度为 1px 的渐变色图片 mzzibj.jpg，其高度适应要设置渐变色的标题行的高度，因为其宽度只有 1px，图片文件很小，不会因为过多占用空间而影响页面加载速度，将其设置为背景图片时会自动铺满整个标题行。

利用图片实现民族版块标题行渐变色背景效果的主要 CSS 代码如代码 5-24。

代码 5-24

```
.mzzi {
 padding-top: 5px;
 margin-bottom: 25px;
 background-image: url(../images/mzzibj.jpg);
}
```

图 5-30 所示的导航栏下半部分中间区域的背景也可以采用上述方式制作。

116

图 5-30　导航栏

2. 遮罩文字

利用为元素添加背景图像，设置 background-clip 等属性，将文本外区域的背景图像裁剪，将文字颜色设置为透明色，可以实现使用图像作为填充的遮罩文字效果，如图 5-31 所示。

图 5-31　遮罩文字效果

遮罩文字效果主要 HTML 代码如代码 5-25。

代码 5-25

```
<p>
  遮罩文字效果
</p>
```

遮罩文字效果主要 CSS 代码如代码 5-26。

代码 5-26

```
p{
font-family:"微软雅黑";
font-weight:bold;
font-size:100px;
background:url(images/bg.jpeg);/*设置元素背景图像*/
-webkit-background-clip:text;/*指定元素的背景图像向外裁剪的区域为文本*/
-webkit-text-fill-color:transparent;/*设置文字填充颜色为透明*/
}
```

项目总结

本项目主要介绍了盒子模型的应用与背景图像的设置。盒子模型是网页布局的基础，只有掌握了盒子模型设置的各种规律和特征，才可以更好地控制网页中各个元素所呈现的效果，而通过设置不同的背景颜色、背景图像、渐变背景等，能为页面注入多元风格，营造独特效果。建议熟练掌握项目中涉及的以下知识点。

- 盒子模型的概念。
- 盒子模型相关属性。
- 背景颜色及背景图像。
- 渐变属性。

代码与人生

Web 前端开发职业素养——专注精神

本项目开发过程中，要想熟练应用盒子模型准确布局页面，灵活利用背景属性设计出新颖别致的页面效果，非常考验 Web 前端开发工程师的一种职业素养——专注精神。

在网页设计中，专注精神是非常重要的。首先，专注精神能够帮助工程师集中注意力，从而更好地理解客户的需求和目标。其次，专注精神也能够帮助工程师保持创造力和设计品质。最后，专注精神还能够帮助工程师高效地工作，工程师需要处理大量的信息、素材和文档，并进行多次的设计修改和调整，只有当工程师能够保持专注才能减少出错的概率，保证在规定时间内交付高质量的作品。

练习测试

一、单选题（每小题 4 分，共 20 分）

1. 关于盒模型说法不正确的是（　　　）。

    A. 盒模型由 margin、border、padding、content 这 4 部分组成

    B. 标准盒模型是 box-sizing:border-box

    C. 怪异盒模型是 box-sizing:border-box

    D. 标准盒模型是 box-sizing:content-box

2. 给<div>盒子设置鼠标指针经过时变圆角的属性是（　　　）。

    A. box-sizing   B. box-shadow

    C. border-radius   D. border

3. 设置一个<div>的上外边距为 20px、下外边距为 30px、左外边距为 40px、右外边距为 50px，下列书写正确的是（　　　）。

    A. padding:20px 30px 40px 50px;   B. padding:20px 50px 30px 40px;

    C. margin:20px 30px 40px 50px;   D. margin:20px 50px 30px 40px;

4. 以下不属于 background-clip 属性的值的是（　　　）。

    A. padding-box   B. none   C. content-box   D. border-box

5. 关于 box-shadow 属性及其属性值说法正确的是（　　　）。

    A. 第一个属性值是用于设置水平距离的

    B. 第二个属性值是用于设置水平距离的

    C. box-shadow 属性用于设置文字投影

    D. 第三个属性值是用于设置投影颜色的

二、多选题（每小题 4 分，共 20 分）

1. background-origin 属性的值有哪些？（　　　）

　　A. padding-box　　B. border-box　　　C. none　　　　　　　D. content-box

2. box-sizing 属性的值有哪些？（　　　）

　　A. none　　　　　　　B. border-box　　C. content-box　　　D. padding-box

3. 下述有关 border:none 以及 border:0 的区别，描述错误的是（　　　）。

　　A. border:0 表示边框宽度为 0

　　B. 当定义了 border:none，即隐藏了边框的显示，实际就是使边框宽度为 0

　　C. 当定义边框时，仅设置边框宽度也可以达到完全显示的效果

　　D. border:none 表示无边框样式

4. 背景相关属性包括（　　　）。

　　A. background-size　　　　　　　　B. background-origin

　　C. text-align　　　　　　　　　　　D. background-clip

5. 下列关于 margin 值的描述正确的是（　　　）。

　　A. 当 margin 设定 1 个值时，指的是设定四个方向的外边距

　　B. 当 margin 设定 2 个值时，指的是设定左右，上下方向的外边距

　　C. 当 margin 设定 4 个值时，指的是设定上、下、左、右方向的外边距

　　D. 当 margin 设定 3 个值时，指的是设定上、左右、下方向的外边距

三、判断题（每小题 4 分，共 20 分）

1. rgba() 函数中的最后一个参数可以是 0 到 1 的值。（　　　）

2. 在 background-size 属性的属性值中，第一个值用于设置宽度，第二个值用于设置高度。（　　　）

3. 在径向渐变 radial-gradient()中必须指定渐变的中心、形状（圆形或椭圆形）、大小、颜色（至少两种）等。（　　　）

4. circle 用于指定圆形的径向渐变。（　　　）

5. background-image 属性的 url()函数中图片的路径可以加""，也可以不加。（　　　）

四、实操题（40 分）

利用所学知识设计并实现图 5-32 所示页面效果。

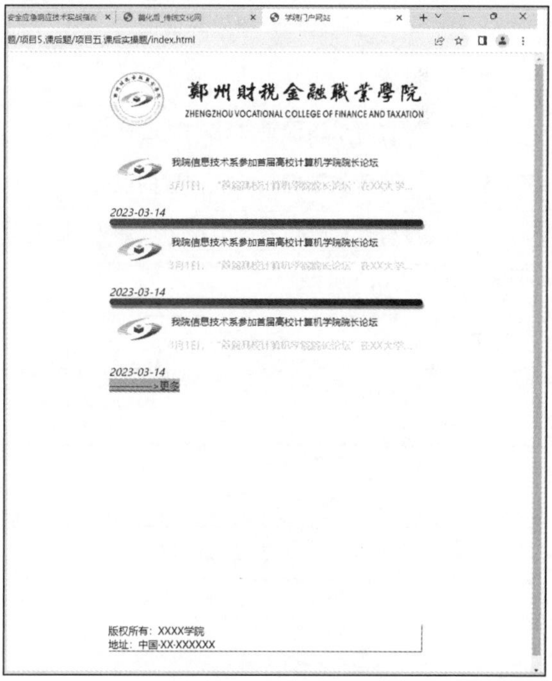

图 5-32　学院页面示例

评价与考核

课程名称：Web 前端开发项目教程	授课地点：	
项目 5：美化传统文化网	授课教师：	授课学时：
课程性质：理实一体课程	综合评分：	

理论知识掌握情况评分（30 分）

序号	知识考核点	自我评价	分值	得分
1	盒子的宽度与高度		5	
2	盒子边框属性		5	
3	外边距		5	
4	内边距		5	
5	背景图像		5	
6	渐变属性		5	

工作任务完成情况评分（70 分）

序号	能力操作考核点	组内互评	分值	得分
1	应用盒子模型布局排版的能力		20	
2	设置边框属性制作效果的能力		10	
3	设置外边距和内边距的能力		10	
4	设置背景图像重复或平铺的能力		10	
5	设置背景图像尺寸及位置的能力		10	
6	设置背景颜色及渐变效果的能力		10	

违纪扣分（-20 分）

序号	违纪考查点	教师评价	分值	扣分
1	迟到/早退		−5	
2	睡觉		−5	
3	打游戏/玩手机		−5	
4	其他影响课堂学习的行为		−5	

项目 ⑥ 优化国学文化网

项目导读

在默认情况下，网页中的行内元素会按照从左至右的顺序排列，而块元素则按照从上到下的顺序一一罗列，如果按照这种默认的方式进行排版，网页将会显得单调呆板、杂乱不美观，毫无章法可言。前面在介绍文本、图像、列表、超链接等基础知识时也介绍了 Web 前端开发中排版布局需要的一些基本方法，但这些方法还不足以灵活控制页面元素的位置、完善页面的排版布局。为了使页面布局更加丰富合理、整齐有序，在 CSS 中可以对元素设置浮动和定位，本项目将通过设置浮动与定位优化国学文化网。

项目教学

任务 6.1 转换元素类型

【任务目标】

转换元素类型

知识目标

- 了解元素的类型。
- 理解不同类型元素的布局特性。
- 熟悉转换元素类型的方法。

能力目标

- 会转换元素的类型。
- 能够通过转换元素类型满足网站页面对布局排版的需求。

素质目标

- 深入理解块元素、行内元素、行内块元素的特点，能够根据设计需求灵活调整页面布局，培养读者的辨识和选择能力，确保在不同场景下做出恰当且适宜的布局决策。

【导学知识】

6.1.1　认识元素类型

HTML 提供了丰富的标签，使页面结构的组织更加宽松、合理。用于组织页面结构的 HTML 标签分为块元素、行内元素、行内块元素等类型。

1．块元素

块元素（也称块级元素）在页面中以区域块的形式出现。块元素通常都会独自占据一整行，总是在新行上开始，自上而下排列。可以为块元素设置宽度、高度、对齐等属性。一般情况下，块元素可以作为元素或内容的容器，可以容纳行内元素和其他块元素，常用于网页布局和网页结构的搭建。

常见的块元素有<h1>～<h6>、<div>、<ul>、<li>、<ol>、<p>等。

2．行内元素

行内元素又称内联元素或内嵌元素，其特点是不必在新的一行开始和结束，通常会和其前后的其他行内元素逐个排列显示在同一行内，靠自身内容的字体大小或图像尺寸撑开一定区域，不可以为其设置宽度、高度、对齐、外边距和内边距等属性，常用于控制页面中文本的样式。

常见的行内元素有<span>、<i>、<b>、<em>、<del>、<strong>、<u>、<a>、<s>、<ins>等，其中<span>标签为典型且常用的行内元素。

3．行内块元素

行内块元素结合了行内元素和块元素的特性，可以像行内元素一样，与其他行内元素或行内块元素并排显示，而不会另起一行，也可以像块元素一样设置宽度和高度属性。

6.1.2　转换元素类型

网页是由多个块元素和行内元素排列而成的，在排版时，如果想要设置行内元素的宽度和高度，或是需要块元素不单独占一行，就需要对元素的类型进行转换，这就要用到 display 属性，该属性的具体语法格式如代码 6-1 所示，其常用的属性值见表 6-1。

代码 6-1

```
display:属性值;
```

表 6-1　display 属性的常用属性值

属性值	描述
inline	此元素将显示为行内元素（行内元素默认的 display 属性值）
block	此元素将显示为块元素（块元素默认的 display 属性值）
inline-block	此元素将显示为行内块元素，可设置宽度、高度和对齐等属性，但不会独占一行
none	此元素将被隐藏，不显示，也不占用页面空间，相当于该元素不存在

6.1.3　对象的显示与隐藏

把 display 属性设置为 none，就可以隐藏一个元素，而且隐藏后的元素不占用任何空间，也就是说，该元素不但不显示，而且该元素原本占用的空间也会从页面布局中消失。

与 display 属性不同，把元素的 visibility 属性的默认值 visible（可见）设置为 hidden（隐藏）后，元素仍会占用与未隐藏之前一样的空间，也就是说，该元素虽然不显示，但仍然会影响布局。

【任务实现】

1．效果展示

将块元素转换为行内块元素后，中华武术版块可以实现如图 6-1 所示的效果。

如果不进行元素类型转换，则每一个块元素都将独占一行，会呈现为如图 6-2 所示的纵向排列效果。

图 6-1　转换元素类型的效果

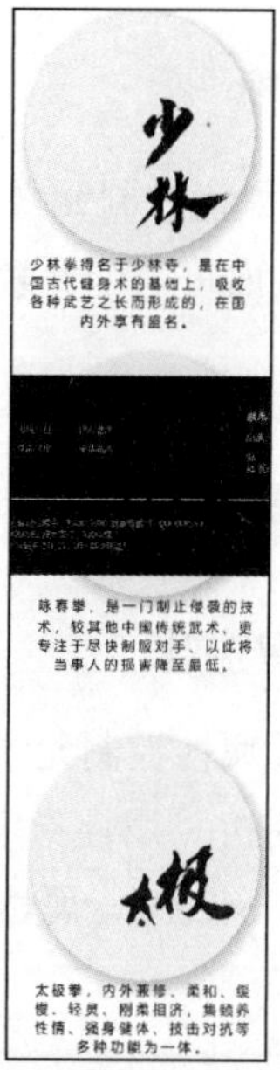

图 6-2　转换元素类型前的效果

2．实现代码

主要 CSS 样式如代码 6-2 所示。

代码 6-2

```
.ziDiv {
  width:450px;
  display: inline-block;
  margin-top: 120px;
}
```

任务 6.2 处理元素内容溢出问题

【任务目标】

处理元素内容溢出
问题

知识目标

- 了解 overflow 属性取值为 auto 时的使用方法。
- 掌握利用 overflow 属性处理元素内容溢出问题的方法。

能力目标

- 能够灵活运用 overflow 属性处理元素内容溢出问题。

素质目标

- 学习如何控制元素内容溢出容器的显示策略，更好地管理页面内容，关注内容的细微变化，对页面每一个像素都保持敏感，确保视觉效果的一致性。培养边界意识，营造包容试错的环境。

【导学知识】

6.2.1 认识溢出

使用尺寸属性控制元素大小时，如果内容所需空间大于元素本身大小，会导致内容溢出。CSS 中用 overflow 属性指定在元素的内容太多、太大而无法放入指定区域时是裁剪内容还是添加滚动条，overflow 属性仅适用于具有指定高度的块元素，其常用属性值见表 6-2。

表 6-2 overflow 属性的常用属性值

属性值	描述
visible	溢出可见，即溢出内容不会被裁剪，会呈现在元素边框之外（默认值）
hidden	溢出隐藏，有溢出内容时，溢出内容会被裁剪，并且被裁剪的内容是不可见的
auto	溢出自动，有溢出内容时，溢出内容会被裁剪，并在需要时产生显示滚动条
scroll	溢出滚动，有溢出内容时，溢出内容会被裁剪，且不管是否需要都显示左右和上下滚动条

【任务实现】

1. 实现代码

下面通过代码 6-3 来演示 overflow 属性的用法。首先定义一个 `<div>` 盒子，并设置宽度

为 100px、高度为 100px、背景颜色为粉色，然后给盒子中填满内容直至内容大小超过盒子大小，最后通过设置 overflow 属性的不同取值来观察内容溢出的变化。

代码 6-3

```
<!DOCTYPE html>
<html>
<head>
  <meta charset="UTF-8">
  <title>overflow 属性取值为 visible</title>
  <style  type="text/css">
    div{
      width: 100px;
      height: 100px;
      background: pink;
      overflow: visible;
    }
</head>
<body>
  <div>
    当盒子里的内容的大小超出盒子本身的大小时，
    内容就会溢出，此时就需要使用 overflow 属性，
    它用于规范元素中溢出内容的显示方式。
  </div>
</body>
</html>
```

2. 实现效果

（1）overflow 属性取值为 visible

overflow 属性取值为 visible 时的溢出效果如图 6-3 所示，可以看到超出<div>的内容依然是可见的。

（2）overflow 属性取值为 hidden

将元素的 overflow 属性的属性值设置为 hidden，可以实现隐藏溢出内容的效果，如图 6-4 所示，设置代码 6-3 中 overflow 属性的值为 hidden 后，超出<div>的内容隐藏不见了。

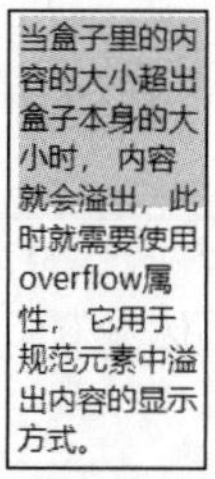

图 6-3 overflow 属性取值为 visible 的效果示例 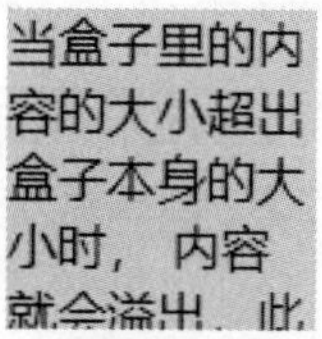   图 6-4 overflow 属性取值为 hidden 的效果示例

（3）overflow 属性取值为 auto

将代码 6-3 中的 overflow 属性取值改为 auto 后效果如图 6-5 所示，超出<div>的内容被隐藏，并且根据需要自动显示出上下滚动条。

（4）overflow 属性取值为 scroll

代码 6-3 中的 overflow 属性取值改为 scroll 后效果如图 6-6 所示，超出<div>的内容被隐藏，并且显示出左右和上下滚动条，拖动上下滚动条可以看到被隐藏的内容。可以使用横向溢出处理 overflow-x:scroll；或纵向溢出处理 overflow-y:scroll；来实现只在水平或垂直方向上添加滚动条。

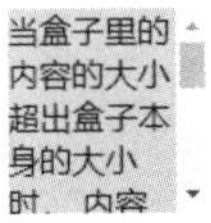

图 6-5　overflow 属性取值为 auto 的效果示例 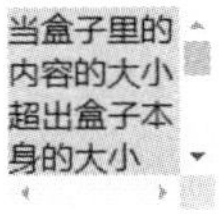　　图 6-6　overflow 属性取值为 scroll 的效果示例

任务 6.3　改变元素排列方式

【任务目标】

改变元素排列方式

知识目标

- 理解标准文档流及元素的浮动原理。
- 掌握 float 属性的用法和清除浮动的方法。
- 掌握处理父级塌陷问题的方法。

能力目标

- 能够应用 float 属性改变元素排列方式。
- 能够灵活运用 float 属性实现文字环绕图像、图像在文字一侧显示等图像和文字混排效果。
- 能够运用 float 属性对网页进行各种各样灵活的布局。

素质目标

- 掌握浮动属性来精准控制页面元素布局，灵活应对各种页面设计挑战，培养逻辑推理和问题分析能力，锻炼敏捷的思维品质，增强在网页设计和用户体验优化领域的专业素养。

【导学知识】

6.3.1　认识浮动

在 Web 前端开发中，默认添加的页面元素处在标准文档流中。在标准文档流中，一个块元素在水平方向会自动伸展，直到碰到包含它的父元素的边界，与其他的兄弟块元素在垂直方向上会自上而下依次排列，不能并排。如果想按照左、中、右的结构排列网页元素，就需要设置块元素在同一行内并排显示，可以采用浮动的方法来实现。元素的浮动就是指设置了浮动（float）属性的元素会脱离标准文档流向左或向右移动，直到边缘碰到其父元素的边界或另一个浮动元素的边界才会停止的一种状态。float 属性的语法格式如代码 6-4 所示。

代码 6-4

```
选择器{float:属性值;}
```

　　float 属性用来指定元素向哪个方向浮动，浮动后的元素在水平方向上不再伸展独占一行，而是根据元素内容或定义的宽度来决定最终宽度，float 属性的常用属性值见表 6-3。

表 6-3　float 属性的常用属性值

属性值	描述
left	元素会向其父元素的左侧浮动，如果父元素的左侧已经有浮动的其他子元素则停靠在该子元素的旁边
right	元素会向其父元素的右侧浮动，如果父元素的右侧已经有浮动的其他子元素则停靠在该子元素的旁边
none	标签不浮动（默认值），也就是标准文档流块元素通常排列的情况

1. 浮动的作用

　　任何元素都可以浮动，无论是块元素还是行内元素，浮动后的元素可以在一行内显示。将浮动用于布局，可以很轻松地实现元素靠左或靠右排列的效果。如果父元素在水平方向上装不下所有已浮动的子元素，那么装不下的子元素将会换行显示。其实 W3C 规定的浮动并不是为了布局，当时是为了实现文字环绕，到了后来才将浮动用于布局。

2. 浮动的影响

　　（1）浮动后的元素会被排除在标准文档流之外，即脱离标准文档流，不再占据标准文档流中的位置空间，其余在标准文档流中的后续元素会上前补位，所以某元素浮动会对页面中其他元素的排列产生影响。当元素浮动时，其他元素不会在浮动元素上方填充空间或被压在下方，而是会环绕在浮动元素的周围。

　　（2）所有元素浮动起来都将变成块元素，对于行内元素来说，使用 float 属性之后就具有了块元素的各种特点，如允许修改尺寸、可以设置宽度和高度、可以设置内外边距等。

　　（3）浮动元素如果不设置宽度的话，那么元素的宽度将自适应内容的宽度。对于默认占满行宽的块元素来说，当它被设置为浮动后，就不再独占一整行，而是会根据内容的宽度自适应调整宽度。

　　（4）如果父元素未设置高度，那么当子元素都浮动起来脱离标准文档流后，子元素不再能撑起父元素，即父元素的高度不能再自适应子元素的高度，而是"塌陷"成一条没有高度的线。

6.3.2 清除浮动

当某一元素被赋予 float 属性后，会对其后续元素位置产生影响，为了清除这种影响，通常需要清除浮动，以保证页面布局不会混乱，这时就需要用到清除（clear）属性。在 CSS 样式中，clear 属性的基本语法格式如代码 6-5 所示。

代码 6-5

```
选择器{clear:属性值;}
```

其属性值见表 6-4。

表 6-4　clear 属性的属性值

属性值	描述
both	清除当前元素左右两侧的浮动元素带来的影响
left	清除当前元素左侧的浮动元素带来的影响
right	清除当前元素右侧的浮动元素带来的影响
none	默认值，不清除当前元素左右两侧的浮动元素带来的影响
inherit	规定当前元素应该从父元素继承 clear 属性的属性值

在实际开发中需要注意的是，clear 属性只能用于清除元素左右两侧浮动元素的影响，然而在制作网页时，浮动元素经常会带来一些特殊的影响，会扰乱排版，并非仅使用 clear 属性就能将浮动元素带来的所有影响清除干净，需要灵活运用多种方式控制排版效果。

6.3.3 父级塌陷

没有设置高度或浮动的父元素，其高度会以没有浮动的子元素的高度为准。如果子元素都浮动脱离了标准文档流，而父元素还在标准文档流中，相当于子元素与父元素不在同一空间了，子元素将无法再撑起父元素，父元素的高度不会适应子元素高度而会变为 0，这种影响称为父元素塌陷，也称父级塌陷。下面介绍 5 种解决父级塌陷的方法。

1. 使用追加清除两侧浮动的空元素的方法恢复父元素高度

在父元素不设置高度的情况下，父元素会受浮动子元素的影响丢失高度，这时可以采用在浮动子元素之后追加清除两侧浮动的空元素的方法解决，这个空元素可以是<div>、<p>、<hr>等任何块元素。例如，在代码 6-6 的第一个父元素中，在所有浮动子元素之后追加一个空元素，设置其 clear 属性为 "both;"，就会使父元素重新被最高的子元素撑起来；而后一个父元素中，并未追加空元素，在所有的子元素都浮动后，该父元素就会失去高度，显示成一条线，如图 6-7 所示。

代码 6-6

```
<!DOCTYPE html>
<html lang="en">
<head>
  <meta charset="UTF-8">
```

```
<title>追加空元素恢复父元素高度</title>
<style>
  .boxFather{
  margin:50px auto;
  width: 250px;
  border: 1px solid blue;
  background: gold;
  }
  .boxChild{
  margin: 10px;
  width: 30px;
  height: 30px;
  border: 1px solid rgb(81, 223, 24);
  background: white;
  float: left;
  padding: 10px;
  }
  .box4{
  clear: both;/*对空元素应用"clear:both"样式以清除浮动子元素产生的影响*/
  }
</style>
</head>
<body>
  <div class="boxFather">
    <div class="boxChild">box1</div>
    <div class="boxChild">box2</div>
    <div class="boxChild">box3</div>
    <div class="box4"></div>
  </div>
  <div class="boxFather">
    <div class="boxChild">box5</div>
    <div class="boxChild">box6</div>
    <div class="boxChild">box7</div>
  </div>
</body>
</html>
```

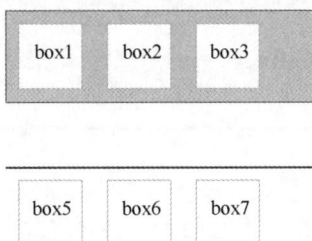

图 6-7　追加空元素恢复父元素高度的示例

　　上述方法虽然可以解决父元素高度问题，但是增加了结构标签，因此在实际开发中并不经常使用。

2. 使用 overflow 属性找回父元素高度

对父元素应用"overflow:auto;"或"overflow:hidden;"样式，也可以清除浮动对父元素高度的影响，如代码 6-6 中删除第一个父元素中追加的空元素，设置两个父元素的 overflow 属性值为 auto 或 hidden，即可找回父元素的高度，如图 6-8 所示。此方法弥补了使用空元素清除浮动时需要增加结构标签的不足。

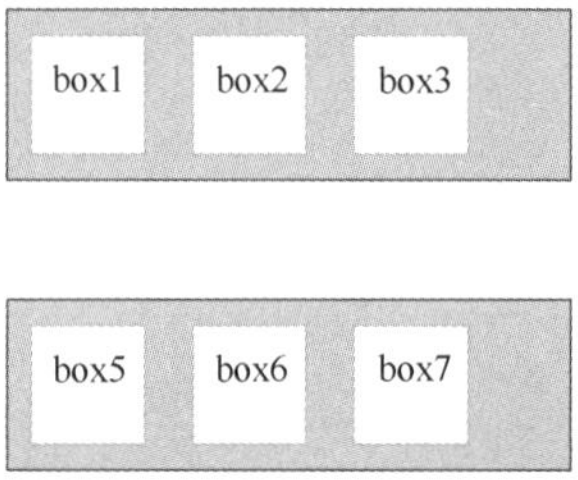

图 6-8　使用 overflow 属性找回父元素高度的示例

3. 使用 CSS3 新增的::after 伪元素找回父元素的高度

在某些开发场景中，需要选择如"段落的第一行""文章的首字母或第一个字"等文档结构之外的特定部分进行样式化。但是 CSS 本身并没有提供这类针对文档结构的选择器。为此 CSS 引入了伪类和伪元素的概念。利用伪类和伪元素我们可以基于文档树之外的信息，如元素的状态、位置等进行选择和样式化。伪类的操作对象是文档树中已有的元素，伪元素用于创建文档树之外的元素，之所以被称为伪元素，是因为其并不是真正的页面元素，即没有对应的 HTML 标签，但是其所有用法和表现行为与真正的页面元素一样，即可以和其他页面元素一样使用 CSS 样式。伪元素是通过 CSS 样式来模拟及展现的。CSS3 规范要求使用双冒号（::）标识伪元素。

::after 伪元素可用于在元素内容之后插入一些内容，对代码 6-6 中的父元素添加代码 6-7，以应用::after 伪元素样式，也可以解决父元素的高度丢失问题。

代码 6-7

```
.boxFather::after{
 display: block;
 clear: both;
 content:url();   /*需添加 content 属性，空值即可，可以是 url()；也可以是 content:""; */
 height: 0;       /*若不设置为 0，会高出若干像素*/
}
```

4. 让父元素也浮动起来

子元素浮动后与父元素就不在一个空间了，会导致没有高度的父元素变成了一条线，那么让父元素也浮动起来，它就与子元素又处在同一个空间，即可恢复父元素高度。这时宽度变为了自适应而不是占满整行。

5. 设置父元素高度

要解决父元素没有高度变成一条线的问题，为父元素设置高度是最简单直接的方法之一。

【任务实现】

1. 效果展示

在本项目案例的代码中，存在多处需要优化的地方，例如，网页的头部导航如图 6-9 所示，目前这部分是利用表格制作的，而利用表格布局是 Web 早期、CSS 不存在的时候兴起的。<table>标签主要是用来显示数据的，而不是用来布局网页的，虽然有时使用起来貌似很简单，但却会导致布局管理维护困难、网页浏览速度降低、网页可用性降低、网页搜索引擎收录概率减小等问题。

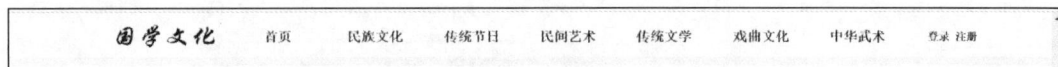

图 6-9　头部导航

现在改用列表重新制作头部导航，通过对列表项设置浮动实现水平显示，并优化头部导航效果如图 6-10 所示。

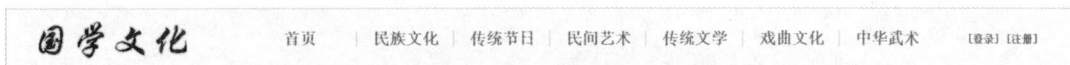

图 6-10　优化后的头部导航

2. 实现代码

国学文化网中头部导航的 HTML 代码如代码 6-8 所示。

代码 6-8

```
<!DOCTYPE html>
<html>
<head>
 <meta charset="UTF-8">
 <title>头部导航</title>
 <link rel="stylesheet" href="css/代码6-9dh.css" > /*CSS样式见代码6-9*/
</head>
<body>
<!--页面头部导航#top-->
<header id="top">
  <div id="top_box">
   <!--logo-->
   <img class="lf" src="images/logo.png">
   <!--导航列表 -->
   <ul class="rt">
    <li>
     <a href="#">首页</a>
    </li>
    <li>
     <!--边框 -->
```

131

```
      <b></b>
      <a href="#">民族文化</a>
    </li>
    <li>
      <!--边框 -->
      <b></b>
      <a href="#">传统节日</a>
    </li>
    <li>
      <!--边框-->
      <b></b>
      <a href="#">民间艺术</a>
    </li>
    <li>
      <!--边框-->
      <b></b>
      <a href="#">传统文学</a>
    </li>
    <li>
      <!--边框-->
      <b></b>
      <a href="#">戏曲文化</a>
    </li>
    <li>
      <!--边框-->
      <b></b>
      <a href="#">中华武术</a>
    </li>
    <li class="dl">
      <a href="login.html">[登录]</a>
    </li>
    <li class="zc">
      <a href="reg.html">[注册]</a>
    </li>
  </ul>
 </div>
 </header>
</body>
</html>
```

头部导航的 CSS 样式代码如代码 6-9 所示。

代码 6-9

```
body,ul{
  margin: 0;
  padding: 0;
  list-style: none;
}
.lf{float: left;}
.rt{float: right;}
```

```
.clear{clear: both;}
a{
  color: #666;
  text-decoration: none;
}
a:hover{
  color: #333;
}
#top{
  /*宽度、高度、行高、背景颜色、边框*/
  width: 100%;
  height: 90px;
  line-height: 90px;
  background: #f7f7f7;
  border: 1px #DCDCDC solid;
}
#top_box>img{
  margin:auto 50px;
}
/*页面头部列表*/
#top_box>ul{
  margin:auto 50px;
}
#top_box>ul>li{
  float:left;
  box-sizing:borde-box;
  width: 150px;
  height: 90px;
  line-height: 90px;
  font-size: 25px;
  font-family: "新宋体";
  font-weight: bold;
  text-align: center;
}
#top_box>ul>li:hover{
  background-color: #AAA;
}
#top_box>ul>li.dl{
  margin-left:60px;
  width:60px;
  font-size: 16px;
}
#top_box>ul>li.zc{
  width:60px;
  font-size: 16px;
  margin-left: 2px;
}
#top_box b{
  border-left: 2px solid #ddd;
  margin-right: 25px;
}
```

【任务拓展】

AIGC 实战演练

AI 辅助实现图文混排

1. 效果展示

民间艺术版块的图文混排效果如图 6-11 所示。

图 6-11　民间艺术版块图文混排

2. 优化分析

在使用<ul>列表时，列表项<li>中可以包含若干子列表项，它们分别用来放置图片及各级文字。设置 float 属性可以实现将"泥塑""木雕""糖画"三个图文块显示在同一行中。使用定义列表<dl>也可以实现图文混排效果，而且定义列表中本身就可以包含<dt>和<dd>的多对组合，分别用来存放图片及描述信息，在结构上看起来也更清晰。

任务 6.4　重定元素间位置关系

【任务目标】

重定元素间位置关系

知识目标

- 理解静态定位、相对定位、绝对定位、固定定位、粘性定位。
- 理解定位属性与偏移属性的关系。
- 掌握相对定位、绝对定位、固定定位、粘性定位的设置方法。

能力目标

- 能够通过定位属性灵活控制页面元素，实现网页元素的精确定位。
- 能够结合定位属性与偏移属性重定元素间的位置关系，以对网页进行布局。

素质目标

- 学习 CSS 定位机制的工作原理和适用场景，增强空间想象和视觉设计技巧，培养从宏观与微观、整体与局部多角度思考问题的全局意识。

● 学习定位属性与偏移属性的关系，提升对事物表象及本质的判断力，准确判别事物间的依存关系，增强在设计、调试和优化网页布局方面的专业性。

【导学知识】

6.4.1 认识定位

CSS 有 3 种基本的定位机制：标准文档流、浮动和定位。在 HTML 代码中添加的元素默认都是按从左至右、从上至下的标准文档流方式排列的，要精确控制网页元素的位置，可以通过定位实现。定位的含义是允许某个元素脱离其原来在标准文档流中应该出现的位置，并通过定位（position）属性设置其相对于自身、父元素、某个特定元素或浏览器窗口的位置。

position 属性有 5 个属性值，每个属性值代表着不同类型的定位方式，其常用属性值见表 6-5。

表 6-5 position 属性的常用属性值

属性值	描述
static	静态定位，默认情况下的定位方式，设置为 position: static; 的元素不会以任何特殊方式定位，始终根据页面的标准文档流进行定位。注意，元素在静态定位状态下无法通过改变偏移属性来改变位置
relative	相对定位，以标准文档流的排版方式为基准，相对于自身原本的标准文档流位置偏移指定的距离。采用相对定位的元素在标准文档流中的位置仍然保留，后面的元素不会补位
absolute	绝对定位，相对于其上一个已经设置过定位的祖先元素进行定位，如果在祖先元素中没有设置过定位的元素，就默认相对于<body>进行定位
fixed	固定定位，元素相对于浏览器窗口进行定位，当拖动浏览器窗口的滚动条时，依然保持位置不变
sticky	粘性定位，粘性元素根据用户的滚动位置在相对（relative）和固定（fixed）之间切换。注意：Edge 浏览器的 15 版本以及更早的版本不支持粘性定位。Safari 支持加了-webkit-前缀的粘性定位。使用时，必须至少指定 top、right、bottom 和 left 中的一个，才能让粘性定位起作用

6.4.2 认识偏移

元素其实是使用边偏移属性定位的。但是，除非首先设置了 position 属性，否则边偏移属性将不起作用，根据 position 属性的不同取值，其工作方式也不同。也就是说 position 属性仅用于定义元素以何种方式定位，并不能精确定义元素的具体位置，需要结合边偏移属性来具体设置定位元素的位置，其取值为不同单位的数值或百分比，边偏移属性及其说明见表 6-6。

表 6-6　边偏移属性及其说明

边偏移属性	说明
top	顶端偏移量，定义定位元素相对于其父元素上边线的距离
right	右侧偏移量，定义定位元素相对于其父元素右边线的距离
bottom	底部偏移量，定义定位元素相对于其父元素下边线的距离
left	左侧偏移量，定义定位元素相对于其父元素左边线的距离

搭建页面时，会发现页面元素之间会互相干扰、排挤或是重叠，这时候就可以使用边偏移属性调整页面元素的位置，为页面元素合理分配空间或让它们覆盖重叠。

6.4.3　定位案例

经常使用相对定位实现鼠标指针指向元素时元素的前后位移，使用绝对定位实现导航栏弹出下拉菜单的精确定位，使用固定定位实现页面顶端的状态栏或侧边栏的副导航栏固定在页面顶端或浏览器窗口右侧上下滚动条边上的位置不动，使用粘性定位实现将页面主导航栏滚动到达页面顶端后保持不动等效果。

1. 相对定位

下面通过代码 6-10 来演示相对定位的"位移"效果。

代码 6-10

```
<!DOCTYPE html>
<html>
<head>
 <meta charset="UTF-8">
 <title>相对定位</title>
 <style type="text/css">
  .fatherBox{
   margin:10px auto;
   width:346px;
   height:346px;
   padding:10px;
   border:1px solid #000;
  }
  .childBox1,.childBox2,.childBox3{
   width:100px;
   height:100px;
   line-height:100px;
   background:yellow;
   border:1px solid #000;
   margin:10px 0px;
   text-align:center;
  }
  .childBox2:hover{
   position:relative; /*相对定位*/
   left:200px; /*距左边线 200px*/
```

```
     top:100px;  /*距上边线 100px*/
   }
 </style>
</head>
<body>
 <div class="fatherBox">
   <div class="childBox1"> childBox1</div>
   <div class="childBox2"> childBox2</div>
   <div class="childBox3"> childBox3</div>
 </div>
</body>
</html>
```

为类名为 childBox2 的子元素添加鼠标指针指向时的相对定位模式并设置边偏移属性。鼠标指针指向时该子元素会相对于自身原来默认的标准文档流位置进行偏移，向下移动 100px，也就是距离父元素上边线的距离增加 100px，同时向右移动 200px，也就是距离父元素左边线的距离增加 200px，但是它在标准文档流中的位置仍然保留，后面的 childBox3 并不会上来补位，效果如图 6-12 所示。

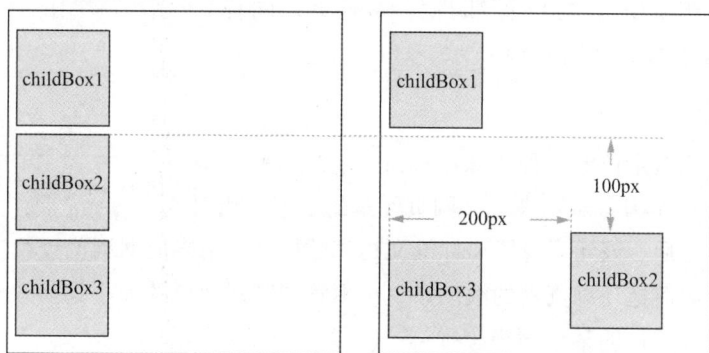

图 6-12　设置相对定位前后元素位置的变化

2. 绝对定位

只将代码 6-10 中的相对定位改为绝对定位，如代码 6-11 所示。

代码 6-11

```
.childBox2:hover{
 position:absolute;  /*将之前的相对定位改为绝对定位*/
 left:200px;  /*没有已定位元素时，距<body>左边线 200px*/
 top:100px;  /*没有已定位元素时，距<body>上边线 100px*/
}
```

发现 childBox2 脱离了标准文档流，移到了距<body>左边线 200px、距<body>上边线 100px 的位置，而且其不再占据标准文档流中原来的位置空间，而是由 childBox3 上来补位，如图 6-13 所示。当浏览器窗口放大或者缩小时，childBox2 始终在距<body>左边线 200px、距<body>上边线 100px 的位置，浏览器窗口缩至较小时，会叠压在其父元素上。

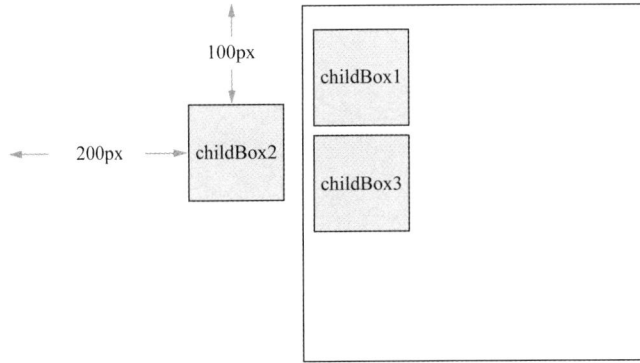

图 6-13　绝对定位的效果示例一

在上面设置的基础之上，如果再将父元素设置为相对定位，但不对其设置偏移量，也就是有了已定位元素，那么 childBox2 将移至相对于已定位的父元素左上角向右 200px、向下 100px 的位置，这时无论如何缩放浏览器的窗口，childBox2 相对于父元素的位置都将保持不变，同样，childBox3 会上来补位，如图 6-14 所示。

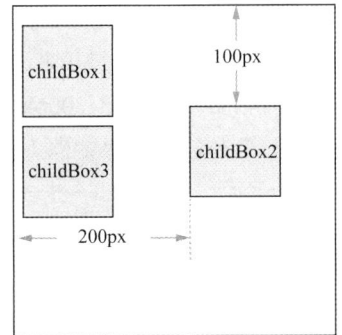

图 6-14　绝对定位的效果示例二

3. 固定定位

固定定位是绝对定位的一种特殊形式，以浏览器视口（具体概念见项目 7）作为参照物来定义网页元素的位置。当对元素设置固定定位后，该元素将脱离标准文档流的控制，始终依据浏览器视口来定义自己的显示位置，不管如何拖动浏览器的滚动条，也不管浏览器视口的大小如何改变，该元素都会始终显示在浏览器视口的某个固定位置。

下面通过代码 6-12 演示固定定位的效果，不管如何上下拖动滚动条，模拟侧边栏副导航栏的方框都始终显示在浏览器窗口右侧的固定位置，如图 6-15 所示。

代码 6-12

```
<!doctype html>
<html>
  <head>
    <meta charset="utf-8">
    <title>固定定位</title>
    <style>
      #s1{
        width:30px;
        height:200px;
        background:red;
        position:fixed;
        right:0px;
        top:37%;
      }
      body{
```

```
        height:5000px;
      }
    </style>
  </head>
  <body>
    <span id="s1"></span>
  </body>
</html>
```

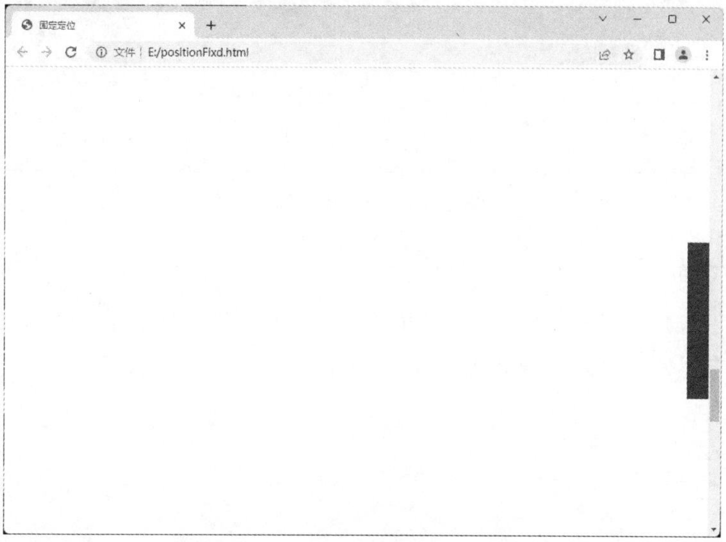

图 6-15 固定定位的效果示例

4. 粘性定位

将一个元素的 position 属性设置为 sticky，它将成为一个粘性元素，可以通过设置其边偏移属性来控制位置。例如，"top:0;"表示将视口顶端设置为该元素的粘贴位置。在其前后多添加一些内容使页面出现滚动条，拖动滚动条使粘性元素到达其粘贴位置时，该粘性元素将停留在那里，并采用固定定位。起先它并不是采用固定定位的，而是会随着页面一起滚动的，直到它在视口中遇到给定的偏移位置，才粘贴在固定的位置。当拖动滚动条使粘性元素离开粘贴位置时粘性消除，元素不再固定在粘贴位置，而是随页面一起滚动。

【任务实现】

1. 效果展示

制作页面右侧的固定导航栏。除了页面头部位置的导航栏，为了方便在各版块内容之间快速跳转，通常会在浏览器窗口右侧制作固定在垂直居中或靠底部位置的副导航栏，如图 6-16 所示，不管滚动浏览到页面第几个版块的内容，右侧的副导航栏始终在浏览器窗口右下角的位置。在实际开发中通常会为副导航栏中的菜单项设置锚点链接，只要单击其中某个菜单项，就会立即跳转至该菜单项对应的版块内容处。

图 6-16　右侧副导航栏

2. 实现代码

首先，在 HTML 代码的<body>标签里添加导航栏，为了方便查找，这里先将其添加至<body>标签的末尾处，具体实现如代码 6-13 所示。

代码 6-13

```
<!--右侧副导航栏-->
<div id="rightNav">
  <ul>
    <li><a href="#">顶部</a></li>
    <li><a href="#secondBody">民族</a></li>
    <li><a href="#thridBody">节日</a></li>
    <li><a href="#fourBody">艺术</a></li>
    <li><a href="#fiveBody">文学</a></li>
    <li><a href="#sixBody">戏曲</a></li>
    <li><a href="#sevenBody">武术</a></li>
  </ul>
</div>
```

接下来，测试右侧副导航栏中各栏目锚点链接的跳转功能。要实现跳转，需要在对应各版块内容的起始位置处添加锚点，锚点名称要与链接目标保持对应。此处，利用现有的类名，不再另外添加锚点。

设置右侧副导航栏的样式，使其视觉效果美观且始终固定在浏览器窗口右侧靠底部的位置，如代码 6-14 所示。

代码 6-14

```
/*右侧副导航栏样式*/
#rightNav{
    position: fixed;
    bottom: 8px;
    right: 0;
}
```

```
#rightNav ul li{
    list-style: none;
    width: 40px;
    height: 40px;
    line-height: 40px;
    background-color: #111;
    font-size: 18px;
    margin-bottom: 4px;
}
#rightNav ul li:hover{
    background-color:#f2f2f2;
    opacity: 0.8;
}
#rightNav ul li a{
    list-style: none;
    color: #f2f2f2;
    text-decoration: none;
}
#rightNav ul li a:hover{
    list-style: none;
    color: #111;
}
```

【任务拓展】

创作对联式广告

1. 效果示例

在某些网站，会看到始终停留在浏览器窗口两侧垂直居中位置的对联式广告，也称对联式宣传栏，如图 6-17 中红色方框处所示。

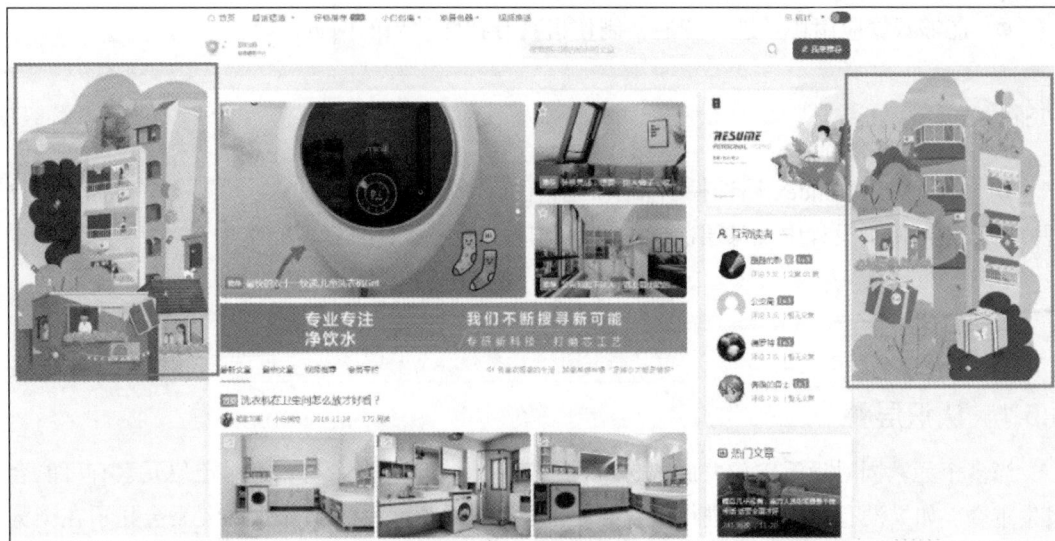

图 6-17　对联式广告

2. 创作对联式广告

在互联网的广阔天地中，我们不仅能够接触到信息的海洋，同时也置身于广告的海洋。除了我们熟悉的 Banner 广告，对联式广告和利用绝对定位与 JavaScript 代码实现的漂浮广告，也是当前网络中较为流行的广告形式。当用户拖动浏览器滚动条时，这些浮动广告能够跟随屏幕移动，虽然这在广告展示上具有显著的实用价值，但对于网页浏览者而言，它们可能会干扰阅读，导致降低阅读兴趣，因此不应过度使用。当然，如果能够巧妙地运用，它们确实可以发挥巨大的作用。

针对国学文化网，可以设计一个左右两侧对称的对联式宣传栏，其中可以包含文字类标语或国学宣传图片，以增强网站的文化氛围和吸引力。

任务 6.5 调整元素层叠顺序

【任务目标】

知识目标

- 掌握 z-index 属性。
- 理解并掌握调整 z 轴方向上元素层叠顺序的方法。

能力目标

- 能够灵活调整元素的层叠顺序。
- 能够根据应用场景进行变通，制作出具有特殊效果的网页。

素质目标

- 学习使用 z-index 属性控制元素的垂直堆叠顺序，理解 HTML 元素在页面上的层叠规则，培养对网页设计中视觉层次感的理解和应用能力及对细节的关注。

【导学知识】

6.5.1 认识层叠

当多个元素同时设置定位并脱离标准文档流时，会形成多个层，这时定位元素有可能会发生重叠。如果没有对这些层进行设置，通常在<body>标签中，后添加的元素会显示在浏览器最前面，层叠位置越靠近用户。如果需要改变这种层叠顺序，可以使用 z-index 属性。在 CSS 中，z-index 属性用于调整元素因定位发生层叠时，元素在层叠层的上下位置。

可以理解为 z-index 属性设置了一个使定位元素沿 *z* 轴排列的顺序，*z* 轴被定义为垂直于显示区的轴。z-index 属性的值为整数，可以是正整数，也可以是负整数和 0，默认为 0，取值越大，定位元素在层叠元素中越居上，否则越远离用户，也就是 z-index 属性的值大的元素位于值小的元素上方。

> ⏰
> **注意**　　z-index 属性仅对定位元素生效。

【任务实现】

1. 效果展示

添加 3 个 \<div\> 盒子，不设置层叠属性时，3 个盒子默认是按照在 HTML 代码中的先后顺序显示，如图 6-18（a）所示。分别设置盒子的 z-index 属性的值为 3、2、1 后，层叠顺序发生改变，结果如图 6-18（b）所示。

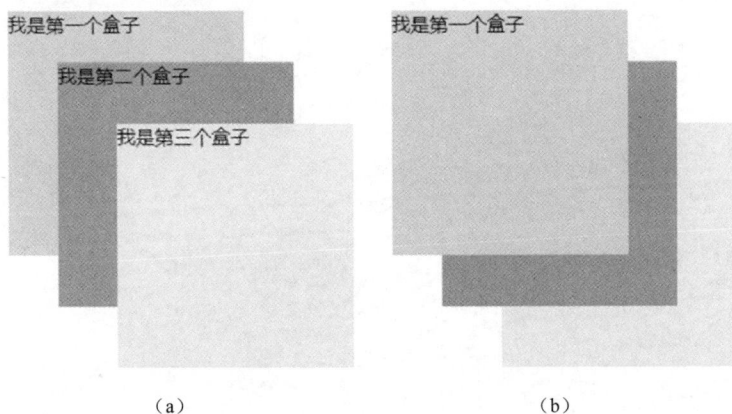

我是第一个盒子　　　　　我是第二个盒子　　　　　我是第三个盒子

（a）　　　　　　　　　　　（b）

图 6-18　设置 z-index 属性前后的效果对比

2. 实现代码

下面通过代码 6-15 来实现设置 z-index 属性前后层叠顺序发生变化的对比效果。

代码 6-15

```
<!doctype html>
<html>
  <head>
    <meta charset="utf-8">
    <title>层叠顺序</title>
    <style>
      .box1{
        width: 200px;
        height: 200px;
```

```
      background-color: pink;
      position: relative;
      z-index: 3;
    }
    .box2{
      width: 200px;
      height: 200px;
      background-color: rgb(18, 228, 112);
      position: absolute;
      left: 50px;
      top: 50px;
      z-index: 2;
    }
    .box3{
      width: 200px;
      height: 200px;
      position: absolute;
      left: 100px;
      z-index: 1;
      top: 100px;
      background-color: rgb(235, 235, 240);
    }
  </style>
</head>
<body>
  <div class="box1">
    我是第一个盒子
  </div>
  <div class="box2">
    我是第二个盒子
  </div>
  <div class="box3">
    我是第三个盒子
  </div>
</body>
</html>
```

项目总结

本项目已经完成了，希望大家掌握以下主要知识点，为后续学习 Web 前端开发打好基础。

● 元素类型转换。

● 浮动。

● 定位。

● 溢出。

● 层叠。

代码与人生

前端开发与文化传承中的匠人情怀

本项目系统讲解浮动、定位、层叠及类型转换等核心技术，结合国学文化网优化任务，助力读者掌握 Web 前端开发关键技能。开发过程中需综合运用多技术、持续更新知识体系，既要实现功能，又要兼顾文化呈现，这要求开发人员具备创新思维、审美感知与项目把控等核心素养。

优秀工匠的成功，源于对细节的执着与失败经验的积累。AI 虽能凭海量数据生成看似完美的界面，却无法真正理解"留白"的东方美学、体会书法字体的历史厚重感，也难以注入设计"神韵"与情感投入。开发人员需怀揣成为"品味匠人"的情怀，以臻于至善的态度应对技术挑战。这种追求卓越的职业态度，既是技术精进的内在动力，也是文化传承的重要保障。

练习测试

一、单选题（每小题 4 分，共 20 分）

1. 关于溢出的说法，错误的是（　　　）。
   A. overflow:scroll;的作用是设置显示滚动条
   B. overflow:hidden;的作用是设置溢出部分隐藏
   C. overflow:auto;的作用是如果内容溢出，则显示滚动条；如果内容不溢出，则不显示
   D. overflow:visible;的作用是设置溢出部分不可见

2. 在 HTML 中，以下关于 position 属性的属性值描述错误的是（　　　）。
   A. static 为默认值，不会以任何特殊方式定位，元素按照标准文档流进行布局
   B. relative 用于设置元素采用相对定位，垂直方向的偏移量使用 up 或 down 属性来指定
   C. absolute 表示绝对定位，需要配合 top、right、bottom、left 属性来实现元素的偏移
   D. 用来实现偏移的 left 和 right 等属性的值，可以为负数

3. 下列选项中，不是 float 属性使用注意事项的是（　　　）。
   A. 只会影响后面的元素　　　　　　B. 内容默认提升半层
   C. 一行排列　　　　　　　　　　　D. 默认宽根据内容确定

4. 在制作网页时，下面关于 overflow 属性的说法错误的是（　　　）。
   A. 可以将 overflow 属性与盒子宽度配合使用，清除浮动，进而扩展盒子的高度

    B. overflow 属性的常见属性值有 visible、hidden、scroll、auto

    C. 如果页面中有绝对定位元素，并且绝对定位的元素超出了父级的范围，使用 overflow 属性则不合适

    D. 当属性值为 hidden 时，如果内容被裁剪，则浏览器会显示滚动条以便查看其余内容

5. CSS 属性中（　　　）可以设置层叠顺序。

    A. list-style   B. padding   C. z-index   D. float

二、多选题（每小题 4 分，共 20 分）

1. 下列关于浮动的说法错误的是（　　　）。

    A. 不可以使用伪类清除浮动

    B. 永远只能向左浮动

    C. 浮动使元素脱离标准文档流，漂浮在标准文档流之下

    D. 浮动会产生块元素，而不管元素本身是什么

2. 以下（　　　）是块元素。

    A. \<div\>   B. \<img\>   C. \<input\>   D. \<p\>

3. 以下选项中 position 属性的属性值有哪些？（　　　）

    A. static   B. auto   C. fixed   D. relative

4. 以下属于边偏移属性的有（　　　）。

    A. top   B. right   C. bottom   D. left

5. 用于隐藏元素的有（　　　）。

    A. overflow:hidden   B. display:none

    C. visibility:hidden   D. display:hidden

三、判断题（每小题 4 分，共 20 分）

1. float 属性只会影响到后面元素的布局，但对前面元素的布局不会造成任何的影响。（　　　）

2. float 属性默认值为 left。（　　　）

3. 浮动会使元素脱离标准文档流。（　　　）

4. 如果想为元素设置绝对定位，需要设置 position:static。（　　　）

5. 当被设置成浮动的元素时，该元素会按照指定的一个方向移动。（　　　）

四、实操题（40 分）

根据本项目内容，分析页面元素的排版布局，制作出图 6-19 所示效果的导航栏。

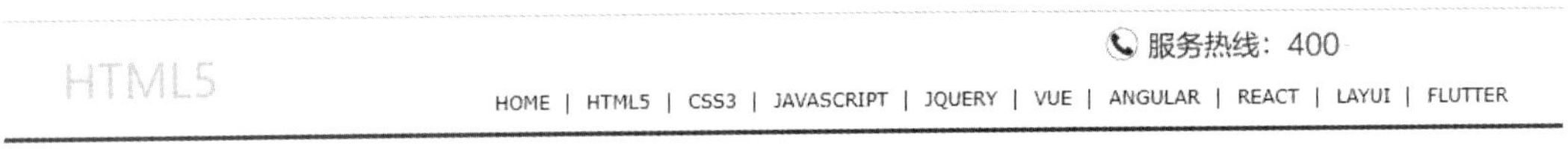

HTML5

    服务热线：400

HOME | HTML5 | CSS3 | JAVASCRIPT | JQUERY | VUE | ANGULAR | REACT | LAYUI | FLUTTER

图 6-19　航栏示例

评价与考核

课程名称：Web 前端开发项目教程	授课地点：	
项目 6：优化国学文化网	授课教师：	授课学时：
课程性质：理实一体课程	综合评分：	

理论知识掌握情况评分（30 分）

序号	知识考核点	教师评价	分值	得分
1	float 属性		5	
2	浮动的特殊处理及清除浮动		10	
3	内容溢出等		5	
4	overflow 属性的熟练掌握		5	
5	重定元素间的位置关系		5	

工作任务完成情况评分（70 分）

序号	能力操作考核点	教师评价	分值	得分
1	能够使用浮动排列页面元素		10	
2	能够利用定位调节元素间的位置关系		10	
3	能够合理处理溢出问题		10	
4	能够优化排版并合理布局页面		20	
5	能够调整元素的层叠顺序		10	
6	能够转换元素的类型		10	

违纪扣分（-20 分）

序号	违纪考查点	教师评价	分值	扣分
1	迟到/早退		-5	
2	睡觉		-5	
3	打游戏/玩手机		-5	
4	其他影响课堂学习的行为		-5	

项目 ⑦ 开发响应式音乐播放页面

项目导读

在 Web 开发中，一切技术的使用都是以用户的体验为中心。随着网络传输速度的提升，响应式布局、Web 网站中的音频和视频技术应用得越发广泛，与图片和文字相比，音频和视频能够给用户带来更直观的体验。本项目将针对<meta>标签、<audio>标签和<video>标签的应用进行详细讲解。

项目教学

任务 7.1 设计响应式页面

【任务目标】

知识目标

- 理解响应式布局、视口的概念。
- 掌握媒体查询的使用。

能力目标

- 能够完成简单响应式页面的创建。
- 能够根据案例制作出适合不同设备的页面。

素质目标

- 学习响应式页面的创建，培养在不同平台上保持一致用户体验的意识，持续关注行业新动态和技术的习惯，增强在数字媒体和网页设计领域的竞争力。

【导学知识】

7.1.1　响应式布局简介

1. 概念

响应式布局是一种现代网页设计方法，其核心在于使同一个网页能够根据访问设备的屏幕尺寸（如 PC、平板、手机等）自动调整布局，从而在各种设备上均能提供最佳的显示效果和用户体验。在前面的示例和源代码中，都是采用单一、固定的屏幕样式进行定义，如果缩小到超小屏的尺寸，这些样式可能不再适用，导致布局错乱，并且由于缺乏默认或响应式处理，页面元素往往被迫从上至下依次堆叠，严重影响用户体验。

响应式布局的概念由 Ethan Marcotte（伊桑·马科特）于 2010 年 5 月正式提出。其核心理念就是"一套网站，兼容多端"，旨在解决移动互联网时代用户通过不同设备访问网页的需求。实现这一理念的关键技术是 CSS 3 中的媒体查询（Media Queries），它能够检测用户设备的视口分辨率，根据设备的特性（主要是屏幕宽度）来应用特定的 CSS 样式，动态调整布局和内容，实现一套设计，多处使用。

2. 响应式布局的优缺点

相较于传统的、为不同设备单独开发页面的设计方式，响应式布局具有以下优缺点。

（1）优点

● 跨设备兼容性强。响应式布局能够使页面灵活适应从大型显示器到小型智能手机等各种不同分辨率和尺寸的设备屏幕，确保在多种设备上都能提供良好的显示效果。

● 维护便捷。响应式布局只需维护一套代码，无论是内容更新还是功能迭代，都只需在一个地方进行，大大降低了长期维护的复杂性和成本。

● 契合移动优先理念。随着移动互联网的普及，移动端用户数量激增。响应式布局天然支持"移动优先"的开发策略，可以先针对小屏幕优化内容和体验，再逐步扩展至大屏幕。同时，它能根据屏幕限制有选择地展示内容，避免在小屏幕上呈现过多信息导致体验不佳，从而提升用户浏览体验。

（2）缺点

● 开发复杂度较高。设计和实现响应式布局需要开发者具备更全面的前端技能，需要为多种设备形态编写复杂的 CSS 媒体查询和样式规则。这通常意味着需要更长的开发周期、更复杂的设计过程以及更烦琐的跨设备调试工作。

● 潜在的性能影响。为了覆盖所有可能的屏幕尺寸，响应式页面可能会加载比实际需要更多的资源（如图片、CSS 规则）。这可能导致代码冗余，页面体积增大，拖慢加载速度，从而对页面性能产生一定的负面影响，尤其是在网络条件不佳或设备性能较弱的情况下。

响应式布局简介、
响应式页面设计

7.1.2 响应式页面设计

1. 使用<meta>标签设置视口

视口（viewport）在响应式布局中是一个非常重要的概念。由于终端设备屏幕尺寸、分辨率和宽高比各异，原生渲染会导致页面在不同设备上显示错位或变形。因此需要对不同的屏幕进行适配，使相同的页面显示一致且合适的视觉效果，为此出现了视口的概念。视口机制允许开发者控制网页的渲染区域，以实现跨设备的统一布局。

传统开发中，移动浏览器默认将网页渲染到一个虚拟的、其宽度常设为 980px 或设备分辨率的视口中，页面在此视口中完整渲染后再进行缩放以适应屏幕，导致内容过小或需要缩放。这个虚拟的渲染区域就是"布局视口"（Layout Viewport），而用户直接交互的则是"可见视口"（Visual Viewport）。为了获得理想的显示效果优化体验，开发者需要通过重新定义视口属性，将网页宽度直接设定为适合屏幕的理想宽度（即设置"理想视口"Ideal Viewport）。开发者需要明确网页的预期宽度（通常为设备宽度），并设置初始缩放比例等属性。HTML5提供了<meta>标签来设置视口属性，如代码 7-1 所示。

代码 7-1

```
<meta name="viewport" content="user-scalable=no, width=device-width,
initial-scale=1.0, maximum-scale=1.0">
```

<meta>标签中各个参数的含义如下。

- user-scalable：取值为 yes 或 no，表示是否允许用户手动缩放页面，默认值为 yes。
- width：用于定义视口的宽度，单位为 px。
- device-width：视窗视口与可见视口宽度相同，该属性可以设置视口具体宽度。
- initial-scale：取值为 0～10，用于定义初始缩放比例。
- maximum-scale：取值为 0～10，用于定义最大缩放比例。

除此之外，还可以使用 height 属性定义视口的高度，使用 minimum-scale 属性定义最小缩放比例。

2. 媒体查询

媒体查询是响应式布局的核心部分。在 CSS3 规范中，使用媒体查询，可以针对不同的媒体类型定义不同的样式，使页面在不同的终端设备中实现不同的渲染效果。媒体查询主要由媒体类型和条件表达式组成，其基本语法格式如代码 7-2 所示。

代码 7-2

```
@media media-type and|not|only (media-feature) {
    CSS-Code;
}
```

@media 可以针对不同的屏幕尺寸设置不同的页面样式，特别是如果需要设置响应式的页面时，@media 非常有用。在重置浏览器大小的过程中，页面也会根据浏览器的宽度和高度重新渲染页面。语法格式中的各个参数含义如下。

（1）media-type（媒体类型）告诉浏览器这段代码是用在什么类型的媒体上的（例如屏幕或者印刷品），媒体类型如表 7-1 所示。

（2）上述语法格式中的 not 是用来排除掉某些特定设备的，only 用来指定某种特别的媒体类型。

表 7-1　媒体类型

值	描述
all	用于所有设备
print	用于打印机和打印预览
screen	用于计算机屏幕、平板电脑屏幕和手机屏幕等
speech	应用于屏幕阅读器等发声设备

（3）media-feature（媒体特性）。使用 min 或 max 表示大于等于或者小于等于来进行逻辑判断，而不是使用小于（<）和大于（>）来判断。

● 最大宽度 max-width。

"max-width"是媒体查询中比较常用的一个特性，表示当媒体类型小于或者等于指定的宽度时，样式生效。

● 最小宽度 min-width。

与"max-width"相反，"min-width"指的是媒体类型大于或者等于指定宽度时，样式生效。

（4）CSS-Code 是一组 CSS 规则，会在测试通过且媒体类型正确的时候应用。

3. 不使用绝对宽度

由于网页需要根据屏幕的宽度调整页面布局，所以不能使用绝对宽度布局。如果只使用媒体查询来适应某几个特定视口的固定宽度，在捕捉到下一个视口之前，页面之间没有任何的平滑渐变。

要想做出一个在所有视口都能完美显示的灵活页面，可以合理采取百分比布局代替固定布局，同时配合使用媒体查询来限制元素的变动范围。例如，可以设定宽度为百分比或者auto。

另外，CSS3 新增的弹性布局是一种灵活的布局方法，使用弹性盒子能够轻松创建出响应式页面，弹性布局对块元素进行了改进，不需要使用浮动，也不用在弹性盒子和内容之间合并外边距。

4. 字体使用相对大小

字体不能使用绝对大小（以 px 为单位），可采取相对大小（以 em 为单位）。使用相对大小代替绝对大小设置字号，可以缩放文字；另外，相对大小的实际大小是相对于父元素的字号而言的。

5. 弹性图片

针对网页中的图片，可以通过设置 max-width: 100%和 height: auto 实现图片的弹性化。

6. 弹性内嵌视频元素

可以使用设置 width:100%和 height:auto 实现行内元素的弹性化。

下面以一个示例来演示媒体查询的使用过程，如代码 7-3 所示。

代码 7-3

```html
<!DOCTYPE html>
<html>
  <head>
    <meta charset="UTF-8">
    <meta name="viewport" content="width=device-width, initial-scale=1.0">
    <title></title>
    <style type="text/css">
      /*PC 端*/
      @media (min-width:992px){
        body{
          background-color:gray;
        }
      }
      /*移动端 iPad Mini*/
      @media (max-width:991px){
        body{
          background-color:orange;
        }
      }
      /*移动端 iPhone 12 Pro*/
      @media (max-width:768px){
        body{
          background-color:blue;
        }
      }
    </style>
  </head>
  <body>
  </body>
</html>
```

在上述代码中，设置了当屏幕宽度大于或等于 992px 时，页面背景颜色为 gray；当屏幕宽度小于或等于 991px 时，页面背景颜色为 orange；当屏幕宽度小于或等于 768px 时，页面背景颜色为 blue。用浏览器打开 background.html，PC 端的显示效果如图 7-1 所示，页面背景颜色为 gray；iPad Mini 的显示效果如图 7-2 所示，页面背景颜色为 orange；iPhone 12 Pro 的显示效果如图 7-3 所示，页面背景颜色为 blue。

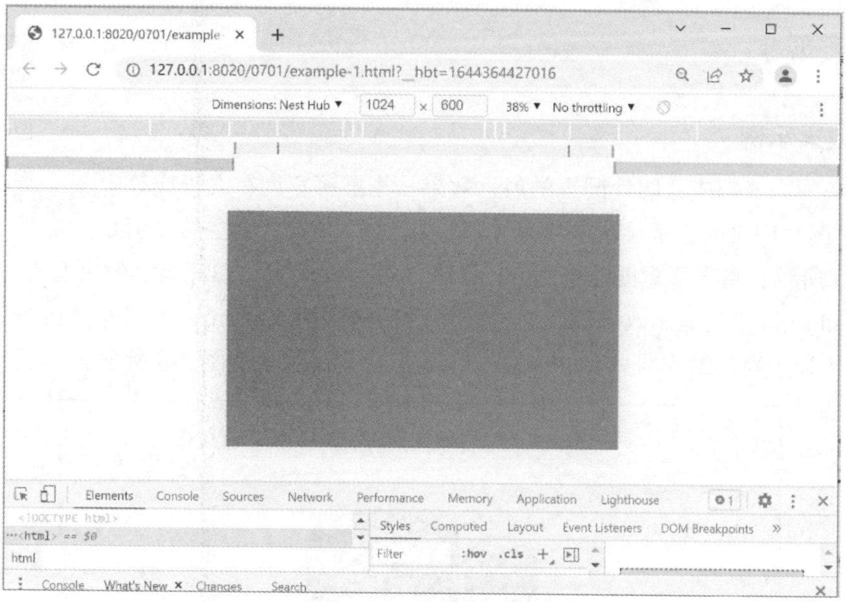

图 7-1　PC 端的显示效果

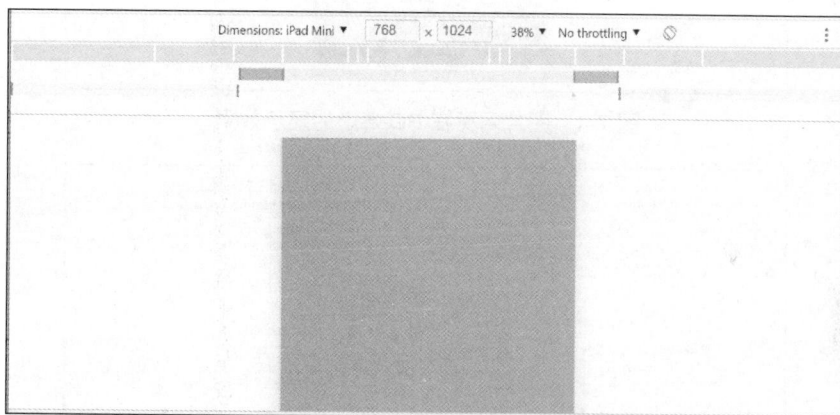

图 7-2　iPad Mini 的显示效果

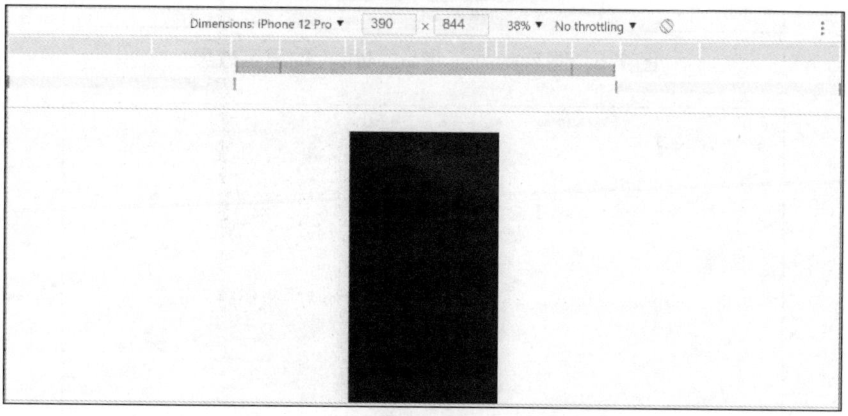

图 7-3　iPhone 12 Pro 的显示效果

【任务实现】

1．效果示例

本任务将完成响应式图片网页的展示效果。当屏幕宽度在大于或等于 992px 时，图片网页的正常显示效果是 3 列，图片网页在 PC 端上的显示效果如图 7-4 所示；将屏幕宽度缩小到 991px 和 768px 之间后，图片显示效果变为 2 列，图片网页在 iPad Mini 上的显示效果如图 7-5 所示；将屏幕宽度缩小到小于或等于 767px 时，图片显示效果变为 1 列，图片网页在 iPhone 12 Pro 上的显示效果如图 7-6 所示。

图 7-4　图片网页在 PC 端上的显示效果

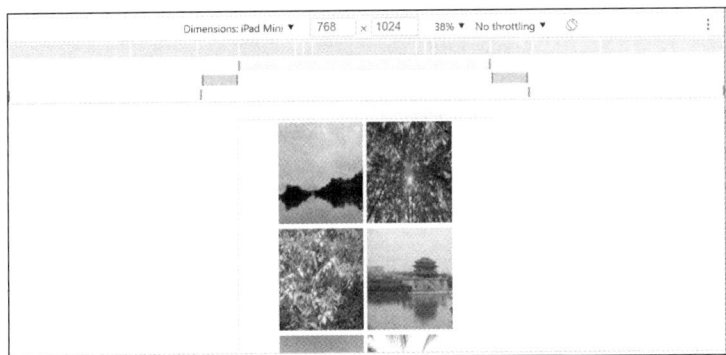

图 7-5　图片网页在 iPad Mini 上的显示效果

图 7-6　图片网页在 iPhone 12 Pro 上的显示效果

2．分析页面效果图

有了前面的导学知识作为铺垫，下面开始对任务实现进行分析。观察前面的效果图可以发现，页面的整体并没有布满整个窗口，图片网页在 PC 端、iPad Mini、iPhone 12 Pro 上的显示情况不同，因此需要设置在不同设备下的 3 种页面布局，页面结构如图 7-7 所示。

该页面的实现细节具体分析如下。

（1）使用最外层的盒子对页面进行整体布局，宽度用百分比来表示。

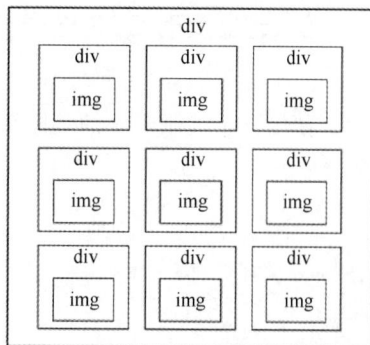

图 7-7　页面结构

（2）为每一个盛放图片的盒子设置高度，并用浮动使图片横向排列，每张图片的显示比例用百分比来控制。

（3）响应式页面有针对 PC 端、iPad Mini、iPhone 12 Pro 的 3 种显示情况，在 PC 端图片显示为 3 列，iPad Mini 上图片显示为 2 列，针对 iPhone 12 Pro 需要为页面设置媒体查询使图片纵向排列。

3．搭建页面结构

根据页面效果图，使用 HTML 标签搭建页面的结构，具体如代码 7-4 所示。

代码 7-4

```html
<!DOCTYPE html>
<html>
    <head>
        <meta charset="UTF-8">
        <title></title>
    </head>
    <body>
        <div class="box">
            <div><img src="img/01.jpg"></div>
            <div><img src="img/02.jpg"></div>
            <div><img src="img/03.jpg"></div>
            <div><img src="img/04.jpg"></div>
            <div><img src="img/05.jpg"></div>
            <div><img src="img/06.jpg"></div>
            <div><img src="img/07.jpg"></div>
            <div><img src="img/08.jpg"></div>
            <div><img src="img/09.jpg"></div>
        </div>
    </body>
</html>
```

4．设置 viewport

根据页面效果图，设置内容显示区域 viewport，如代码 7-5 所示。

代码 7-5

```html
<meta name="viewport" content="width=device-width, initial-scale=1.0">
```

155

5．定义页面 CSS 样式

（1）控制整体页面显示样式

使用盒子控制图片的整体布局，设置盒子显示比例为 70%，相对于页面居中，具体如代码 7-6 所示。

代码 7-6

```
.box{
    width:70%;
    margin: 0 auto;
}
```

（2）设置图片显示样式

设置图片显示区域的高度、下边距，控制图片的间隔，设置图片的显示比例为 100%，具体如代码 7-7 所示。

代码 7-7

```
.box>div{
    height:300px;
    float:left;
    margin-bottom:15px;
}
img{
    width:100%;
    height:100%;
}
```

（3）设置媒体查询样式

根据前面的分析，设置不同设备上的页面布局，具体如代码 7-8 所示。

代码 7-8

```
/*PC端*/
@media screen and (min-width:992px){
  .box>div{
    width:32%;
  }
  .box>div:nth-child(2),.box>div:nth-child(5),.box>div:nth-child(8){
    margin-left:2%;
    margin-right:2%;
  }
}
/*移动端 iPad Mini*/
@media screen and (max-width:991px) and (min-width:768px){
  .box>div{
    width:49%;
  }
  .box>div:nth-child(odd){
    margin-right:2%;
  }
}
```

```
/*移动端iPone 12 Pro*/
@media screen and (max-width:767px){
 .box>div{
   width:100%;
 }
}
```

【任务拓展】

1. 任务效果

为以上任务的页面添加导航栏，使其在不同的设备上有不同的显示效果。页面采取响应式布局，导航栏默认为横向显示，图 7-8 所示为 PC 端的显示效果；页面尺寸缩小以后导航栏变为 2 列显示，图 7-9 所示为 iPad Mini 的显示效果；页面尺寸继续缩小，导航栏变为 1 列显示，图 7-10 所示为 iPhone 12 Pro 的显示效果。

图 7-8　PC 端的显示效果

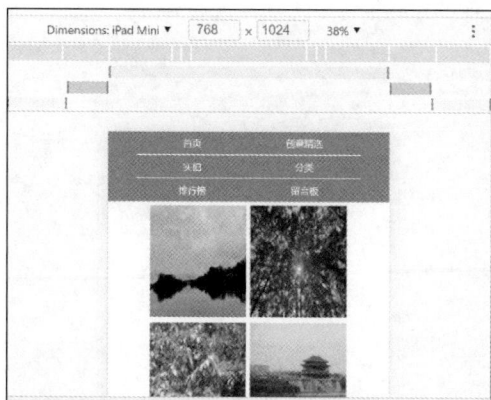

图 7-9　iPad Mini 的显示效果

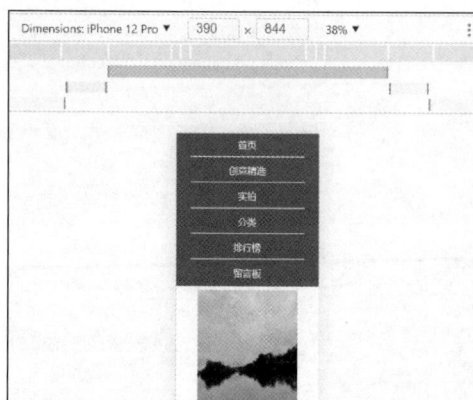

图 7-10　iPhone 12 Pro 的显示效果

2. 实现代码

上述效果的实现如代码 7-9 所示。

代码 7-9

```
<!DOCTYPE html>
<html>
    <head>
        <meta charset="UTF-8">
        <meta name="viewport" content="width=device-width, initial-scale=1.0">
        <title></title>
        <style type="text/css">
            body,ul,li{
                margin:0;
            }
            .header{
                width:100%;
                margin:0 auto;
                text-align:center;
                background-color:black;
            }
            .container {
                margin:0 auto;
                padding:0;
                list-style-type:none;
                display:flex;
                justify-content:center;
                width:80%;
                color:white;
            }
            li{
                flex:1;
                text-align:center;
                font-size:25px;
                height:60px;
                line-height:60px;
            }
            .container>li:not(#last){
                margin-right:1px;
            }
            .box{
                width:70%;
                margin:10px auto;
            }
            .box>div{
                height:300px;
                float:left;
                margin-bottom:15px;
            }
            img{
                width:100%;
                height:100%;
            }
            /*PC 端*/
            @media screen and (min-width:992px){
```

```css
        .container > li {
            flex-basis:20%;
        }
        .box>div{
            width:32%;
        }
        .box>div:nth-child(2),.box>div:nth-child(5),.box>div:nth-child(8){
            margin-left:2%;
            margin-right:2%;
        }
    }
    /* 移动端 iPad Mini*/
    @media screen and (max-width:991px) and (min-width:768px){
        .header{
            background:gray;
        }
        .container {
            flex-wrap:wrap;
        }
        .container > li {
            flex-basis:48%;
        }
        .container>li:nth-of-type(1),.container>li:nth-of-type(2),
        .container>li:nth-of-type(3),.container>li:nth-of-type(4){
            margin-bottom:1px;
            border-bottom:2px solid white;
        }
        .container>li:nth-child(odd){
            margin-right:1px;
        }
        .box>div{
            width:49%;
        }
        .box>div:nth-child(odd){
            margin-right:2%;
        }
    }
    /*移动端 iPhone 12 Pro*/
    @media screen and (max-width:767px){
        .header{
            background:green;
        }
        .container {
            flex-wrap:wrap;
        }
        .container > li {
            flex-basis:100%;
            margin-bottom:5px;
        }
        .container>li:not(#last){
            border-bottom: 2px solid white;
```

```
                    }
                .box>div{
                    width:100%;
                }
            }
        </style>
    </head>
    <body>
        <div class="header">
            <ul class="container">
                <li>首页</li>
                <li>创意精选</li>
                <li>实拍</li>
                <li>分类</li>
                <li>排行榜</li>
                <li id="last">留言板</li>
            </ul>
        </div>
        <div class="box">
            <div><img src="img/01.jpg"></div>
            <div><img src="img/02.jpg"></div>
            <div><img src="img/03.jpg"></div>
            <div><img src="img/04.jpg"></div>
            <div><img src="img/05.jpg"></div>
            <div><img src="img/06.jpg"></div>
            <div><img src="img/07.jpg"></div>
            <div><img src="img/08.jpg"></div>
            <div><img src="img/09.jpg"></div>
        </div>
    </body>
</html>
```

任务 7.2　设计响应式音乐播放页面

【任务目标】

AIGC 实战演练

用 AI 生成响应式
音乐播放页面

知识目标

- 了解 HTML5 支持的音频和视频格式。
- 掌握 HTML5 中视频相关属性的运用。

能力目标

- 能够完成对视频、音频的一些常见操作。
- 能够制作响应式音频、视频页面。

160

● 学习响应式音频和视频页面的制作技巧，培养对跨设备兼容性的敏感性、提升多媒体内容管理的专业能力、加强用户界面设计的实践技能，并激发创新思维。

【导学知识】

7.2.1 音频/视频嵌入技术概述

1. 概述

在<audio>标签和<video>标签出现之前，网页中的音频和视频通常通过浏览器自带的应用程序或者第三方插件嵌入到页面中。HTML5 为用户提供了一个标准的播放页面中视频和音频的方式，用户无须下载插件，只需使用浏览器就可以顺利播放音频和视频文件。在 HTML5 中，可以使用<audio>标签为页面添加音频，使用<video>标签为页面添加视频。

2. 音频和视频文件的格式

HTML5 中新增了<audio>标签和<video>标签，可以实现播放音视频文件，但是 HTML5 不支持所有的音频格式和视频格式，HTML5 支持的音频格式主要包括 OGG、MP3、WAV 等，视频格式主要包括 OGG、MPEG-4、WebM 等。

7.2.2 在 HTML5 中嵌入音频

1. <audio>标签概述

<audio>标签是 HTML 5 的新标签，用于定义声音，其基本语法格式如代码 7-10 所示。

在 HTML5 中嵌入音频、视频

代码 7-10

```
<audio src="音频文件路径" controls="controls"></audio>
```

在<audio></audio>标签对之间可以添加文字，如果浏览器不支持<audio>标签，可以显示该文字。下面以代码 7-11 为例来演示一下该标签的应用过程。

代码 7-11

```
<!DOCTYPE html>
<html>
    <head>
        <meta charset="UTF-8">
        <title></title>
    </head>
    <body>
        <audio src="music/weiwei.mp3" controls="controls">该浏览器不支持 audio 标
签</audio>
    </body>
</html>
```

运行以上代码以后，网页中可显示音频播放控件，音频播放效果如图 7-11 所示。

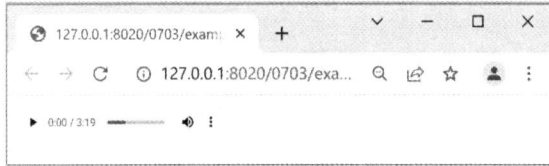

图 7-11　音频播放效果

单击图 7-11 中的播放按钮 ▶，就可以在页面中播放音频文件。<audio>标签中除了可以添加 src 属性和 controls 属性，还可以添加其他常见属性，如表 7-2 所示。

表 7-2　<audio>标签的常见属性

属性	属性值	描述
src	URL	播放音频的文件地址
controls	controls	显示控件
autoplay	autoplay	自动播放
loop	loop	循环播放
preload	preload	预加载，音频在页面加载时加载，并预备播放。使用 autoplay 属性时，忽略该属性
muted	muted	音频静音播放

2．<audio>标签中的<source>标签

在 HTML5 中，可以使用<source>标签为<audio>标签提供多个备用的音频文件。浏览器可根据需要选择支持的音频文件（如果都支持则任选一个），示例如代码 7-12 所示。

代码 7-12

```
<audio controls="controls">
    <source src="music.ogg" type="audio/ogg">
    <source src="music1.mp3" type="audio/mp3">
    您的浏览器不支持 audio 标签。
</audio>
```

在上面的示例中，使用多个<source>标签为浏览器提供备用的音频文件，其中 src 属性用于指定音频文件的 URL，type 属性用于指定音频文件的类型与格式。

7.2.3　在 HTML5 中嵌入视频

1．<video>标签概述

HTML5 中，<video>标签用于定义视频文件，其基本语法格式如代码 7-13 所示。

代码 7-13

```
<video src="视频文件路径" controls="controls"></video>
```

<video>标签的常见属性如表 7-3 所示。

表 7-3　\<video\>标签的常见属性

属性	属性值	描述
src	URL	播放视频的文件地址
controls	controls	显示控件
autoplay	autoplay	自动播放
loop	loop	循环播放
preload	preload	预加载，视频在页面加载时加载，并预备播放。使用 autoplay 属性时，忽略该属性
muted	muted	视频的静音播放
poster	URL	贴画、海报，视频播放前显示的图片的地址

同样，考虑到有可能存在不支持\<video\>标签的浏览器，可以在\<video\>\</video\>标签对之间添加文字，如果浏览器不支持\<video\>标签，可以显示该文字。下面以代码 7-14 为例来演示一下该标签的应用过程。

代码 7-14

```
<!DOCTYPE html>
<html>
    <head>
        <meta charset="UTF-8">
        <title>视频播放</title>
        <style type="text/css">
            div{
                width: 568px;
                height: 400px;
                margin: 10px auto;
            }
        </style>
    </head>
    <body>
        <div>
            <video src="video/video1.mp4" controls="controls" muted="muted">该
浏览器不支持video标签</video>
        </div>
    </body>
</html>
```

运行上述代码以后，页面出现视频播放控件，单击播放按钮▶，视频可以播放。将视频默认设置为静音播放，可使用播放控件进行调整。视频播放效果如图 7-12 所示。

2. \<video\>标签中的\<source\>标签

同\<audio\>标签类似，在 HTML5 中，可以使用\<source\>标签为\<video\>标签提供多个备用的视频文件。

图 7-12　视频播放效果

浏览器可根据需要选择所支持的视频文件（如果都支持则任选一个），示例如代码 7-15 所示。

代码 7-15

```
<video controls="controls">
    <source src="video.ogg" type="video/ogg">
    <source src="video1.mp4" type="video/mp4">
    您的浏览器不支持 video 标签
</video>
```

在上面的示例中，使用多个<source>标签为浏览器提供备用的视频文件，其中 src 属性用于指定视频文件的 URL；type 属性用于指定视频文件的类型与格式。

【任务实现】

1. 效果展示

本任务将完成"响应式音乐播放页面"的开发。当屏幕宽度大于或者
等于 992px 时，页面内容横向显示，图 7-13 所示为 PC 端页面效果；当屏幕宽度小于或者等于 991px、大于 767px 时，页面内容显示尺寸逐渐变小，图 7-14 所示为 iPad Air 的页面效果；当屏幕宽度小于或者等于 768px 时，页面内容显示从横向变为纵向，图 7-15 所示为 iPhone 12 Pro 的页面效果。

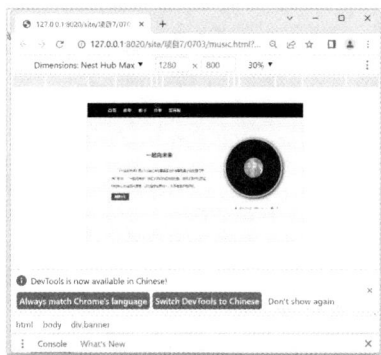

设计响应式音乐
播放页面

图 7-13　PC 端的页面效果

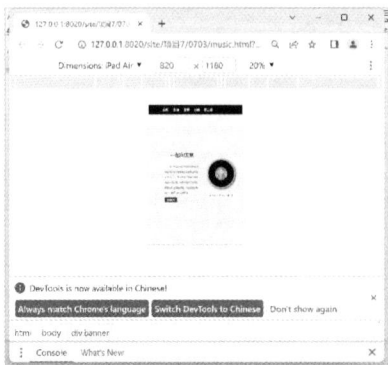

图 7-14　iPad Air 的页面效果

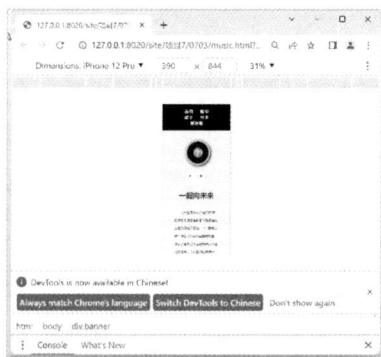

图 7-15　iPhone 12 Pro 的页面效果

2. 分析页面效果图

前面介绍了响应式页面的实现，并介绍了在 HTML5 中嵌入音频和视频的方法，有了前面的导学知识作为铺垫，下面开始对任务的实现进行分析。观察前面的效果图可以发现，页面主要分为上、下两个部分，上面为导航栏，下面为主体内容的显示区域；下面的内容又分为左右两个部分，分别用于显示文本内容的界面和音频播放控件界面，页面结构如图 7-16 所示。由于页面在不同的设备下有不同的显示效果，因此需要设计响应式布局。

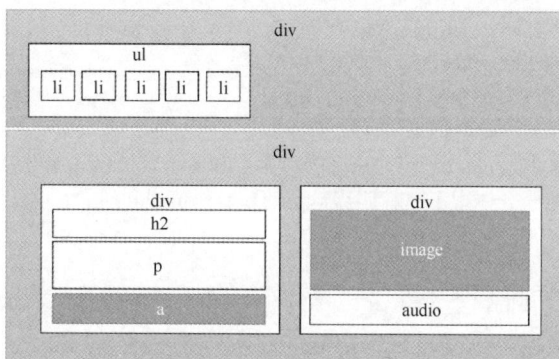

图 7-16　页面结构

经过上面对页面结构的分析，下面对该页面的实现过程做如下具体分析。

（1）使用盒子对页面上方的导航栏部分进行布局，导航栏部分为横向排列，无先后顺序之分，可以使用<ul>标签来实现，采用弹性布局使内容横向排列。

（2）使用盒子对下方主体内容部分进行控制，并嵌套两个盒子用于对主体内容的左右部分进行布局，采用弹性布局使内容横向排列。

（3）响应式页面各部分的宽度可采用百分比来表示，如 header 部分和 banner 两个部分的宽度可设置为 100%。

（4）使用媒体查询实现 3 种屏幕尺寸下的页面布局。当屏幕宽度大于或等于 992px 时，页面内容横向显示；当屏幕宽度小于或等于 991px 时，页面内容显示尺寸逐渐变小；当屏幕宽度小于或等于 768px 时，页面内容显示从横向变为纵向，图片以及音频播放控件移到屏幕上方。

3. 搭建页面结构

完成前面对项目的具体分析，下面开始使用 HTML 标签搭建页面结构，具体如代码 7-16 所示。

代码 7-16

```
<!DOCTYPE html>
<html lang="en">
<head>
    <meta charset="UTF-8">
    <title>响应式页面</title>
</head>
```

```
<body>
  <div class="header">
      <ul class="navigation">
          <li><a href="#">首页</a></li>
          <li><a href="#">歌单</a></li>
          <li><a href="#">歌手</a></li>
          <li><a href="#">分类</a></li>
          <li><a href="#">留言板</a></li>
      </ul>
  </div>    <div class="banner">
      <div class="content">
          <h2>一起向未来</h2>
          <p>
          《一起向未来》是 2022 年北京冬季奥运会和冬季残奥会的主题口号推广歌曲，"一起向未
来"体现了团结和集体的力量，体现了奥林匹克运动的核心价值观和愿景，以及追求世界统一、和平与进
步的目标。
          </p>
          <a href="#">阅读全文</a>
      </div>
      <div class="content1">
          <img src="img/00.jpg" class="image">
          <audio src="music/一起向未来.mp3" controls="controls"></audio>
      </div>
  </div>
</body>
</html>
```

4. 设置 viewport

设置 viewport，如代码 7-17 所示。

代码 7-17

```
<meta name="viewport" content="width=device-width,initial-scale=1">
```

5. 定义页面 CSS 样式

（1）控制页面整体结构样式

首先清除元素默认的外边距、内边距，具体如代码 7-18 所示。

代码 7-18

```
* {
    margin: 0;
    padding: 0;
    box-sizing: border-box;
}
```

（2）设置 header 区域样式

导航栏部分通过弹性布局实现菜单的横向排列，并设置菜单的显示样式、对其属性以及
超链接的显示样式，具体如代码 7-19 所示。

代码 7-19

```css
.header {
        position: absolute;
        left: 0;
        top: 0;
        width: 100%;
        display: flex;
        justify-content: space-between;
        align-items: center;
        padding: 15px 100px;
        z-index: 10;
        background: #000;
}
.header .navigation {
        display: flex;
        justify-content: center;
        flex-wrap: wrap;
        margin: 10px 0;
}
.header .navigation li {
        list-style: none;
        margin: 0 20px;
}
.header .navigation li a {
        text-decoration: none;
        color: #fff;
        font-weight: 600;
        letter-spacing: 1px;
        font-size: 1.5em;
}
.header .navigation li a:hover{
        color: #ffed3b;
}
```

（3）设置 banner 区域样式

设置下方主体内容的显示区域样式，使用弹性布局实现内容的横向排列，并使用百分比控制左右两个部分的显示比例。对于右边的图片，可以通过设置图片的边框、内边距、圆角边框、边框阴影等调整播放器界面的显示效果，具体如代码 7-20 所示。

代码 7-20

```css
.banner {
 width:100%;
 background: #eee;
 padding: 200px 100px 160px;
 min-height: 100vh;
 display: flex;
 justify-content: space-between;
 align-items: center;
}
```

```css
.banner .content {
  max-width:60%;
  padding:40px;
}
.banner .content1{
  max-width:40%;
}
.banner .content h2 {
  font-size: 2.5em;
  color: #333;
  margin-bottom:50px;
  text-align: center;
}
.banner .content p {
  font-size: 1.1em;
  line-height: 2.5em;
  color: #333;
  ext-indent: 2em;
}
.banner .content a {
  display: inline-block;
  background: #b01c20;
  color: #fff;
  padding: 10px 20px;
  text-decoration: none;
  font-weight: 600;
  margin-top: 20px;
}
.banner .image {
  max-width:80%;
  height: auto;
  margin-left:15%;
  padding:25%;
  border-radius:50%;
  border:8px solid #ccc;
  box-shadow:5px 5px 15px #000;
  background-image:repeating-radial-gradient(circle at 50% 50%,#333,#000 1%);
}
.banner audio {
  max-width:100%;
  margin-top:2%;
  margin-left:25%;
}
```

（4）创建媒体查询

考虑到页面在不同设备下的显示效果不同，因此使用媒体查询实现不同设备下的页面布局，具体如代码 7-21 所示。

代码 7-21

```css
/*媒体查询*/
```

```
@media screen and (min-width:992px) {
    .banner audio {
            max-width:100%;
            margin-top: 30px;
            margin-left:25%;
    }
    .banner .content h2 {
            font-size: 2em;
    }
}
@media screen and (max-width:991px) {
    .banner .image {
            max-width:100%;
            margin-top: 30px;
            margin-left:15%;
    }
    .banner audio {
            max-width:100%;
            margin-top:30px;
            margin-left:15%;
    }
}
@media screen and (max-width:768px) {
        .banner {
            padding: 150px 20px 50px;
            flex-direction: column-reverse;
        }
        .banner .content {
                max-width:100%;
                padding:50px;
        }
    .banner .image {
                max-width:100%;
                margin-left:5%;
                margin-top:50px;
        }
        .banner audio {
                max-width:100%;
                margin-top: 30px;
                margin-left:5%;
        }
}
```

【任务拓展】

设计响应式页面，并在页面中嵌入视频，该页面在 PC 端上的效果如图 7-17 所示；当屏幕宽度小于或等于 768px 时，页面内容显示尺寸缩小，图 7-18 所示为该页面在 iPad Mini 上的效果；当屏幕宽度小于或等于 640px 时，顶部导航栏的选项将隐藏不显示，图 7-19 所示为该页面在 iPhone 12 Pro 上的效果。

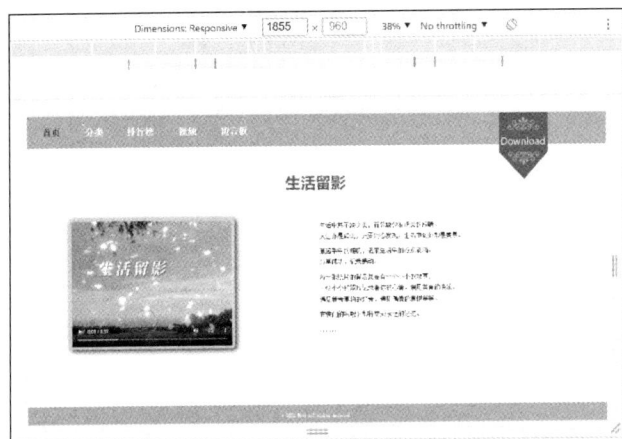

图 7-17　响应式页面在 PC 端上的效果

图 7-18　响应式页面在 iPad Mini 上的效果

图 7-19　响应式页面在 iPhone 12 Pro 上的效果

项目总结

本项目已经完成了，经过本项目的学习，希望大家掌握以下几个方面的知识点，并能将其综合运用到网页制作过程中。

- CSS3 中媒体查询的使用。
- 弹性布局的应用。
- HTML5 支持的音频和视频格式。
- 响应式页面的制作。

代码与人生

秉持精益求精，修炼"代码之心"

本项目围绕响应式设计的实现过程展开，同时讲解网页中音频与视频的嵌入技术。在响应式布局开发中，Web 前端工程师需充分考虑多设备适配需求，通过持续完善与优化代码达成目标，这一过程正体现了"精益求精"的核心职业素养。

精益求精是技术深度、工程思维与用户洞察的融合体现：于个人而言，它能推动技术突破；于团队与产品而言，它是长期价值的重要支撑。在 AI 广泛应用的当下，优秀的工程师不会盲目依赖 AI 生成代码，而是将其作为效率工具，对 AI 输出进行严格审查与优化。这种与 AI 共成长的程序人生，要求开发者修炼"代码之心"，对每一行代码负责，摒弃"差不多就行"的敷衍态度，以专业实力展现新时代技术工作者的文化自信与社会担当。

练习测试

一、单选题（每小题 4 分，共 20 分）

1. 下面选项中，用于为页面添加音频的标签是（ ）。
   A. `<canvas>`　　　B. `<video>`　　　C. `<audio>`　　　　　D. `<mark>`
2. 下面选项中，哪个表示向用户显示音频控件？（ ）
   A. controls　　　B. autoplay　　　C. loop　　　　　　D. muted
3. 下面选项中，代表音频在就绪后马上播放的是哪一个？（ ）
   A. controls　　　B. autoplay　　　C. loop　　　　　　D. muted
4. 以下选项中哪个属性用于视频结束后重新开始播放？（ ）
   A. controls　　　B. autoplay　　　C. loop　　　　　　D. muted

5. 下面选项中，用于为页面添加视频的标签是（　　　）。

    A. <video>　　　　B. <audio>　　　　C. <image>　　　　　D. <text>

二、多选题（每小题 4 分，共 20 分）

1. 关于浏览器对<video>标签的支持情况，下列选项说法正确的是（　　　）。

    A. 绝大多数的浏览器已经支持 HTML5 中的<video>标签

    B. 在不同的浏览器上运用<video>标签时，浏览器显示的视频界面样式也不同

    C. 在不同的浏览器上运用<video>标签时，浏览器显示的视频界面样式相同

    D. Chrome 浏览器 3.0 版本不支持

2. 下列选项中，（　　　）属于 HTML5 支持的视频格式。

    A. OGG　　　　　B. MPEG-4　　　　C. WebM　　　　　D. WAV

3. 下列选项中，属于 HTML5 支持的音频格式有（　　　）。

    A. OGG　　　　　B. MP3　　　　　C. WebM　　　　　D. WAV

4. 关于<audio>标签的描述，下列说法正确的是（　　　）。

    A. <audio>是一个视频标签

    B. <audio>是一个音频标签

    C. 在<audio>和</audio>标签对之间不能插入文字

    D. 在<audio>和</audio>标签对之间可以插入文字

5. 下面的选项中，属于<audio>标签中属性的是（　　　）。

    A. autoplay　　　　B. loop　　　　　C. src　　　　　D. controls

三、判断题（每小题 4 分，共 20 分）

1. WAV 是 HTML5 支持的视频格式。（　　　）

2. 使用宽度和高度属性来缩放视频，则该视频的原始大小也会随之改变。（　　　）

3. 在不同的浏览器上运用<audio>标签时，浏览器显示的音频界面样式相同。（　　　）

4. loop 属性让视频具有循环播放功能。（　　　）

5. WebM 是 HTML5 支持的音频格式。（　　　）

四、实操题（每小题 20 分，共 40 分）

1. 仿照项目案例制作响应式电子相册设计页面。

2. 制作视频宣传片播放器页面，要求如下。

（1）使用<video>标签嵌入视频。

（2）设置显示视频播放控件。

（3）设置视频静音播放。

（4）设置视频播放前图片。

（5）设置视频循环播放。

评价与考核

课程名称：Web 前端开发项目教程	授课地点：	
项目 7：开发响应式音乐播放页面	授课教师：	授课学时：
课程性质：理实一体课程	综合评分：	

理论知识掌握情况评分（30 分）

序号	知识考核点	自我评价	分值	得分
1	响应式布局的特点		5	
2	视口的位置设置		5	
3	媒体查询的使用		10	
4	网页支持的音频、视频格式		5	
5	在网页中嵌入音频、视频的方法		5	

工作任务完成情况评分（70 分）

序号	能力操作考核点	组内评价	分值	得分
1	设计响应式页面的能力		10	
2	优化页面布局的能力		10	
3	完成在页面中嵌入音频、视频的能力		10	
4	不断优化代码的能力		20	
5	程序排错的能力		10	
6	与组员的团队合作能力		10	

违纪扣分（-20 分）

序号	违纪考查点	教师评价	分值	扣分
1	迟到/早退		-5	
2	睡觉		-5	
3	打游戏/玩手机		-5	
4	其他影响课堂学习的行为		-5	

项目 ⑧ 制作游乐场摩天轮动画效果页面

项目导读

在传统的网页设计中，使用 HTML 和 CSS 可以实现页面结构和样式的分离。如果需要实现改变元素的形状、大小或者位置之类的动画效果，CSS 则无能为力，这时往往需要借助 Flash 或者 JavaScript 来实现动画效果。CSS3 提供了几个设置动画效果的属性，可以利用这些属性轻松实现元素的平移、缩放、过渡等动画效果，提高用户的浏览体验。CSS3 动画的属性主要分为 transform、transition 和 animation，本项目将对 CSS3 中的这几种属性进行详细讲解。

项目教学

任务 8.1　创建网页导航栏

【任务目标】

知识目标

- 熟悉 transform 属性的语法格式及功能。
- 掌握 transform 属性的设置及应用方法。

能力目标

- 能够利用二维变形方法对元素进行缩放、移动等操作。
- 能够利用三维变形方法改变元素的形状、大小和位置。

素质目标

- 学习使用 transform 属性精准控制变换的顺序和组合，增强网页的交互性和视觉吸引力，培育逻辑思维技巧、对美观和协调的感知能力。

【导学知识】

8.1.1　认识 transform 属性

在 CSS3 中，transform 属性可以向元素应用二维或者三维转换，该属性允许对网页元素应用平移、缩放、倾斜和旋转等变形操作。使用 transform属性实现的变形，包括二维变形和三维变形两种。transform 属性可作用于行内元素和块元素，transform 属性的基本语法格式如代码 8-1 所示。

认识 transform
属性、2D 变形

代码 8-1

```
transform: none|transform-functions;
```

其中，none 为 transform 属性的默认值，表示不进行变形。transform-functions 可以用来为元素设置变形样式，可以是一个变形样式，也可以是多个，中间用空格隔开。常用的变形样式有如下几种。

- translate()：平移，设置 *x* 轴或 *y* 轴的参数 x、y，可以平移元素的位置。
- scale()：缩放，可以改变元素的尺寸。
- skew()：倾斜，取值为度数值，可以实现元素的倾斜效果。
- rotate()：旋转，取值为度数值，可以实现元素的旋转效果。

8.1.2　二维变形

在 CSS3 中，二维变形是基于 *x* 轴和 *y* 轴对元素进行的平移、缩放、倾斜、旋转等一系列操作，下面对这些操作进行一一讲解。

1. 平移

平移是指元素位置的改变。位置的平移，包括水平和垂直方向的移动，使用 translate()方法可以改变元素的位置。若基于原来的位置，沿 *x* 轴平移，平移的距离为 x，沿 *y* 轴平移，平移的距离为 y，其基本语法格式如代码 8-2 所示。

代码 8-2

```
transform:translate(x,y);
```

其中，语法格式中的参数 x、y 分别表示元素沿 *x* 轴和 *y* 轴进行移动的向量长度，单位可以为 px 或%，当参数值为正数时，表示元素向右和向下方向移动，当参数值为负数时，元素向左和向上方向移动。

⚠ 注意

translate()方法可以只实现元素沿水平方向或者垂直方向的平移，这时需要使用其如下形式。
- transform:translateX(x);表示元素基于原来的位置，沿 *x* 轴平移，平移的距离为 x。
- transform:translateY(y);表示元素基于原来的位置，沿 *y* 轴平移，平移的距离为 y。

下面通过代码 8-3 来演示平移的应用。

代码 8-3

```
<!DOCTYPE html>
<html>
    <head>
        <meta charset="UTF-8">
        <title></title>
        <style type="text/css">
            div{
                margin:0 auto;
                width:200px;
                height:100px;
                background-color:red;
                font-size: 25px;
            }
            .box1{
                transform:translate(100px,50px);
            }
        </style>
    </head>
    <body>
        <div>移动前</div>
        <div class="box1">移动后</div>
    </body>
</html>
```

在上述示例中，使用 translate()方法，可以实现让元素分别沿 x 轴向右移动 100px、沿 y 轴向下移动 50px 的平移效果。运行上述代码以后，平移前后对比效果如图 8-1 所示。

图 8-1　平移前后对比效果

2. 缩放

在 CSS3 中，scale()方法可以用于实现元素的缩放效果，其语法格式如代码 8-4 所示。

代码 8-4

```
transform:scale(x,y);
```

scale()方法的作用是基于使元素原来位置进行的缩放变换，其中 x 代表元素沿 x 轴的缩放倍数，y 代表元素沿 y 轴的缩放倍数。scale()方法的参数值可以是正数、负数和小数，其默认值为 1，为负数时不会对元素进行缩小，而会对元素进行反转，再缩放元素；参数值为 0～1 时可以让元素缩小，参数值大于 1 时可以让元素放大，1 表示不变，参数值为 0 的时候元素不可见。

注意

scale()方法可以只实现元素沿水平方向或者垂直方向的缩放，这时需要使用其如下形式。
● transform:scaleX(x);表示元素基于原来的位置进行缩放变换，其中 x 代表元素沿 x 轴的缩放倍数。
● transform:scaleY(y);表示元素基于原来的位置进行缩放变换，其中 y 代表元素沿 y 轴的缩放倍数。

下面通过代码 8-5 来演示缩放的应用。

代码 8-5

```html
<!DOCTYPE html>
<html>
    <head>
        <meta charset="UTF-8">
        <title></title>
        <style type="text/css">
            div{
                margin:0 auto;
                width:200px;
                height:100px;
                background-color:red;
                font-size: 25px;
            }
            .box1{
                margin-top:100px;
                transform:scale(1.5,2);
            }
        </style>
    </head>
    <body>
        <div>放大前</div>
        <div class="box1">放大后</div>
    </body>
</html>
```

在上述示例中，使用 scale()方法可以实现让元素分别沿 x 轴放大 1.5 倍、沿 y 轴放大 2 倍的缩放效果。运行上述代码以后，缩放前后对比效果如图 8-2 所示。

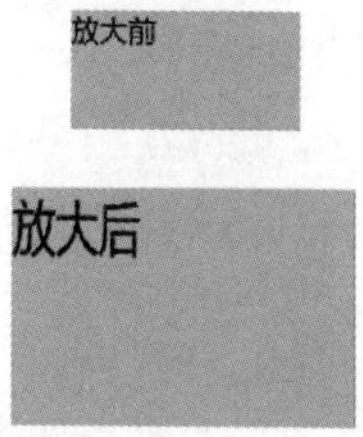

放大前

放大后

图 8-2　缩放前后对比效果

3. 倾斜

在 CSS3 中，skew()方法能够使元素产生倾斜效果，其基本语法格式如代码 8-6 所示。

代码 8-6

```
transform:skew(x,y);
```

其中，参数表示倾斜的角度，x 表示元素沿 x 轴方向的倾斜角度，y 表示元素沿 y 轴方向的倾斜角度，单位为 deg。

> ⚠ 注意
> skew()方法可以只实现元素沿水平方向或者垂直方向的倾斜，这时需要使用其如下形式。
> ● transform:skewX(x);表示元素只进行 x 轴方向的倾斜，正值向左倾斜，负值向右倾斜。
> ● transform:skewY(y);表示元素只进行 y 轴方向的倾斜，正值向下倾斜，负值向上倾斜。

下面通过代码 8-7 来演示倾斜的应用。

代码 8-7

```html
<!DOCTYPE html>
<html>
    <head>
        <meta charset="UTF-8">
        <title></title>
        <style type="text/css">
            div{
                margin: 50px auto;
                width:200px;
                height:100px;
                background-color:red;
                font-size: 25px;
            }
            .box1{
                transform:skew(20deg,20deg);
            }
        </style>
    </head>
    <body>
        <div>倾斜前</div>
        <div class="box1">倾斜后</div>
    </body>
</html>
```

运行上述代码以后，第 2 个<div>标签中的内容将沿 x 轴和 y 轴方向进行 20deg 的倾斜，倾斜前后对比效果如图 8-3 所示。

4. 旋转

rotate()方法可以实现元素的旋转效果，默认参考元素的中心点顺时针或者逆时针旋转，其语法格式如代码 8-8 所示。

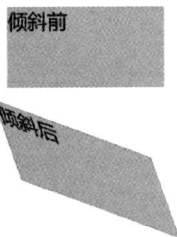

图 8-3　倾斜前后对比效果

代码 8-8

```css
transform:rotate(angle);
```

其中，参数 angle 表示旋转的角度值，单位为 deg。如果设置的值为正数，表示元素顺时针旋转；如果设置的值为负数，则表示元素逆时针旋转。下面通过代码 8-9 来演示一下旋转的应用。

代码 8-9

```html
<!DOCTYPE html>
<html>
    <head>
        <meta charset="UTF-8">
        <title></title>
        <style type="text/css">
            div{
                margin: 50px auto;
                width:200px;
```

```
            height:100px;
            background-color:red;
        }
        .box1:hover{
            transform:rotate(20deg);
        }
    </style>
</head>
<body>
    <div class="box1"></div>
</body>
</html>
```

运行上述代码以后，网页中将显示一个红色区域，默认效果如图 8-4 所示；当鼠标指针指向红色区域时，将显示顺时针 20deg 的旋转效果，如图 8-5 所示。

图 8-4　默认效果（1）　　　　　图 8-5　鼠标指针指向红色区域时的效果（1）

8.1.3　三维变形

三维变形是在二维变形的基础上实现的位移、旋转、缩放等效果，相比二维变形，三维变形更注重空间位置的变换。下面将对三维变换中常用的一些功能进行介绍。

1．rotateX()方法

可以使用 rotateX()方法让指定的元素围绕 x 轴进行旋转，其语法格式如代码 8-10 所示。

代码 8-10

```
transform:rotateX(angle);
```

其中，angle 为旋转的角度，单位为 deg。下面以代码 8-11 为例，来演示一下 rotateX()方法的应用。

代码 8-11

```
<!DOCTYPE html>
<html>
    <head>
        <meta charset="UTF-8">
        <title></title>
        <style type="text/css">
            .div1{
                margin:30px auto;
                width:300px;
                height:200px;
                background-color: red;
            }
```

三维变形

179

```
        .div1:hover{
            transform:rotateX(60deg);
        }
    </style>
</head>
<body>
    <div>
        <div class="div1"></div>
    </div>
</body>
</html>
```

运行上述代码以后，网页中将显示一个红色区域，默认效果如图 8-6 所示；当鼠标指针指向红色区域时，将显示围绕 x 轴旋转 60deg 的效果，如图 8-7 所示。

图 8-6　默认效果（2）　　　　　图 8-7　鼠标指针指向红色区域时的效果（2）

2. rotateY()方法

可以使用 rotateY()方法让指定的元素围绕 y 轴进行旋转，其语法格式如代码 8-12 所示。

代码 8-12

```
transform:rotateY(angle);
```

上述语法格式定义了沿着 y 轴的三维旋转。angle 为旋转的角度，单位为 deg。

以代码 8-11 为模板，对鼠标指针经过样式代码进行修改，如代码 8-13 所示。

代码 8-13

```
.div1:hover{
    transform:rotateY(60deg);
}
```

运行代码，当将鼠标指针指向红色区域时，将显示围绕 y 轴旋转 60deg 的效果，如图 8-8 所示。

图 8-8　鼠标指针指向红色区域时的效果（3）

3. rotated3d()方法

rotated3d()方法用于设置多个轴的三维旋转效果，其基本语法格式如代码 8-14 所示。

代码 8-14

```
transform:rotate3d(x,y,z,angle);
```

其中，参数 x、y、z 的值可以为 0 或 1，当要使元素沿着某个轴旋转时，就将该轴对应参数的值设置为 1，否则为 0。angle 为要旋转的角度，单位为 deg。

以代码 8-11 为模板，对鼠标指针经过样式代码进行修改，如代码 8-15 所示。

代码 8-15

```
transform:rotate3d(1,1,0,60deg);
```

运行代码以后，鼠标指针指向红色区域时的
效果如图 8-9 所示。

4. perspective 属性

perspective 属性用于激活一个三维空间，可
以实现良好的三维透视效果。perspective 属性对
于三维变形来说至关重要，该属性会设置查看者

图 8-9　鼠标指针指向红色区域时的效果（4）

的位置。对于 perspective 属性，可以简单将其理解为视距，用来设置用户和元素三维空间 z
平面之间的距离。而其效果应由它的值来决定，值越小，用户与三维空间 z 平面距离越近，视
觉效果越令人印象深刻；反之，值越大，用户与三维空间 z 平面距离越远，视觉效果就越不明
显。其基本语法格式如代码 8-16 所示。

代码 8-16

```
perspective:参数值;
```

一般 perspective 属性用于父元素，其子元素会获得透明效果。其中，参数值一般单位为
px，取值情况如下。

● 取值为 none 或不设置，则不激活三维空间。
● 取值越小，三维效果越明显，建议取值为元素的宽度。

基于代码 8-11，红色区域在进行旋转时产生的三维透视效果并不明显。下面以代码 8-17
为例，演示 perspective 属性的应用。

代码 8-17

```
<!DOCTYPE html>
<html>
    <head>
        <meta charset="UTF-8">
        <title></title>
        <style type="text/css">
            .div1{
                perspective:300px;
            }
            .div2{
                margin:100px auto;
                width:300px;
                height:200px;
                background-color:red;
            }
            .div2:hover{
                transform:rotateY(60deg);
            }
        </style>
    </head>
```

```
    <body>
        <div class="div1">
            <div class="div2"></div>
        </div>
    </body>
</html>
```

运行上述代码以后，页面将显示一个红色区域，默认效果如图 8-10 所示；当鼠标指针指向红色区域时，将围绕 y 轴显示 60deg 的透视旋转效果。perspective 属性取值越大，三维透视效果越不明显。鼠标指针指向红色区域时的效果如图 8-11 所示。

图 8-10　默认效果（3）　　　　　图 8-11　鼠标指针指向红色区域时的效果（5）

5. perspective-origin 属性

perspective-origin 属性用于定义用户相对于显示元素的位置，即用该属性来定义视线消失的位置。perspective-origin 属性的基本语法格式如代码 8-18 所示。

代码 8-18

```
perspective-origin:(x,y);
```

当为元素定义 perspective-origin 属性时，其子元素会获得透视效果，而不是元素本身获得。其参数可以是像素值，也可以是百分比，还可以是 left、center、right、bottom 等。perspective-origin 属性的默认值是元素的中心位置，每一个元素看起来都是对称的。

该属性通常与 perspective 属性配合使用，而且只影响三维变形。

注意

下面以代码 8-19、代码 8-20 为例来演示 perspective-origin 属性的应用。

代码 8-19

```
<!DOCTYPE html>
<html>
    <head>
        <meta charset="utf-8">
        <style>
            #div{
                width:500px;
                height:500px;
                border:1px solid red;
                margin:0 auto;
                position:relative;
                perspective:300px;
```

```
            }
            #div1{
                width:300px;
                height:300px;
                background:red;
                position:absolute;
                top:100px;
                left:100px;
            }
            #div1:hover{
                transform:rotateX(60deg);
                transition:all 1s ease;
            }
        </style>
    </head>
    <body>
        <div id="div">
            <div id="div1"></div>
        </div>
    </body>
</html>
```

运行上述代码以后，默认效果如图 8-12 所示。当鼠标指针指向红色区域时的效果如图 8-13 所示。

图 8-12 默认效果（4）

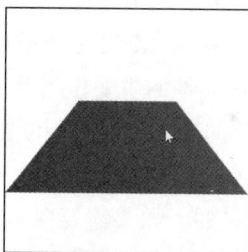

图 8-13 鼠标指针指向红色区域时的效果（6）

图 8-13 里面的三维变形效果，看起来是正对着的。在样式#div 里面增加 perspective-origin 属性，如代码 8-20 所示。运行代码以后，当鼠标指针指向红色区域时，显示效果发生改变，如图 8-14 所示。

代码 8-20

```
#div{
    width:500px;
    height:500px;
    border:1px solid red;
    margin:0 auto;
    position:relative;
    perspective:300px;
    /*增加代码*/
    perspective-origin:0 0;
}
```

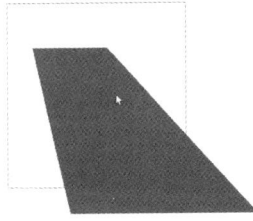

图 8-14 鼠标指针指向红色区域时的效果（7）

6. transform-origin 属性

变形操作以元素的中心点为基准进行，如果需要改变元素的中心点，可以使用 transform-origin 属性来实现。其语法格式如代码 8-21 所示。

代码 8-21

```
transform-origin:(x,y,z);
```

transform-origin 属性的这 3 个参数的默认值分别为 50%、50%、0，各个参数的取值情况如下。

● x：用于定义视图被置于 x 轴的何处，属性值可以是百分比、像素值等具体数值，也可以设置为 left、center、right 等。

● y：用于定义视图被置于 y 轴的何处，属性值可以是百分比、像素值等具体数值，也可以设置为 top、center、bottom 等。

● z：用于定义视图被置于 z 轴的何处，属性值一般设置为像素值。

transform-origin 属性的主要作用就是在使用 transform 实现的动作之前可以改变元素的基准位置，元素默认的基点是其中心位置。如果在没有使用 transform-origin 属性改变元素基点位置的情况下，使用 transform 属性实现的旋转、平移、倾斜、缩放等操作都是以元素自己的中心位置为基点的。如果需要以不同的位置为基点对元素进行这些操作，就可以使用 transform-origin 属性来对元素进行基点位置的改变。

在代码 8-19 的基础上增加 transform-origin 属性，如代码 8-22 所示，元素将以其顶端为基点围绕 x 轴进行 60deg 的旋转。由于三维透视效果比较明显，所以修改 perspective 属性的值，鼠标指针指向红色区域时的效果如图 8-15 所示。

代码 8-22

```
#div{
    width:500px;
    height:500px;
    border:1px solid red;
    margin:0 auto;
    position:relative;
    /*修改 perspective 属性的值*/
    perspective:500px;
    perspective-origin:0 0;
}
#div1{
```

```
    width:300px;
    height:300px;
    background:red;
    position:absolute;
    top:100px;
    left:100px;
    /*增加 transform-origin 属性*/
    transform-origin:top;
}
```

图 8-15 鼠标指针指向红色区域时的效果（8）

7. transform-style 属性

transform-style 属性用于规定如何在三维空间中呈现元素内嵌套的子元素，其语法格式如代码 8-23 所示。

代码 8-23

```
transform-style: flat|preserve-3d;
```

transform-style 属性的默认值为 flat，表示该元素所有的子元素都将会呈现在该元素所在的二维平面中，不论是沿着 x 轴或是 y 轴方向旋转，该元素都将会导致位于正或负方向 z 轴位置的子元素显示在该元素所在的平面上；当 transform-style 属性的值为 preserve-3d 时，表示元素的所有子元素在三维空间中呈现，不执行平展操作。

transform-style 属性需要设置在父元素中，并且高于任何嵌套的变形元素，下面以代码 8-24 为例来演示一下 transform-style 属性的用法。

代码 8-24

```
<!DOCTYPE html>
<html lang="en">
  <head>
    <meta charset="UTF-8">
    <title>3d</title>
    <style>
    .div1{
        width:400px;
        height:400px;
        border:2px solid #000;
        background-color:red;
        margin:50px auto;
        transform:rotateY(60deg);
        transform-style: preserve-3d;
    }
```

```
    .div2{
        width:300px;
        height:400px;
        margin:50px auto;
        background-color:gray;
        transform:rotateX(30deg);
    }
  </style>
 </head>
 <body>
  <div class="div1">
    <div class="div2"></div>
  </div>
 </body>
</html>
```

上述代码运行以后，页面效果如图 8-16 所示。

图 8-16　页面效果（5）

创建网页导航条

【任务实现】

1. 效果示例

本任务将完成网页中常见的导航栏页面，当鼠标指针指向菜单项时，菜单项将向右下方平移，导航栏页面的效果如图 8-17 所示。

2. 分析页面效果

导航栏页面的结构如图 8-18 所示。

图 8-17　导航栏页面的效果

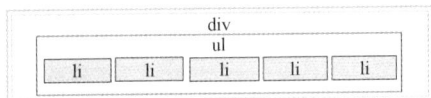

图 8-18　导航栏页面的结构

经过对页面效果的分析，该页面的具体实现过程分析如下。

（1）导航栏页面的结构可采取一个大盒子进行整体控制。

（2）列表项的整体控制，可采用<ul>标签实现，并对<ul>标签设置弹性布局属性以呈现横向排列效果，居中显示。

（3）各个列表项采用<li>标签实现，并对<li>标签设置背景颜色、宽度、行高、圆角边框效果、字号等属性。

（4）设置超链接的显示效果，文字颜色为白色。

（5）使用 CSS 伪类设置鼠标指针指向超链接的显示效果，并应用 transform 属性的translate()方法实现菜单的平移效果。

3. 搭建页面结构

根据前面的分析，可以使用相应的 HTML 标签来搭建页面结构，如代码 8-25 所示。

代码 8-25

```
<!DOCTYPE html>
<html>
    <head>
        <meta charset="UTF-8">
        <title>导航栏</title>
    </head>
    <body>
        <div>
            <ul>
                <li><a href="#">首页</a></li>
                <li><a href="#">素材</a></li>
                <li><a href="#">案例</a></li>
                <li><a href="#">拓展</a></li>
                <li><a href="#">关于我们</a></li>
            </ul>
        </div>
    </body>
</html>
```

在上述的 HTML 代码中, 利用无序列表创建带有链接功能的导航栏, 将各个列表项设置为空链接。

4. 定义页面 CSS 样式

（1）定义基础样式

首先, 定义页面统一样式的 CSS 代码, 用于清除无序列表的样式, 重置浏览器的默认样式, 具体如代码 8-26 所示。

代码 8-26

```
body,ul,li{
    padding: 0;
    margin: 0;
    list-style:none;
}
```

（2）控制整体列表样式

观察图 8-17 发现, 导航栏上方留有一定的空白, 可以通过设置外边距来实现, 并且可以通过设置弹性布局实现横向排列效果, 具体如代码 8-27 所示。

代码 8-27

```
ul{
    margin-top:20px;
    display:flex;
    justify-content:center;
}
```

（3）控制列表项样式

对于列表项, 需要控制其宽度、字号、对齐方式、圆角边框等, 具体如代码 8-28 所示。

代码 8-28

```
ul li{
    width:220px;
    line-height:55px;
    background:rgba(212,133,5,0.7);
    border-radius:7px;
    font-size:25px;
    margin-left:4px;
}
```

（4）控制超链接样式

超链接在默认状态下有下画线，并有默认的超链接颜色，可以设置其默认的显示状态。当鼠标指针指向菜单项时，有背景颜色的改变。超链接是行内元素，无法设置其宽度和高度，所以需要更改其类型。另外，鼠标指针指向超链接时的效果，可以使用 CSS 伪类来控制，具体如代码 8-29 所示。

代码 8-29

```
li a{
    display:block;
    text-decoration:none;
    color:#fff;
    text-align:center;
    height:55px;
}
a:hover{
    background:rgba(212,68,6,0.9);      /*鼠标指针指向超链接，菜单项背景颜色改变*/
    border-radius:7px;
    transform:translate(5px,9px);
}
```

在上述代码中，使用 transform 属性的 translate()方法可以轻松实现导航栏的平移效果。当然，不仅可以实现导航栏的平移效果，还可以实现缩放、倾斜、旋转等效果，大家可以一一尝试。

任务 8.2　设计爱心照片墙

【任务目标】

设计爱心照片墙

知识目标

● 熟悉过渡动画的语法格式及功能。
● 掌握过渡动画的属性设置。

188

能力目标

- 能够灵活进行过渡动画的属性设置。
- 能够制作页面中的过渡动画效果。

素质目标

- 学习页面中过渡动画效果的制作方法，培养追求卓越、精益求精的工匠精神、创意思维以及对所学知识灵活应用的能力。

【导学知识】

8.2.1 认识过渡

前面介绍了使用 transform 属性实现的变形效果，然而，transform 主要描述的是元素的静态样式或瞬时变化，其效果看起来不够平滑。例如，在任务 8.1 完成的导航栏中，鼠标悬停在菜单项上时变形速度过快。那么，如何让这种变化更自然呢？

CSS3 提供了过渡属性，它允许元素在不依赖 Flash 动画或 JavaScript 的情况下，在样式变化时控制持续时间、速度曲线等，使变化过程展现渐隐、渐显或渐缓、渐快等平滑的过渡效果。将 transform 和 transition 结合使用，就能让元素的变形过渡效果更加自然流畅。

8.2.2 过渡属性的使用

CSS3 提供了四个独立的过渡单属性：transition-property、transition-duration、transition-timing-function 和 transition-delay。此外，还有一个复合属性 transition，它允许开发者在一个声明中同时设置这四个属性。为了代码简洁，实际应用时通常会将多个过渡属性简写为 transition 复合属性，其语法格式如代码 8-30 所示。

代码 8-30

```
transition:property1 duration1 timing-function1 delay1[,property2 duration2
timing-function2 delay2,...,propertyn durationn timing-functionn delayn];
```

transition 复合属性可以同时定义多个过渡效果，例如，同时设置宽度和高度的过渡效果（transition:width 2s linear 1s,height 2s linear 1s;），多个过渡效果之间用逗号分隔，而每个过渡效果的属性值（如 width 2s linear 1s）则由 transition-property（指定应用过渡动画的 CSS 属性名称）、transition-duration（指定完成过渡所需的时间，默认是 0）、transition-timing-function（指定过渡函数，默认是 ease）和 transition-delay（指定开始出现过渡动画的延迟时间，默认是 0）4 个单属性值以空格分隔顺序组成。下面将详细介绍这四个单属性。

1. transition-property 属性

transition-property 属性用于设置对 HTML 元素的哪个 CSS 属性进行平滑渐变处理，其基本语法格式如代码 8-31 所示。

代码 8-31

```
transition-property: none|all|property;
```

transition-property 属性常用的取值如表 8-1 所示。

表 8-1 transition-property 属性常用的属性值

属性值	描述
none	所有属性没有过渡效果
all	所有属性都将应用过渡效果
property	设置指定应用过渡效果的 CSS 属性名称列表，多个名称需要以逗号分隔

2. transition-duration 属性

transition-duration 属性用来设置一个属性过渡到另一个属性所需的时间，即持续时间，常用单位为秒（s）或者毫秒（ms），其基本语法格式如代码 8-32 所示。

代码 8-32

```
transition-duration: time;
```

一个简单的过渡动画只要包括 transition-property 属性和 transition-duration 属性就可以了，transition-timing-function 属性和 transition-delay 属性是可选属性，使用它们能给过渡动画锦上添花。

3. transition-timing-function 属性

transition-timing-function 属性用来设置过渡动画的速度曲线。给过渡动画添加 transition-timing-function 属性，能够设置动画的快慢，其基本语法格式如代码 8-33 所示。

代码 8-33

```
transition-timing-function: linear|ease|ease-in|ease-out|ease-in-out|
cubic-bezier(n,n,n,n)
```

transition-timing-function 属性常用的属性值如表 8-2 所示。

表 8-2 transition-timing-function 属性常用的属性值

属性值	描述
linear	动画以相同速度从开始至结束
ease	默认值，动画以低速开始，然后加速，在结束前变慢
ease-in	动画以低速开始
ease-out	动画以低速结束
ease-in-out	动画以低速开始和结束
cubic-bezier(n,n,n,n)	定义一个三次贝塞尔曲线来作为过渡动画的时间函数，n 取值为 0～1

4. transition-delay 属性

transition-delay 属性和 transition-duration 属性极其类似，不同的是 transition-duration 属性是用来设置过渡动画的持续时间的，而 transition-delay 属性主要用来指定一个过渡动画的开始时间，也就是说改变元素属性值后多长时间开始执行动画。transition-delay 属性的默认值为 0，常用单位是秒（s）或者毫秒（ms），时间值可以为正值、负值或者 0，具体分析如下。

- 正值：过渡动画不会立即触发，设置的时间过了以后才会触发。
- 负值：会从该时间点开始显示元素的过渡效果，之前的动作会被截断。
- 0：默认值，表示元素的过渡效果会立即执行。

【任务实现】

1. 效果示例

本任务将完成爱心照片墙，爱心照片墙如图 8-19 所示。网页中的照片经过变形后呈爱心状排列，当鼠标指针指向照片时，照片呈现放大旋转效果。

2. 分析页面效果

经过前面导学知识的学习，下面开始分析任务的实现过程。如图 8-20 所示，页面整体分为两部分：标题和照片墙。标题部分居中显示。照片墙整体呈爱心状，总共 9 张照片，各张照片均有白色边框，并且有倾斜变形效果。当鼠标指针指向某一张照片时，照片呈现放大旋转效果，并摆正显示。当鼠标指针移到下面被遮挡的照片上时，下面的照片能够显示在最上层。

图 8-19 爱心照片墙

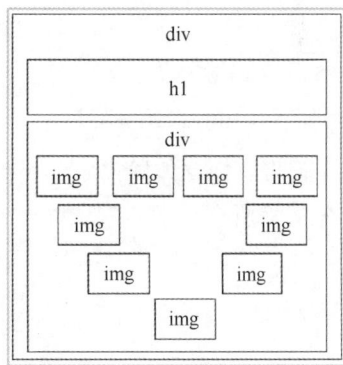

图 8-20 爱心照片墙结构

该页面实现的具体分析如下。

（1）由于页面整体分为标题和照片墙两部分，并且都是居中展示，所以使用一个大盒子整体控制页面的展示效果，并居中显示。

（2）标题采用<h1>标签，设置字号及居中显示效果。

（3）照片墙通过一个盒子控制整体布局，设置宽度、高度、对齐方式，采用相对定位。

（4）设置样式整体控制每张照片均为绝对定位，设置内边距、背景颜色、边框等属性。

（5）为每张照片设置边偏移量、旋转效果。

（6）设置鼠标指针指向照片的链接样式，设置照片的放大、旋转、过渡等效果。

3. 搭建页面结构

根据前面的分析，使用 HTML 标签搭建页面结构，具体如代码 8-34 所示。

代码 8-34

```html
<!DOCTYPE html>
<html>
 <head>
   <meta charset="UTF-8">
   <title>爱心照片墙</title>
 </head>
 <body>
   <div class="main">
     <h1>爱心照片墙</h1>
     <div class="container">
      <img class="pic1" src="img/00.jpg" height="150" width="150" alt="">
      <img class="pic2" src="img/01.jpg" height="150" width="150" alt="">
      <img class="pic3" src="img/02.jpg" height="150" width="150" alt="">
      <img class="pic4" src="img/03.jpg" height="150" width="150" alt="">
      <img class="pic5" src="img/04.jpg" height="150" width="150" alt="">
      <img class="pic6" src="img/05.jpg" height="150" width="150" alt="">
      <img class="pic7" src="img/06.jpg" height="150" width="150" alt="">
      <img class="pic8" src="img/07.jpg" height="150" width="150" alt="">
      <img class="pic9" src="img/08.jpg" height="150" width="150" alt="">
     </div>
   </div>
 </body>
</html>
```

4. 定义页面 CSS 样式

（1）设置页面整体样式

首先清除所有元素的默认内、外边距样式，并设置页面的整体样式，具体如代码 8-35 所示。

代码 8-35

```css
*{margin:0; padding:0;}
body {
    background-color: #eee;
}
.main{
    margin: 50px auto;
}
```

（2）设置标题部分

标题部分可以通过<h1>标签来设置字号，并居中显示，具体如代码 8-36 所示。

代码 8-36

```
h1 {
    font-size:55px;
    text-align: center;
}
```

（3）控制整体照片墙布局

使用一个盒子（container）控制整个照片墙的宽度、高度以及居中对齐方式，将盒子设置为相对定位，具体如代码 8-37 所示。

代码 8-37

```
.container {
    position:relative;
    width:1000px;
    height:700px;
    margin:50px auto;
}
```

（4）控制整体照片样式

为每张照片设置边框、背景颜色、内边距效果，并设置为绝对定位，如代码 8-38 所示。

代码 8-38

```
img {
    position: absolute;
    padding:20px 20px 25px;
    background-color: #fff;
    border:1px solid #ddd;
    box-shadow: 3px 3px 3px #ccc;
}
```

（5）控制单张照片样式

为每张照片设置边偏移量，并设置旋转变形效果以及标签的层叠顺序，如代码 8-39 所示。

代码 8-39

```
.pic1 {
    left:40px;
    top:30px;
    transform:rotate(30deg);
    z-index: 1;
}
.pic2 {
    left:280px;
    top:80px;
    transform:rotate(-30deg);
    z-index: 1;
}
.pic3 {
    left:481px;
    top:80px;
    transform:rotate(30deg);
```

```
    z-index: 1;
}
.pic4 {
    left:710px;
    top:30px;
    transform:rotate(-30deg);
    z-index: 1;
}
.pic5 {
    left:84px;
    top:210px;
    transform:rotate(-40deg);
    z-index: 1;
}
.pic6 {
    left:204px;
    top:380px;
    transform:rotate(-40deg);
    z-index: 1;
}
.pic7 {
    left:390px;
    top:500px;
    transform:rotate(40deg);
    z-index: 1;
}
.pic8 {
    left:580px;
    top:380px;
    transform:rotate(40deg);
    z-index: 1;
}
.pic9 {
    left:680px;
    top:210px;
    transform:rotate(40deg);
    z-index: 1;
}
```

（6）控制超链接样式

由于鼠标指针指向照片时,照片呈现放大旋转效果,并在最上层展示,所以可使用 z-index 属性设置标签的层叠顺序。可设置旋转度数为负数,使照片反方向旋转,并使用 transition 属性设置动画的过渡效果,具体如代码 8-40 所示。

代码 8-40

```
img:hover {
    cursor: pointer;
    transform:rotate(0deg);
    transform:scale(1.5);
    transition:all 0.8s;
    box-shadow: 6px 6px 6px #656565;
```

```
    z-index:2;
}
```

【任务拓展】

根据前面的导学知识以及完成的任务，完成以下任务拓展以进行知识巩固。当鼠标指针指向某张照片时，照片上弹出文字信息层。任务拓展的效果如图 8-21 所示。

图 8-21 任务拓展的效果

任务 8.3 制作游乐场摩天轮动画效果

AIGC 实战演练

用 AI 生成游乐场
摩天轮动画

【任务目标】

知识目标

- 理解 animation 动画的实现原理。
- 掌握不同动画场景的设置方法，以及 animation 属性的不同属性值呈现的动画效果。

能力目标

- 能够设置多种动画场景。
- 具备设置 animation 属性不同属性值以实现丰富动画效果的能力。

素质目标

- 学习不同动画场景的设置方法，培养构思独特视觉元素的创造力与想象力，提高对色彩、构图、光影等艺术元素的感知和鉴赏能力。

【导学知识】

8.3.1　animation 动画

CSS3 动画效果由三大部分组成：转换、过渡和动画。转换和过渡效果只能完成一些简单的动画效果，不能对动画的某个过程进行精细控制，CSS3 中"真正"的动画效果由 animation 属性来实现。transition 属性是通过设置初始和结束两个状态之间的平滑过渡实现简单动画效果的，而 animation 属性则可以通过关键帧@keyframes 规则定义多个关键帧及定义每个关键帧中元素的属性值来实现复杂的动画效果。

animation 动画需要使用@keyframes 规则将动画的过程抽象出来，然后将其关联到指定元素的 animation 属性。因此，animation 动画的实现需要两个步骤，设置@keyframes 规则的关键帧和调用动画。

8.3.2　@keyframes 规则

@keyframes 规则是用于定义关键帧动画序列的一种规则。使用@keyframes 规则可以制作各种各样复杂的动画效果。animation 属性需要和@keyframes 规则一起使用才能实现动画，@keyframes 规则的语法格式如代码 8-41 所示。

代码 8-41

```
@keyframes animation-name {
    keyframes-selector {css-styles;}
}
```

上述语法格式中各个参数具体含义如下。

● animation-name：表示动画的名称，是动画调用时的唯一标识，不能为空。

● keyframes-selector：表示动画持续时间的百分比，是必需的。其值可以用 from…to 格式来设置，具体如代码 8-42 所示。

● css-styles：用于设置一个或多个合法的 CSS 样式属性，是必需的。

代码 8-42

```
@keyframes animationname{
  from{
    ...
  }
  to{
    ...
  }
}
```

其中，from 部分（和 0%相同）表示动画开始之前的样式，to 部分（和 100%相同）表示动画结束之后的样式。也可以将 keyframes-selector 设置成百分比，如代码 8-43 所示。

代码 8-43

```
@keyframes animationname {
  0%{
    ...
  }
  50%{
    ...
  }
  100%{
    ...
  }
}
```

其中，0%和100%是必需的，0%表示动画开始之前的样式，50%表示动画进行一半时的样式，100%表示动画结束后的样式。在具体应用时可以增加百分比，以设置出更精细的动画效果。

8.3.3 animation 属性

@keyframes 规则只是定义了动画，需要使用 animation 属性来调用动画，否则没有任何动画效果。animation 属性也是一个复合属性，主要包括 animation-name、animation-duration、animation-timing-function、animation-delay、animation-iteration-count、animation-direction、animation-fill-mode、animation-play-state 等多个属性。在实际应用中是可以将多个属性简写在一起的，其基本语法格式如代码 8-44 所示。

代码 8-44

```
animation: animation-name animation-duration animation-timing-function
animation-delay animation-iteration-count animation-direction
animation-fill-mode animation-play-state;
```

上述语法格式中设置的各个属性的说明如下。

1. animation-name 属性

animation-name 属性用于指定一个@keyframes 规则的名称，该名称将会被@keyframes 规则定义引用，其基本语法格式如代码 8-45 所示。

代码 8-45

```
animation-name: keyframesname|none;
```

2. animation-duration 属性

animation-duration 属性用于定义整个动画需要的时长，即动画的持续时间，其基本语法格式如代码 8-46 所示。

代码 8-46

```
animation-duration: time;
```

该属性默认值为 0，表示没有动画效果；时间单位一般为秒（s）或者毫秒（ms）。

3．animation-timing-function 属性

animation-timing-function 属性用于控制动画进行中的速度，即动画的运动形式，其基本语法格式如代码 8-47 所示。

代码 8-47

```
animation-timing-function: value;
```

animation-timing-function 属性的默认值是 ease，除此之外还包括 linear、ease-out 等常用属性值，与 animation-timing-function 属性的属性值类似。animation-timing-function 属性的常用属性值如表 8-3 所示。

表 8-3　animation-timing-function 属性的常用属性值

属性值	描述
linear	动画以恒定速度开始至结束
ease	默认值，动画以低速开始，然后加速，在结束前变慢
ease-in	动画以低速开始
ease-out	动画以低速结束
ease-in-out	动画以低速开始和结束
cubic-bezier(n,n,n,n)	定义一个三次贝塞尔曲线来作为过渡动画的时间函数，n 取值为 0~1

4．animation-delay 属性

animation-delay 属性用于定义动画的延迟时间，其基本语法格式如代码 8-48 所示。

代码 8-48

```
animation-delay:time;
```

其中参数 time 用于设置动画开始前的等待时间，默认值为 0，单位是 s。

其中，normal 为默认值，如果将属性值设置为 normal，动画的每次循环都是向前播放的；如果将属性值设置为 alternate，表示动画在偶数次向前播放，在奇数次向反方向播放。

5．animation-direction 属性

animation-direction 属性用于定义动画重复执行时的播放方向，其基本语法格式如代码 8-49 所示。

代码 8-49

```
animation-direction: normal|altername;
```

6．animation-iteration-count 属性

animation-iteration-count 属性用于设置动画循环播放次数，其基本语法格式如代码 8-50 所示。

代码 8-50

```
animation-iteration-count: number|infinite;
```

在上述语法格式中，默认属性值为 1。number 用于设置动画具体的播放次数，infinite 用于指定动画循环播放。

7. animation-fill-mode 属性

animation-fill-mode 属性用于设置动画播放前后的状态，比如，可以让动画执行完成后停留在最后一幕，或者恢复到初始状态，其基本语法格式如代码 8-51 所示。

代码 8-51

```
animation-fill-mode: none|forwards|backwards|both;
```

- none：默认值，元素动画样式不改变。
- forwards：动画完成后，元素会保持动画最后一个关键帧的样式。
- backwards：动画开始前，元素会应用动画第一个关键帧的样式。
- both：动画开始前应用第一个关键帧样式，结束后应用最后一个关键帧样式。

8. animation-play-state 属性

animation-play-state 属性用于控制动画的播放状态，其基本语法格式如代码 8-52 所示。

代码 8-52

```
animation-play-state: paused|running;
```

语法格式中的参数值 running 是其默认值，可以通过设置参数值为 paused 将正在播放的动画停下来。

制作游乐场摩天轮
动画效果

【任务实现】

1. 效果示例

每个人都有一个梦想中的游乐场，游乐场中有摩天轮、旋转木马、过山车、城堡等。本任务将完成游乐园中的游乐场摩天轮动画效果页面。页面中摩天轮及卡通小人均顺时针旋转，摩天轮动画效果如图 8-22 所示。

图 8-22 游乐场摩天轮动画效果页面

2．分析页面效果

经过对前面导学知识的学习，大家已经具备了任务实现的知识基础，下面开始分析任务的实现过程。页面为游乐场背景，3 个卡通小人定位在摩天轮上。游乐场摩天轮动画效果页面的结构如图 8-23 所示。

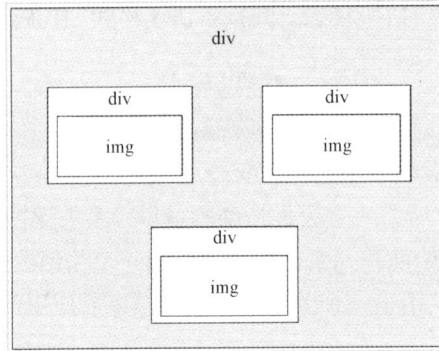

图 8-23　游乐场摩天轮动画效果页面的结构

该项目实现的具体过程分析如下。

（1）使用为<body>标签设置页面的游乐场背景，并设置背景图像的显示位置。

（2）使用一个盒子定位摩天轮的位置，为其设置摩天轮背景图像，设置背景图像的位置，设置相对定位。

（3）使用盒子定位每个卡通小人的位置，为盒子统一设置绝对定位、宽度、高度；并为每个盒子设置边偏移量，设置卡通小人背景图像。

（4）使用@keyframes 规则设置摩天轮的动画场景，使摩天轮旋转 360°，并在摩天轮样式中使用 animation 属性应用动画场景；由于卡通小人也会跟着摩天轮旋转，同样需要使用@keyframes 规则为卡通小人设置动画场景，并使卡通小人反方向旋转 360°，使用 animation 属性应用动画场景。

3．搭建页面结构

根据前面的分析，使用 HTML 标签来搭建页面结构，具体如代码 8-53 所示。

代码 8-53

```
<!DOCTYPE html>
<html>
    <head>
        <meta charset="utf-8">
        <title>摩天轮</title>
    </head>
    <body>
        <div class="ferriswheel">
            <div class="pic1"></div>
            <div class="pic2"></div>
            <div class="pic3"></div>
```

```
        </div>
    </body>
</html>
```

4. 定义页面 CSS 样式

搭建了页面结构以后，接下来开始为页面添加 CSS 样式。

（1）设置页面背景样式

设置页面的游乐场背景样式，查看背景图像的属性尺寸，设置背景图像的大小，并设置背景图像为溢出隐藏，具体如代码 8-54 所示。

代码 8-54

```
body{
    margin: 0;
    background-image: url(img/bg.png);
    background-size: cover;
    overflow: hidden;
}
```

（2）设置摩天轮样式

使用一个盒子控制卡通小人显示的位置，为盒子设置摩天轮背景图像，将摩天轮设置相对定位，具体如代码 8-55 所示。

代码 8-55

```
.ferriswheel{
    position: relative;
    width:708px;
    height:708px;
    background-image: url(img/fsw.png);
    margin:33px auto 0 450px;
    background-size: cover;
}
```

（3）设置卡通小人的统一样式

使用盒子控制卡通小人的位置，为卡通小人统一设置绝对定位，设置宽度、高度，具体如代码 8-56 所示。

代码 8-56

```
.pic1,.pic2,.pic3{
    position: absolute;
    width:130px;
    height:170px;
}
```

（4）设置卡通小人样式

为每个盒子设置边偏移量，控制其显示位置，具体如代码 8-57 所示。

代码 8-57

```
.pic1{
```

201

```
    top: 249px;
    left:-22px;
    background-image:url(img/boy.png);
}
.pic2{
    left:285px;
    top:590px;
    background-image:url(img/girl.png);
}
.pic3{
    left:610px;
    top:249px;
    background-image:url(img/girl1.png);
}
```

（5）创建动画场景

动画效果的添加主要分为两个步骤，创建动画场景和调用动画。下面开始分别为摩天轮和卡通小人创建动画场景，使用 transform 属性的 rotate()方法为其实现 360deg 的旋转效果，具体如代码 8-58 所示。

代码 8-58

```
@keyframes change{
    from{
        transform: rotate(0deg);
    }
    to{
        transform: rotate(360deg);
    }
}
@keyframes change1{
    from{
        transform: rotate(0deg);
    }
    to{
        transform: rotate(-360deg);
    }
}
```

（6）调用动画

创建动画场景以后，还需要使用 animation 属性来调用动画，才能有动画效果，所以需要为摩天轮和卡通小人添加 animation 属性，具体如代码 8-59 所示。

代码 8-59

```
.ferriswheel{
    animation: change 10s infinite linear;
}
.pic1,.pic2,.pic3{
    animation: change1 10s infinite linear;
}
```

项目总结

本项目已经完成了，希望大家主要掌握以下知识点，熟练运用所学动画知识做出网页中的酷炫动画效果。

- 常见二维变形、三维变形效果的制作。
- 过渡属性的使用。
- 变形、过渡属性的综合应用。
- 变形、场景动画的综合应用。

代码与人生

以严谨精神贯穿开发全流程

在本项目中，大家深入掌握了 transform、transition、animation 属性的应用，通过项目任务明晰了运用变形、过渡与动画多种技术融合打造网页酷炫动画效果的方法。在 AI 驱动的开发时代，Web 前端的卓越，源于对代码品质的极致追求与专业坚守。

"天下大事，必作于细"。华为在通信领域的成功离不开技术研发时对细节的极致追求。中国制造惊艳世界，高品质国货背后是大国工匠秉持严谨精神创新突破。学习 Web 前端开发，要将严谨精神内化于心，不忽视代码细微漏洞，持续优化每个细节，在人机协作中保持专业判断，力求为用户带来流畅、优质的浏览体验，让页面展示与交互尽显卓越品质。

练习测试

一、单选题（每小题 4 分，共 20 分）

1. 以下关于 translate()方法的说法正确的是（　　　）。
   A. 设定元素从当前位置移动至指定位置
   B. 设定元素顺时针旋转指定的角度，负值表示逆时针旋转
   C. 设定元素放大或缩小
   D. 设定元素翻转指定的角度

2. 利用三维转换属性，让某个元素在三维空间中显示，以下语句正确的是（　　　）。
   A. transform-style: flat;　　　　　　B. transform-style: preserve-3d;
   C. transform-style: none;　　　　　　D. transform-style: 0;

3. 以下关于 CSS3 过渡的说法正确的是（　　）。

   A. CSS3 过渡是元素从一种样式逐渐改变为另一种样式的效果

   B. CSS3 过渡是元素从一种样式直接改变为另一种样式的效果

   C. CSS3 过渡用来改变整个页面的样式

   D. CSS3 过渡和 CSS3 动画是一样的

4. 以下哪个不是 CSS3 过渡属性 transition-property 的属性值？（　　）

   A. none：没有属性会获得过渡效果

   B. all：所有属性都将获得过渡效果

   C. property：定义应用过渡效果的 CSS 属性名称列表，列表以逗号分隔

   D. 0：没有属性会获得过渡效果

5. 以下选项中，哪个代表动画完成一个周期所花费的时间？（　　）

   A. animation-duration
           B. animation-timing-function

   C. animation-delay
              D. animation-name

二、多选题（每小题 4 分，共 20 分）

1. 下列选项中，属于 transition-property 属性中属性值的有（　　）。

   A. none   B. all   C. both   D. property

2. 下列选项中，属于 transition-timing-function 属性中属性值的有（　　）。

   A. linear   B. ease

   C. ease-in   D. cubic-bezier(*n*,*n*,*n*,*n*)

3. 关于 transition 属性的描述，下列说法正确的是（　　）。

   A. transition 属性是一个复合属性

   B. 设置多个过渡效果时，各个参数必须按照顺序定义

   C. 设置多个过渡效果时，各个参数不必按照顺序定义

   D. 设置多个过渡效果时，各个参数用逗号分隔

4. 关于@keyframes 规则中参数的描述，下列说法正确的是（　　）。

   A. animationname 表示当前动画的名称，是引用时的唯一标识

   B. keyframes-selector 用于指定当前@keyframes 规则要应用到整个动画过程中的位置

   C. keyframes-selector 的值可以是百分比、from 或者 to

   D. css-styles 定义执行到当前@keyframes 规则时对应的动画状态

5. 以下属于 animation 属性的是（　　）。

   A. animation-name

   B. animation-duration

   C. animation-iteration-count

   D. animation-direction

三、判断题（每小题 4 分，共 20 分）

1. transition-timing-function 属性规定过渡效果中速度的变化。（   ）
2. animation-name 属性用于定义要应用的动画的名称。（   ）
3. transition-delay 属性的属性值只能为正整数。（   ）
4. transform 属性可以实现网页中元素的变形效果。（   ）
5. perspective 属性的透视效果由属性值决定，属性值越大，透视效果越突出。（   ）

四、实操题（每小题 20 分，共 40 分）

1. 利用 CSS3 的三维变形制作如图 8-24 所示的立方体效果，具体要求如下。
（1）设置背景透明效果。
（2）使用 CSS3 中的三维位移和三维旋转实现变形效果。
（3）使用 CSS3 中的 transform-style 属性设置三维转换。
（4）使用 CSS3 中的 perspective 属性设置视距。

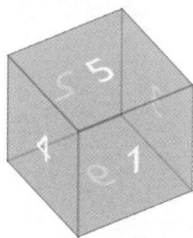

图 8-24　立方体效果

2. 利用 animation 动画制作幻灯片效果，如图 8-25 所示，具体要求如下。

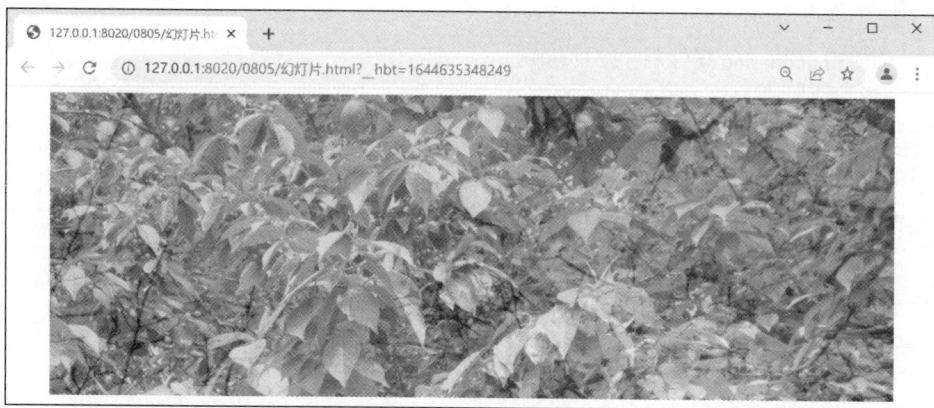

图 8-25　幻灯片效果

（1）设置背景图像的尺寸大小。
（2）设置 @keyframes 规则，设置幻灯片的切换图片。
（3）使用 animation 属性应用动画效果，并设置动画的播放时长以及播放方式。
（4）设置鼠标指针指向图片的悬停效果。

评价与考核

课程名称：Web 前端开发项目教程		授课地点：		
项目 8：制作游乐场摩天轮动画效果页面		授课教师：		授课学时：
课程性质：理实一体课程		综合评分：		
理论知识掌握情况评分（30 分）				
序号	知识考核点	自我评价	分值	得分
1	CSS3 中二维变形的使用		5	
2	CSS3 中三维变形的使用		10	
3	过渡属性的使用		5	
4	@keyframes 规则的使用		5	
5	animation 属性的使用		5	
工作任务完成情况评分（70 分）				
序号	能力操作考核点	组内评价	分值	得分
1	使用二维变形方法对元素进行平移、缩放、倾斜以及旋转的能力		10	
2	在三维空间中改变元素的位置、形状、大小的能力		10	
3	使用 transition 属性制作过渡动画的能力		10	
4	使用 animation 属性制作网页动画的能力		20	
5	程序排错的能力		10	
6	与组员协作的能力		10	
违纪扣分（-20 分）				
序号	违纪考查点	教师评价	分值	扣分
1	迟到/早退		-5	
2	睡觉		-5	
3	打游戏/玩手机		-5	
4	其他影响课堂学习的行为		-5	

项目 ⑨ 开发果果鲜水果电商 PC 端网站

项目导读

本项目主要基于 Web 前端开发技术开发水果电商类网站。在网站的开发过程中，页面的布局尤其重要。除了页面的色调、风格等会影响页面的整体美观，布局也会直接影响到页面的视觉效果。最终的项目效果如图 9-1 所示。

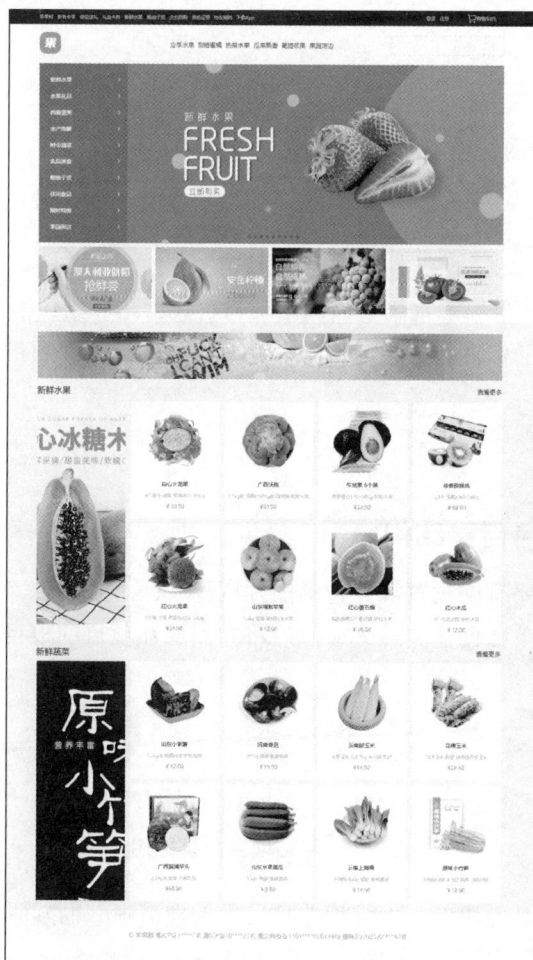

图 9-1 最终的项目效果

项目教学

任务 9.1　创建网站项目目录

【任务目标】

PC 端网站的创建
流程

知识目标

- 掌握网站项目目录的创建流程。
- 了解网站项目目录。

能力目标

- 能够完成 PC 端网站项目目录的创建。

素质目标

- 完成创建 PC 端果果鲜水果电商网站项目目录，培养组织能力、规划能力、系统化思维、遵守规则和约定的标准化意识习惯，提升对细节的敏感度和重视程度。

【导学知识】

9.1.1　分析网站项目目录结构

网站前端项目中需要有网页资源，包括图片资源、CSS 资源以及 JavaScript 资源等。应该分别为不同网络资源单独创建文件夹，然后将它们放在项目的根目录中，如图 9-2 所示。

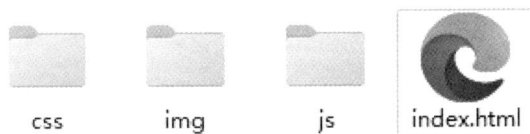

| css | img | js | index.html |

图 9-2　网站项目目录结构

这样的目录结构才是健康的，可维护并且目录条理清晰，也方便后续修改代码及资源时快速查找对应的网页资源内容。

在项目开发的开始阶段，应该先基于项目的基础结构创建对应的目录结构。

9.1.2 搭建网站项目目录结构

搭建网站项目目录结构仅需要执行新建文件夹、新建文件及文件重命名操作。

1. 新建文件夹

在计算机合适的位置单击鼠标右键，选择"新建"→"文件夹"，即可在对应的位置新建一个文件夹，需要为其起一个合适的文件夹名。

2. 新建文件

在文件夹空白处单击鼠标右键，选择"新建"→"文本文档"，即可完成新建一个文本文档的操作。新建文件后，可以对其进行文件名的修改操作，为文件修改合适的名称。

3. 文件重命名

在要修改名称的文件上单击鼠标右键，选择"重命名"，修改对应的文件名称即可完成重命名操作。重命名时要注意文件的扩展名，不同的扩展名对应不同的文件类型。一般网页使用.html 文件保存，CSS 使用.css 文件保存，JavaScript 使用.js 文件保存，可以将不同类型的文件分别放置在不同的文件夹中。

9.1.3 网页基本代码

每一个网页都应该有自己的固定的网页代码结构，这个结构是统一的，如代码 9-1 所示。

代码 9-1

```
<!DOCTYPE html>
<html lang="zh">
<head>
 <meta charset="UTF-8">
 <meta name="viewport" content="width=device-width, initial-scale=1.0">
 <meta http-equiv="X-UA-Compatible" content="ie=edge">
 <title></title>
</head>
<body>
</body>
</html>
```

内容只有写在<body>中，才能正常展示在网页上。

【任务实现】

1. 分析目录结构

网站的目录需要有 css、js、img 等多个文件夹。根据对应的操作实现文件夹的创建及文件的创建。根据图 9-2 创建对应的目录结构。

2. 创建目录

首先，在合适的位置创建一个项目文件夹，即项目的根目录。在计算机合适的位置单击鼠标右键，选择"新建"→"文件夹"，如图 9-3 所示。

将新建的文件夹命名为"果果鲜"，如图 9-4 所示。

在"果果鲜"文件夹中创建 css、js、img 这 3 个文件夹，如图 9-5 所示。

将网站的图片资源放在对应的 img 文件夹中。

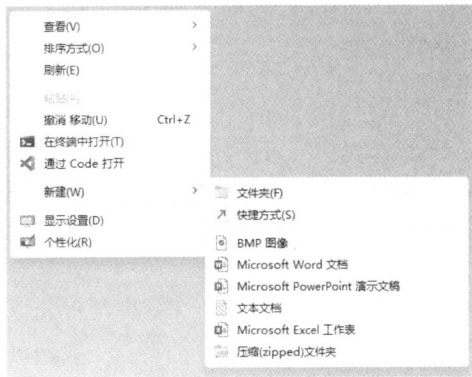

图 9-3　新建文件夹　　　　图 9-4　项目根目录　　图 9-5　静态资源文件夹

创建项目 HTML 代码文件，在项目根目录中单击鼠标右键，选择"新建"→"文本文档"，如图 9-6 所示。

将新建的文档重命名为"index.html"，如图 9-7 所示。

图 9-6　新建文本文档　　　　　　　　　　图 9-7　网站首页

至此，项目目录创建完成。

3. 在 HBuilder X 中导入创建的项目目录

在项目开发前，需要提前完成网页基本框架代码的编写，在 HTML 代码中引入对应的 CSS 资源，方便在后续项目开发中做到代码分离、低耦合。首先，使用 HBuilder X 打开项目，选择"文件"→"导入"→"从本地目录导入"，如图 9-8 所示。

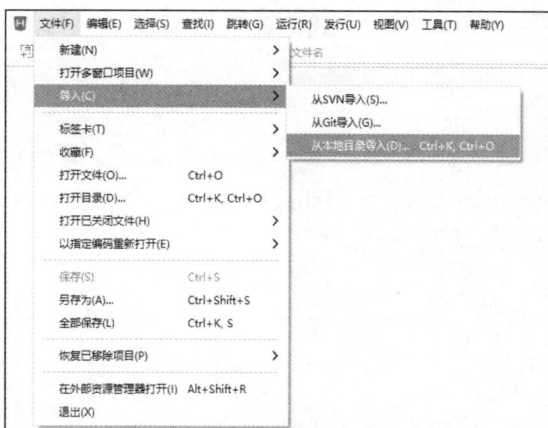

图 9-8 导入项目

选择创建好的项目目录"果果鲜",单击"选择文件夹"按钮,如图 9-9 所示。

图 9-9 打开项目

项目导入后,可以在编辑软件 HBuilder X 中看到项目目录中的结构,包含 css、img、js 以及 index.html,如图 9-10 所示。

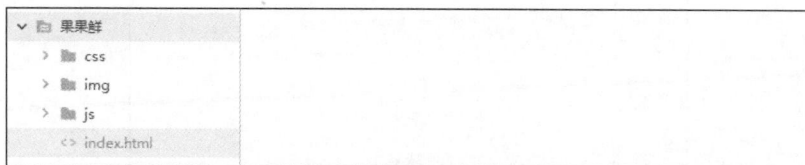

图 9-10 项目打开后的展示

4.编写网页基本框架代码

打开 index.html 文件,输入英文"!",按"Tab"键,自动生成 HTML 基本代码,如代码 9-2 所示。

代码 9-2

```
<!DOCTYPE html>
<html lang="zh">
<head>
  <meta charset="UTF-8">
  <meta name="viewport" content="width=device-width, initial-scale=1.0">
  <meta http-equiv="X-UA-Compatible" content="ie=edge">
  <title></title>
</head>
<body>

</body>
</html>
```

5. 创建网页所需样式表及实现引入操作

（1）在目录 css 上单击鼠标右键，选择"新建"→"6.css 文件"，如图 9-11 所示。

图 9-11　新建 6.css 文件

（2）设置文件名为"reset.css"，然后单击"创建"按钮，如图 9-12 所示。

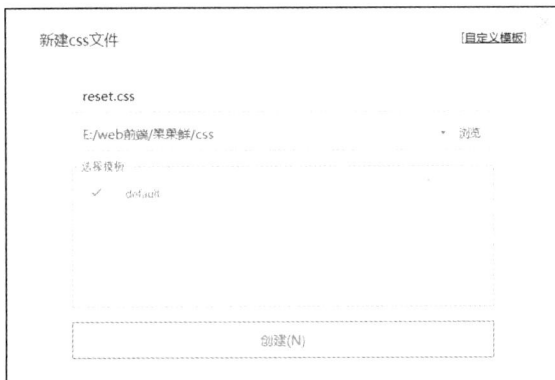

图 9-12　创建 reset.css 文件

（3）在 index.html 文件中引入 reset.css 文件，即找到 index.html 文件中的<head>标签并在其内部引入 CSS 文件。也可以使用<link>标签以外链式引入 CSS 文件。如代码 9-3 所示。

```
<link rel="stylesheet" href="./css/reset.css">
```

（4）完成上述操作后，reset.css 文件被引入 index.html 文件中，此时的代码如代码 9-4 所示。

代码 9-4

```
<!DOCTYPE html>
<html lang="zh">
<head>
  <meta charset="UTF-8">
  <meta name="viewport" content="width=device-width, initial-scale=1.0">
  <meta http-equiv="X-UA-Compatible" content="ie=edge">
  <title></title>
  <link rel="stylesheet" href="./css/reset.css">
</head>
<body>

</body>
</html>
```

（5）使用同样的方法，创建 index.css 文件，并将其引入 index.html 文件中。注意，index.css 文件需要在 reset.css 文件的下方引入。此时的目录结构及代码如图 9-13 所示。

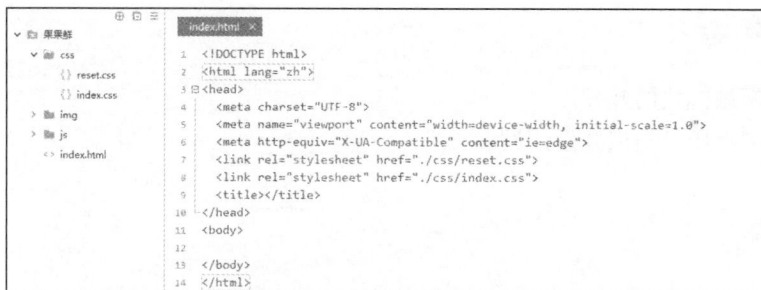

图 9-13　目录结构及代码

（6）在 reset.css 文件中写入样式重置代码，如代码 9-5 所示。

代码 9-5

```
html {
  box-sizing: border-box;
}
.iconfont {
  font-size: 24px;
}
*, *::after, *::before {
  box-sizing: inherit;
}
body, p, h1, h2, h3, h4, h5, h6 {
  margin: 0;
}
```

```
a {
  color: #333;
  text-decoration: none;
}
ul {
  margin: 0;
  padding: 0;
  list-style: none;
}
```

任务 9.2　开发网站

【任务目标】

知识目标

- 了解网站的常见模块。
- 了解网站模块的开发过程。

能力目标

- 掌握网站模块的开发。
- 能够根据所学知识开发网站。

素质目标

- 完成开发果果鲜水果电商网站，锻炼个人的问题解决能力、应变能力和决策能力，培养项目管理能力，积累宝贵的实战经验，促进职业发展和创业。

【导学知识】

9.2.1　网站常见模块分析

网站常见的模块：顶部导航区域、banner 区域、侧边导航区域、商品列表及版权信息等。在本任务中，需创建这些常见的模块并将其组成网站。

- 顶部导航区域。位于网站顶端，提供了网站的常用跳转链接，方便用户跳转至其他网页。
- banner 区域。用于展示热门商品，以图片加循环播放的方式让用户更易停留。
- 侧边导航区域。组织和引导用户浏览，有助于构建一个结构清晰、易于导航的网站。
- 商品列表。用于展示商品信息，用户可以在这个模块中查看更多的商品细节。

● 版权信息。用于展示网站版权信息及备案信息等。

9.2.2 版心

一个网站需要有自己的版心，也称为安全宽度，安全宽度一般为 1200px 左右，这个宽度是由常用的计算机屏幕分辨率（这里主要指水平方向上的分辨率）决定的，百度统计流量研究院分析了访问网站的计算机屏幕分辨率，其中分辨率为 1440px 的居多，大部分都超过 1280px，低于 1280px 的较少。所以主流开发网站会使用 1200px 作为安全宽度，以保证大部分用户都能正常访问对应的网站内容。

【任务实现】

开发网站顶部导航区域

1. 开发网站顶部导航区域

网站的顶部导航区域主要用于完成向其他网页跳转的工作，用户可以通过不同的跳转链接跳转到不同的网页。最终实现效果如图 9-14 所示。

图 9-14 顶部导航区域

（1）为了完成顶部导航区域布局，需要在 index.html 文件中写入代码，才能使其显示在对应的网页中，如代码 9-6 所示。

代码 9-6

```html
<div class="topbar">
  <div class="container">
   <div class="menu">
    <ul class="menu-list">
     <li><a href="#">果果鲜</a></li>
     <li class="step">|</li>
     <li><a href="#">新客专享</a></li>
     <li class="step">|</li>
     <li><a href="#">微信送礼</a></li>
     <li class="step">|</li>
     <li><a href="#">礼盒卡券</a></li>
     <li class="step">|</li>
     <li><a href="#">新鲜水果</a></li>
     <li class="step">|</li>
     <li><a href="#">粮油干货</a></li>
     <li class="step">|</li>
     <li><a href="#">企业团购</a></li>
     <li class="step">|</li>
     <li><a href="#">资质证照</a></li>
```

```
      <li class="step">|</li>
      <li><a href="#">协议规则</a></li>
      <li class="step">|</li>
      <li><a href="#">下载 App</a></li>
    </ul>
  </div>
  <div class="login">
    <ul class="menu-list">
      <li><a href="#">登录</a></li>
      <li class="step">|</li>
      <li><a href="#">注册</a></li>
    </ul>
    <div class="cart">
      <span>购物车(0)</span>
    </div>
  </div>
 </div>
</div>
```

因为没有添加样式，所以在浏览器中打开该页面之后会显示原有的样式，如图 9-15 所示。需要添加 CSS 样式后才能有美化后的效果。

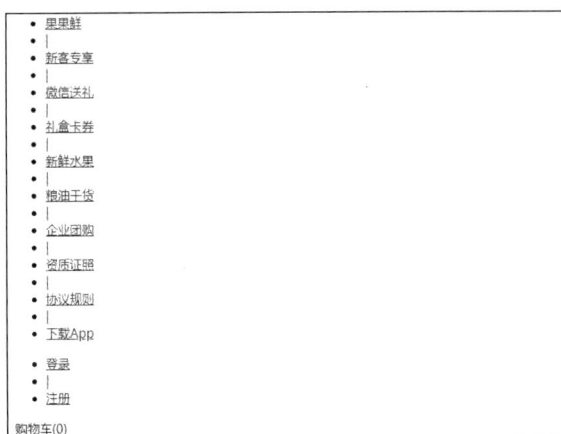

图 9-15　页面的原有样式

（2）完成 CSS 部分代码的编写，实现顶部导航区域的样式效果，如代码 9-7 所示。

代码 9-7

```css
.container {
 margin-left: auto;
 margin-right: auto;
 width: 1226px;
}
.topbar {
 height: 40px;
 background: #333;
 min-width: 1226px;
```

216

```
}
.topbar .container {
  display: flex;
  justify-content: space-between;
}
.menu-list {
  height: 40px;
  display: flex;
  font-size: 12px;
  align-items: center;
}
.menu-list li, .menu-list a {
  color: #b0b0b0;
}
.menu-list .step {
  color: #424242;
  margin: 4px;
}
.login {
  display: flex;
}
.login .cart {
  margin-left: 25px;
  height: 40px;
  width: 120px;
  background: #424242;
  display: flex;
  justify-content: center;
  align-items: center;
  font-size: 12px;
  color: #b0b0b0;
  position: relative;
}
.login .cart .iconfont {
  font-size: 24px;
}
.cart:hover {
  background: #fff;
}
.cart:hover {
  color: #ff6700;
}
```

（3）完成二级导航区域布局的编写，在 index.html 文件中添加代码，如代码 9-8 所示。

代码 9-8

开发二级导航
区域

```
<div class="site-header">
  <div class="container">
    <div class="navbar">
      <div class="logo">
        <img width="56" height="56" src="./img/logo.png" alt="">
```

```
    </div>
    <div class="navbar-right">
      <div class="navbar-menu">
        <a href="#">应季水果</a>
        <a href="#">甜橙蜜橘</a>
        <a href="#">热带水果</a>
        <a href="#">瓜果飘香 </a>
        <a href="#">葡提浆果</a>
        <a href="#">果园周边 </a>
      </div>
      <div class="search">
        <input type="text">
        <button>
        </button>
      </div>
    </div>
  </div>
 </div>
</div>
```

（4）完成二级导航区域 CSS 样式的编写，如代码 9-9 所示。

代码 9-9

```
.site-header .navbar {
 height: 100px;
 display: flex;
 justify-content: space-between;
 align-items: center;
}
.site-header .navbar .navbar-right {
 display: flex;
 align-items: center;
}
.site-header .navbar .navbar-menu {
 color: #333;
 display: flex;
}
.site-header .navbar-menu a {
 margin-left: 10px;
}
.site-header .navbar .search {
 margin-left: 150px;
 display: flex;
 height: 50px;
 position: relative;
 z-index: 1;
}
.site-header .search input {
 border: 1px solid #E0E0E0;
 width: 245px;
 outline: none;
```

```
  padding: 0 10px;
  border-right: none;
}
.site-header .search input:focus {
  border-color: #ff6700;
}
.search .iconfont {
  color: #E0E0E0;
}
.site-header .search button {
  width: 52px;
  border: 1px solid #E0E0E0;
  background: #fff;
}
.site-header .search button:hover {
  color: #fff;
  background: #ff6700;
  border-color: #ff6700;
}
.site-header .search button:hover .iconfont {
  color: #fff;
}
.site-header .search input:focus + button {
  border-color: #ff6700;
}
.site-header .search input:focus ~ .data-list {
  display: block;
}
```

（5）完成上述代码的编写后，网站的顶部导航区域即开发完成。

2. 开发网站的 banner 区域及侧边导航区域

几乎每个电商网站都会有对应的 banner 区域及侧边导航区域。这些区域用于为用户提供页面交互和跳转操作。在本任务中，二者的效果如图9-16所示。

开发网站 banner
及侧边导航

图 9-16　banner 区域及侧边导航区域

219

（1）banner 区域及侧边导航区域在顶部导航区域的下方，在 index.html 文件中先添加两大区域的结构，如代码 9-10 所示。

代码 9-10

```
<div class="swiper-wrap">
 <div class="container">
  <div class="swiper">
   <div class="slider">
    <div class="item">
      <span>新鲜水果</span>
    </div>
    <div class="item">
      <span>水果礼品</span>
    </div>
    <div class="item">
      <span>肉禽蛋类</span>
    </div>
    <div class="item">
      <span>水产海鲜</span>
    </div>
    <div class="item">
      <span>时令蔬菜</span>
    </div>
    <div class="item">
      <span>乳品速食</span>
    </div>
    <div class="item">
      <span>粮油干货</span>
    </div>
    <div class="item">
      <span>休闲食品</span>
    </div>
    <div class="item">
      <span>限时特惠</span>
    </div>
    <div class="item">
      <span>果园周边 </span>
    </div>
   </div>
   <img width="100%" src="./img/banner.jpg" alt="">
  </div>
 </div>
</div>
```

（2）在 index.css 文件中完成 CSS 样式部分代码的编写，如代码 9-11 所示。

代码 9-11

```
.swiper-wrap img {
 vertical-align: middle;
```

```
}
.swiper-wrap .swiper {
  position: relative;
}
.swiper-wrap .swiper .slider {
  position: absolute;
  background: rgba(105, 101, 101, 0.6);
  width: 234px;
  color: #fff;
  font-size: 14px;
  padding: 20px 0;
  z-index: 2;
}
.swiper-wrap .slider .item {
  height: 42px;
  display: flex;
  align-items: center;
  justify-content: space-between;
  padding: 0 20px 0 30px;
}
.swiper-wrap .slider .item:hover {
  background: #ff6700;
}
.swiper-wrap .slider .item:hover .products {
  display: flex;
}
```

（3）在 banner 区域下方展示其他商品图片，如代码 9-12 所示。

代码 9-12

```
<div class="home-sub">
  <div class="container">
    <div class="product-img">
      <a href="#">
        <img src="./img/home-sub/sub01.jpg" alt="">
      </a>
      <a href="#">
        <img src="./img/home-sub/sub02.jpg" alt="">
      </a>
      <a href="#">
        <img src="./img/home-sub/sub03.jpg" alt="">
      </a>
      <a href="#">
        <img src="./img/home-sub/sub04.jpg" alt="">
      </a>
    </div>
  </div>
</div>
```

（4）设置对应商品图片的 CSS 样式，如代码 9-13 所示。

代码 9-13

```
.home-sub {
  margin-top: 10px;
  margin-bottom: 20px;
}
.home-sub .container {
  display: flex;
  justify-content: space-between;
}
.home-sub .product-img {
  display: flex;
}
.home-sub .product-img a {
  width: 299px;
  overflow: hidden;
}
.home-sub .product-img a + a {
  margin-left: 10px;
}
.home-sub .product-img img {
  vertical-align: middle;
}
```

3. 开发网站商品列表

在本任务中，商品列表主要分为两个区域，顶部信息栏目区域及商品列表区域，效果如图 9-17 所示。顶部信息栏目区域用于展示当前比较热门的商品。商品列表区域用于展示各个分类的热门商品。开发网站时可以用新鲜水果及新鲜蔬菜两个分类网页作为模板，如果需要添加其他分类，复制对应的代码，修改图片素材即可。

开发 PC 端网站
商品列表

图 9-17　商品列表

（1）在顶部信息栏目区域中包裹对应的图片即可完成布局，如代码 9-14 所示。

代码 9-14

```
<div class="product-wrap">
  <div class="container">
    <div class="home-banner-box">
      <a href="#">
        <img width="100%" src="./ad.jpg" alt="">
      </a>
    </div>
  </div>
</div>
```

（2）设置顶部信息栏目区域的 CSS 样式，如代码 9-15 所示。

代码 9-15

```
.product-wrap {
  background: #F5f5f5;
  padding: 26px 0;
}
.home-banner-box img {
  vertical-align: middle;
}
```

（3）商品列表区域分为左右两部分，左边为当前热门商品图，右侧为具体商品信息，开发该区域的 HTML 代码如代码 9-16 所示。

代码 9-16

```
<div class="product-wrap">
  <div class="container">
    <div class="home-banner-box">
      <a href="#">
        <img width="100%" src="./img/ad.jpg" alt="">
      </a>
    </div>
    <div class="home-product">
      <div class="home-product-header">
        <h3>新鲜水果</h3>
        <a href="#" class="more">
          <span>查看更多</span>
        </a>
      </div>
      <div class="home-product-body">
        <div class="home-product-ad">
          <a href="#">
            <img src="./img/ad.png" alt="">
          </a>
        </div>
        <div class="home-product-list">
          <div class="home-product-item"></div>
```

```
            <div class="home-product-item"></div>
            <div class="home-product-item"></div>
            <div class="home-product-item"></div>
            <div class="home-product-item"></div>
            <div class="home-product-item"></div>
            <div class="home-product-item"></div>
            <div class="home-product-item"></div>
        </div>
      </div>
    </div>
  </div>
</div>
```

（4）在 index.css 文件中添加商品列表区域的 CSS 样式代码，如代码 9-17 所示。

代码 9-17

```css
.home-product .home-product-header {
  display: flex;
  justify-content: space-between;
  height: 58px;
  align-items: center;
}
.home-product .home-product-header h3 {
  font-size: 22px;
  font-weight: normal;
}
.home-product .home-product-header .more {
  display: flex;
  align-items: center;
  color: #424242;
}
.home-product .home-product-body .home-product-ad img {
  vertical-align: middle;
}
.home-product .home-product-body {
  display: flex;
  justify-content: space-between;
}
.home-product .home-product-body .home-product-list {
  width: 992px;
  display: flex;
  flex-wrap: wrap;
  align-content: space-between;
}
.home-product .home-product-body .home-product-item {
  width: 234px;
  height: 300px;
  background: #fff;
  margin-left: 14px;
}
```

（5）完成上述代码的编写后，商品出现，还需要再添加对应商品的详细信息并将其放置在对应的空白区域，如图 9-18 所示。

图 9-18　商品列表区域

（6）找到代码中"home-product-list"部分下面的每一个"home-product-item"，分别在其内部添加商品详情的 HTML 代码。第一件商品的 HTML 代码如代码 9-18 所示。

代码 9-18

```html
<div class="home-product-item">
 <img width="160" height="160" src="./img/product/product01.jpg" alt="">
 <h3 class="product-title">越南进口白心火龙果</h3>
 <p class="product-desc">4 个装 标准果 单果 400～550g</p>
 <p class="product-price">¥39.90</p>
</div>
```

（7）完成单件商品样式的 CSS 代码编写，如代码 9-19 所示。

代码 9-19

```css
.home-product .home-product-item {
 text-align: center;
 padding: 20px 0;
}
.home-product-item .product-title {
 font-size: 14px;
 font-weight: normal;
 margin-top: 18px;
}
.home-product-item .product-desc {
 font-size: 12px;
 color: #B0B0B0;
 margin-bottom: 10px;
 margin-top: 12px;
}
.home-product-item .product-price {
```

```
font-size: 14px;
color: #ff6700;
}
```

（8）完成上述代码的编写后，当前页面就能够展示出第一件商品的信息，如图 9-19 所示。

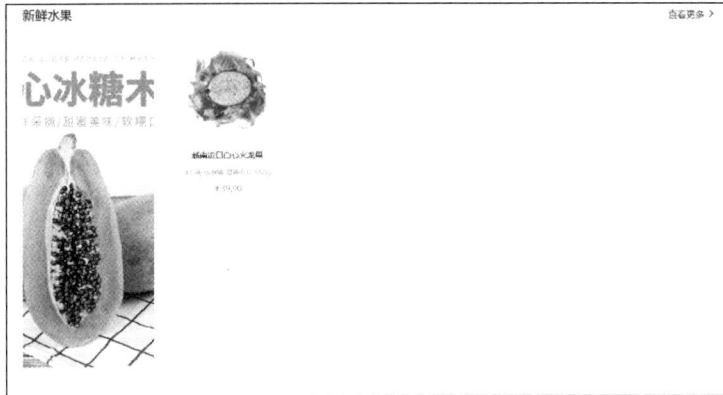

图 9-19　第一件商品的信息

（9）使用同样的方式，完成另外 7 件商品的展示，如代码 9-20 所示。

代码 9-20

```
<div class="home-product-list">
 <div class="home-product-item">
  <img width="160" height="160" src="./img/product/product01.jpg" alt="">
  <h3 class="product-title">白心火龙果</h3>
  <p class="product-desc">4 个装 标准果 单果 400～550g</p>
  <p class="product-price">¥39.90</p>
 </div>
 <div class="home-product-item">
  <img width="160" height="160" src="./img/product/product02.jpg" alt="">
  <h3 class="product-title">广西沃柑</h3>
  <p class="product-desc">1.5kg 装 单果约 100g 起 甜柑橘 新鲜水果</p>
  <p class="product-price">¥39.90</p>
 </div>
 <div class="home-product-item">
  <img width="160" height="160" src="./img/product/product03.jpg" alt="">
  <h3 class="product-title">牛油果 6 个装</h3>
  <p class="product-desc">单果重约 130～180g 新鲜水果</p>
  <p class="product-price">¥32.90</p>
 </div>
 <div class="home-product-item">
  <img width="160" height="160" src="./img/product/product04.jpg" alt="">
  <h3 class="product-title">徐香猕猴桃</h3>
  <p class="product-desc">25 个 单果约 80～100g</p>
  <p class="product-price">¥69.90</p>
 </div>
 <div class="home-product-item">
```

```
  <img width="160" height="160" src="./img/product/product05.jpg" alt="">
  <h3 class="product-title">红心火龙果</h3>
  <p class="product-desc">3 个装 大果 单果约 450～500g</p>
  <p class="product-price">¥59.90</p>
</div>
<div class="home-product-item">
  <img width="160" height="160" src="./img/product/product06.jpg" alt="">
  <h3 class="product-title">山东 嘎啦苹果</h3>
  <p class="product-desc">1.5kg 简装 新鲜时令水果</p>
  <p class="product-price">¥12.00 </p>
</div>
<div class="home-product-item">
  <img width="160" height="160" src="./img/product/product07.jpg" alt="">
  <h3 class="product-title">红心番石榴</h3>
  <p class="product-desc">精选整箱 5.5kg 番石榴 新鲜水果</p>
  <p class="product-price">¥26.80 </p>
</div>
<div class="home-product-item">
  <img width="160" height="160" src="./img/product/product08.jpg" alt="">
  <h3 class="product-title">红心木瓜</h3>
  <p class="product-desc">2kg 牛奶木瓜 新鲜水果</p>
  <p class="product-price">¥12.00</p>
</div>
</div>
```

（10）商品信息的基本 HTML 结构相同，可以共享样式，完成编码后，将得到"新鲜水果"商品列表。

（11）使用相同的结构，搭建"新鲜蔬菜"的商品列表结构，形成对应的列表效果，如代码 9-21 所示。

代码 9-21

```
<!-- 新鲜水果 -->
<div class="home-product">…</div>
<!-- 新鲜蔬菜 -->
<div class="home-product"></div>
```

（12）完成"新鲜蔬菜"的商品列表设计，如代码 9-22 所示。

代码 9-22

```
<!-- 新鲜蔬菜 -->
<div class="home-product">
  <div class="home-product-header">
    <h3>新鲜蔬菜</h3>
    <a href="#" class="more">
      <span>查看更多</span>
      <i class="iconfont icon-arrow-right"></i>
    </a>
  </div>
```

```
<div class="home-product-body">
  <div class="home-product-ad">
    <a href="#">
      <img src="./img/ad2.png" alt="">
    </a>
  </div>
  <div class="home-product-list">
    <div class="home-product-item">
      <img width="160" height="160" src="./img/product/product09.jpg" alt="">
      <h3 class="product-title">山东小紫薯</h3>
      <p class="product-desc">1.5kg 装 健康轻食 新鲜蔬菜</p>
      <p class="product-price">￥12.00 </p>
    </div>
    <div class="home-product-item">
      <img width="160" height="160" src="./img/product/product10.jpg" alt="">
      <h3 class="product-title">河南香菇 </h3>
      <p class="product-desc">450g 简装 新鲜蔬菜</p>
      <p class="product-price">￥19.90 </p>
    </div>
    <div class="home-product-item">
      <img width="160" height="160" src="./img/product/product11.jpg" alt="">
      <h3 class="product-title">云南甜玉米</h3>
      <p class="product-desc">水果玉米 约2.5kg 6～9 根 烧烤</p>
      <p class="product-price">￥49.90</p>
    </div>
    <div class="home-product-item">
      <img width="160" height="160" src="./img/product/product12.jpg" alt="">
      <h3 class="product-title">花糯玉米</h3>
      <p class="product-desc">10 支玉米 真空 非转基因笨玉米</p>
      <p class="product-price">￥28.80</p>
    </div>
    <div class="home-product-item">
      <img width="160" height="160" src="./img/product/product13.jpg" alt="">
      <h3 class="product-title">广西荔浦芋头</h3>
      <p class="product-desc">2.5kg 礼盒装 大香芋头</p>
      <p class="product-price">￥69.90</p>
    </div>
    <div class="home-product-item">
      <img width="160" height="160" src="./img/product/product14.jpg" alt="">
      <h3 class="product-title">山东水果黄瓜</h3>
      <p class="product-desc">750g 简装 新鲜蔬菜</p>
      <p class="product-price">￥9.90</p>
    </div>
    <div class="home-product-item">
      <img width="160" height="160" src="./img/product/product15.jpg" alt="">
      <h3 class="product-title">云南上海青</h3>
      <p class="product-desc">小油菜 600g 简装 新鲜蔬菜</p>
      <p class="product-price">￥19.90</p>
```

```
      </div>
      <div class="home-product-item">
        <img width="160" height="160" src="./img/product/product16.jpg" alt="">
      <h3 class="product-title">原味小竹笋</h3>
      <p class="product-desc">生制品袋装 半加工蔬菜 去壳竹笋</p>
      <p class="product-price">￥19.90</p>
      </div>
    </div>
  </div>
</div>
```

开发网站底部版权
信息

4. 开发网站底部版权信息内容

网站底部应该展示网站的版权信息内容，如图 9-20 所示。

© 果果鲜 豫ICP证1****7号 豫ICP备10****25号 豫公网安备1101****020134号 豫网文[2025]0****42号

图 9-20　版权信息内容

（1）完成版权信息内容的结构编写，如代码 9-23 所示。

代码 9-23

```
<div class="copyright">
  &copy; 果果鲜 豫 ICP 证 1****7 号 豫 ICP 备 10****25 号 豫公网安备 1101****020134 号 豫网
文[2025]0****42 号
</div>
```

（2）完成版权信息内容样式的编写，如代码 9-24 所示。

代码 9-24

```
.copyright {
  padding: 50px 0;
  text-align: center;
  color: #999;
}
```

（3）完成上述代码后，将得到图 9-20 所示的效果。

任务 9.3　使用字体图标美化网站

【任务目标】

字体图标的使用

知识目标

- 了解 iconfont 字体图标的使用流程。
- 掌握 iconfont 字体图标在网站中的应用操作。

能力目标

- 能够在网页中使用 iconfont 字体图标。
- 能够下载 iconfont 字体图标。

素质目标

- 学习使用字体图标美化网站，提升网站的整体视觉效果，培养审美能力、跨平台设计的考虑能力、性能优化意识、版权和合规性意识。

【导学知识】

9.3.1　字体图标概述

字体图标本质上就是长得像图标的文字。可以通过设置字体的相关属性来改变字体图标的颜色、大小等属性。字体图标借助 CSS 中的@fontface 属性来实现，即使用自定义的字体文件来将某些特殊字符的形状变成图标。当使用这个字体时，这些特殊字符就会变成图标。

在@fontface 属性中可以定义 font-family 属性和 src 属性，来创建一个字体所需的基本核心属性内容，语法如代码 9-25 所示。

代码 9-25

```
@fontface {
  font-family: "自定义的字体名称";
  src: url("字体文件路径");
}
```

9.3.2　iconfont 字体图标库的下载

（1）iconfont 是阿里旗下的图标库网站。访问该网站，如图 9-21 所示，注册账号并进行登录。

图 9-21　iconfont 网站

（2）在本任务中需要购物车、箭头、搜索这 3 个图标。在首页搜索网站中需要的图标名称，找到满意的图标并将其添加入库，如图 9-22 所示。

图 9-22   将所需图标添加入库

（3）单击图表展示区域下方的"下载代码"，如图 9-23 所示，将字体图标对应的代码下载到计算机中。

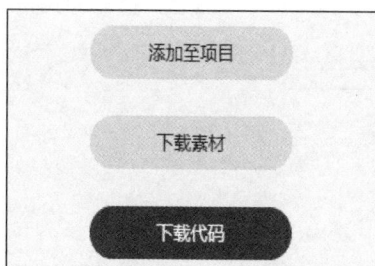

图 9-23   下载代码

【任务实现】

1. 在项目中引入字体图标库

解压下载的字体图标代码，将代码所在目录名称修改为"font"并放在项目的根目录，如图 9-24 所示。

图 9-24   字体图标目录

在 index.html 文件的<head>标签中引入对应的字体图标所需的 CSS 文件，如代码 9-26 所示。

代码 9-26

```
<link rel="stylesheet" href="./font/iconfont.css">
```

2. 项目中使用字体图标库

如果想要使用对应的字体图标，只需在对应的位置添加字体图标代码，如代码 9-27 所示。

代码 9-27

```
<span class="iconfont icon-xxx"></span>
```

"icon-xxx"取决于下载的字体图标设置，可以打开"font"文件夹下的"demo_index. html"进行查看，如图 9-25 所示。

图 9-25　字体图标名称

在项目中有多处位置需要使用字体图标。

3. 在合适的位置使用字体图标

（1）在顶部导航区域中添加购物车图标。找到顶部导航区域中以"cart"为类名的标签，并在标签内部添加购物车的字体图标代码，如代码 9-28 所示。

代码 9-28

```
<div class="cart">
  <span class="iconfont icon-gouwuche"></span>
  <span>购物车(0)</span>
</div>
```

（2）在二级导航区域中添加搜索图标。找到二级导航区域中以"search"为类名的标签，并在标签内部添加搜索的字体图标代码，如代码 9-29 所示。

代码 9-29

```
<div class="search">
  <input type="text">
  <button>
    <span class="iconfont icon-sousuo"></span>
  </button>
</div>
```

（3）在侧边导航区域中添加箭头图标。找到侧边导航区域中的菜单项类名为"item"的标签，在每一个"item"标签中都添加对应的箭头字体图标，如代码 9-30 所示。

代码 9-30

```
<div class="slider">
  <div class="item">
    <span>新鲜水果</span>
    <span class="iconfont icon-jinrujiantou"></span>
  </div>
  <div class="item">
    <span>水果礼品</span>
    <span class="iconfont icon-jinrujiantou"></span>
  </div>
  <div class="item">
    <span>肉禽蛋类</span>
    <span class="iconfont icon-jinrujiantou"></span>
  </div>
  <div class="item">
    <span>水产海鲜</span>
    <span class="iconfont icon-jinrujiantou"></span>
  </div>
  <div class="item">
    <span>时令蔬菜</span>
    <span class="iconfont icon-jinrujiantou"></span>
  </div>
  <div class="item">
    <span>乳品速食</span>
    <span class="iconfont icon-jinrujiantou"></span>
  </div>
  <div class="item">
    <span>粮油干货</span>
    <span class="iconfont icon-jinrujiantou"></span>
  </div>
  <div class="item">
    <span>休闲食品</span>
    <span class="iconfont icon-jinrujiantou"></span>
  </div>
  <div class="item">
    <span>限时特惠</span>
    <span class="iconfont icon-jinrujiantou"></span>
  </div>
  <div class="item">
    <span>果园周边 </span>
    <span class="iconfont icon-jinrujiantou"></span>
  </div>
</div>
```

添加完成后，在网页里会出现对应的字体图标。

任务 9.4　开发网站动效交互

【任务目标】

📖 知识目标

- 掌握 JavaScript 代码的引入操作。
- 了解 JavaScript 代码的执行过程。

开发网站动效交互
效果

AIGC 实战演练

📖 能力目标

- 能够正确引入 JavaScript 代码。
- 能够根据给出的 JavaScript 代码完成对应的任务内容。

借助 AI 生成轮播
效果

📖 素质目标

- 不断探索网站动效交互和开发实践，锻炼创意思维，提升技术实现能力，培养交互逻辑思维及细节处理能力，形成良好的设计感和用户体验意识。

【导学知识】

在网页开发中，少不了开发动效交互这一工作，本书中没有介绍动效交互实现的相关知识点，本任务将讲解前端开发中网站交互实现的方式，让读者了解 JavaScript 这一脚本语言的功能。如果读者需要学习相关知识，可以通过其他课程自行学习。

9.4.1　JavaScript 概述

JavaScript（简称 "JS"）是一种具有函数优先的、轻量级的解释型或即时编译型的编程语言。虽然它是以作为开发 Web 页面的脚本语言而出名的，但是它也被用到了很多非浏览器环境中。JavaScript 是基于原型编程的、多范式的动态脚本语言，并且支持面向对象、命令式、声明式、函数式编程范式。

9.4.2　引入外部 JavaScript 代码

在网页中引入 JavaScript 代码的标准格式，如代码 9-31 所示。

代码 9-31

```
<script src="js 文件路径"></script>
```

可以使用 src 属性引入外部的 JavaScript 文件，JavaScript 文件的名称应该以 ".js" 结尾。

9.4.3 在\<script\>标签中写代码

JavaScript 代码可以写在\<script\>标签中，只需要将代码放在\<script\>标签中即可，如代码 9-32 所示。

代码 9-32

```
<script>
  // JavaScript 代码
</script>
```

【任务实现】

1. 开发轮播效果

本任务基于 JavaScript 开发网页中的轮播效果。将素材中的 swiper 文件夹放在项目根目录中，在 index.html 文件的\<head\>标签中引入对应的 swiper.css 及 swiper.js 文件，如代码 9-33 所示。

代码 9-33

```
<link rel="stylesheet" href="./swiper/css/swiper.css">
<script src="./swiper/js/swiper.js"></script>
```

想要实现轮播效果，需要修改已经完成的网页的 HTML 布局，找到 banner 区域的代码，按照流行的、功能强大的滑动轮播库 Swiper（一个开源的 JavaScript 组件，用于创建各种类型的滑动效果，如轮播图、滑动面板、标签页等。支持触摸滑动、响应式设计、多种切换效果、自定义导航和分页等特性，在网页设计和开发中非常受欢迎。）要求的格式修改代码，如代码 9-34 所示。

代码 9-34

```
<div class="swiper-container">
  <div class="swiper-wrapper">
    <div class="swiper-slide"><img width="100%" src="./img/banner.jpg" alt="">
</div>
    <div class="swiper-slide"><img width="100%" src="./img/banner.jpg" alt="">
</div>
    <div class="swiper-slide"><img width="100%" src="./img/banner.jpg" alt="">
</div>
    <div class="swiper-slide"><img width="100%" src="./img/banner.jpg" alt="">
</div>
    <div class="swiper-slide"><img width="100%" src="./img/banner.jpg" alt="">
</div>
    <div class="swiper-slide"><img width="100%" src="./img/banner.jpg" alt="">
</div>
    <div class="swiper-slide"><img width="100%" src="./img/banner.jpg" alt="">
</div>
    <div class="swiper-slide"><img width="100%" src="./img/banner.jpg" alt="">
```

```
</div>
    <div class="swiper-slide"><img width="100%" src="./img/banner.jpg" alt="">
</div>
    <div class="swiper-slide"><img width="100%" src="./img/banner.jpg" alt="">
</div>
  </div>
  <div class="swiper-pagination"></div>
</div>
```

修改代码后，在\<body\>的闭合标签之前添加\<script\>标签，并在\<script\>标签中写入 JavaScript 代码，如代码 9-35 所示。

代码 9-35

```
<body>
 ...
 <script>
  var swiper = new Swiper('.swiper-container', {
    pagination: {
     el: '.swiper-pagination'
    },
    navigation: {
     nextEl: '.swiper-button-next',
     prevEl: '.swiper-button-prev'
    },
  });
 </script>
</body>
```

完成上述代码的编写后，在网页中的 banner 区域就可以通过鼠标滑动切换 banner 图片。

2. 开发购物车显示隐藏效果

也可以在不使用 JavaScript 的前提下实现网页的动效，如利用伪类可以很方便地在网页里实现交互效果。

完成网页布局，在购物车的代码内部添加与商品列表的相关 HTML 代码，如代码 9-36 所示。

代码 9-36

```
<div class="cart">
   <i class="iconfont icon-add-cart"></i>
   <span>购物车(0)</span>
   <div class="cart-list">
    <div class="empty">购物车中还没有商品，赶紧选购吧！</div>
   </div>
  </div>
```

添加对应的 CSS 样式，利用伪类实现对应的显示隐藏效果，如代码 9-37 所示。

代码 9-37

```
.cart:hover .cart-list {
```

```
  display: block;
}
.cart-list {
  width: 316px;
  min-height: 100px;
  background: #fff;
  position: absolute;
  top: 40px;
  right: 0;
  display: none;
  box-shadow: 0 3px 7px #d0d0d0;
  z-index: 10;
}
.cart-list .empty {
  height: 100px;
  color: #424242;
  line-height: 100px;
  text-align: center;
}
```

项目总结

本项目主要介绍了如何使用 HTML、CSS 从零开始开发一个静态网站项目，读者应掌握项目目录结构规范及网页布局规范，了解项目开发中常见的一些功能实现及网页布局效果，掌握网页中字体图标的使用方法并且在自己的项目中使用字体图标。学习完本项目，希望读者能够掌握以下几个方面的知识点，并将其综合运用到网页制作过程中。

● 网站项目的创建。

● 常见网站模块。

代码与人生

树立"终身学习"理念

在本项目学习中，我们系统了解了 PC 端网站布局方法，接触并掌握了诸多新知识点。通过主动查阅资料、动手验证、持续优化，不仅能解决当下问题，更能积累新的技能储备。这种"主动接纳新知、持续补充能力"的行为，正是终身学习理念的具体体现。

终身学习理念是 Web 前端开发者的核心竞争力。行业技术不断演进，新的布局思路、工具框架持续涌现，唯有保持"不断学、持续练"的状态，才能避免被技术迭代淘汰，在工作中高效应对各类任务，把每一个开发需求落到实处。在 AI 快速发展的当下，AI 可作为"加速器"助力我们高效整合学习资源、梳理知识脉络，但终身学习的核心驱动力始终在于自身，只有主动保持学习热情、持续更新知识体系，才能真正实现能力突破，在技术浪潮中稳步前行。

练习测试

一、单选题（每小题 4 分，共 20 分）

1. 字体图标使用的是什么属性？（　　　）
    A. font-family　　　B. font　　　　　C. @font-face　　　D. @font
2. \<div\>是一个什么类型的元素？（　　　）
    A. 块元素　　　　　B. 行内元素　　　C. 行内块元素　　　D. 表格元素
3. 不属于常见安全宽度的是（　　　）。
    A. 1190px　　　　　B. 1200px　　　　C. 1226px　　　　　D. 1920px
4. CSS 中用于设置图片背景的属性是（　　　）。
    A. background-color　　　　　　B. background-image
    C. background-position　　　　　D. img
5. 引入 JavaScript 可以使用什么属性？（　　　）
    A. href　　　　　　B. url　　　　　　C. src　　　　　　　D. scr

二、多选题（每小题 4 分，共 20 分）

1. 可以作用在字体图标上的属性有哪些？（　　　）
    A. font-size　　　B. font-weight　　C. font-style　　　D. color
2. 网站项目中包含以下哪些文件夹？（　　　）
    A. html　　　　　B. css　　　　　　C. img　　　　　　D. js
3. PC 端网站可以在哪些设备中正常使用？（　　　）
    A. 台式计算机　　B. 笔记本电脑　　C. 手机　　　　　D. 平板电脑
4. 下列哪些选项属于@font-face 属性？（　　　）
    A. font　　　　　B. url　　　　　　C. font-family　　D. src
5. JavaScript 由什么组成？（　　　）
    A. ECMASCript　B. DOM　　　　　C. EOM　　　　　D. BOM

三、判断题（每小题 4 分，共 20 分）

1. 一个网页必须有固定的网页代码结构。（　　　）
2. 网页项目需要有存放图片的位置。（　　　）
3. 在进行网页布局时，引入 reset.css 文件是不必要的。（　　　）
4. 字体图标只能从 iconfont 网站上下载。（　　　）
5. JavaScript 是一门脚本语言。（　　　）

四、实操题（40 分）

仿照本项目开发花满园鲜花电商 PC 端网站。

评价与考核

课程名称：Web 前端开发项目教程	授课地点：	
项目 9：开发果果鲜水果电商 PC 端网站	授课教师：	授课学时：
课程性质：理实一体课程	综合评分：	

理论知识掌握情况评分（30 分）

序号	知识考核点	教师评价	分值	得分
1	项目搭建过程		5	
2	项目目录正确创建		10	
3	实现轮播效果		5	
4	PC 端网站开发操作流程		10	

工作任务完成情况评分（70 分）

序号	能力操作考核点	教师评价	分值	得分
1	正确完成顶部导航区域的布局		10	
2	正确完成 banner 区域的布局		10	
3	正确完成侧边导航区域的布局		10	
4	完成商品列表的布局		20	
5	程序排错的能力		10	
6	与组员协作的能力		10	

违纪扣分（-20 分）

序号	违纪考查点	教师评价	分值	扣分
1	迟到/早退		-5	
2	睡觉		-5	
3	打游戏/玩手机		-5	
4	其他影响课堂学习的行为		-5	

项目⑩ 开发果果鲜水果电商移动端网站

项目导读

本项目将开发水果电商类的移动端网站，基于移动端适配方案——vw（Viewport Width）视口适配，解决项目在多种移动端设备平台下的显示问题，能够实现在多种设备下正常展示网站的效果。网站最终实现效果如图 10-1 所示。

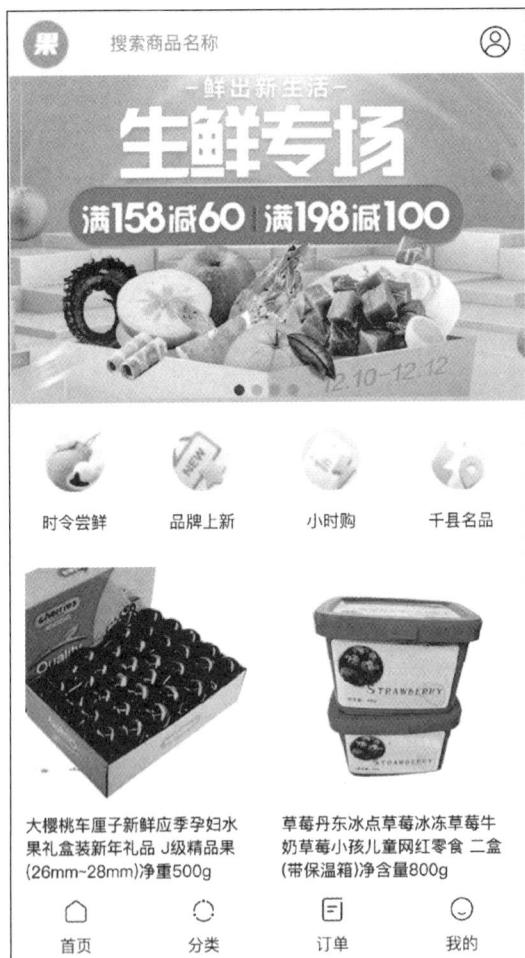

图 10-1 网站最终实现效果

项目教学

任务 10.1 创建移动端项目目录

【任务目标】

移动端网站的创建
流程

知识目标

- 掌握移动端项目目录的创建流程。
- 理解移动端项目目录的结构。

能力目标

- 能够完成移动端网站目录的搭建。
- 能够根据移动端项目搭建基本的项目结构。

素质目标

- 学习搭建移动端项目,进而加深对移动端项目目录结构的理解以及培养动手能力和项目需求规划意识。

【导学知识】

10.1.1 分析项目开发需求

本项目需要在之前学习的知识的基础上,学习新的相关知识,详见任务 10.2。

- 移动端适配。
- 新的 HTML5 标签的使用。
- 新的单位 vw 的使用。

10.1.2 搭建网站开发目录

网站的项目目录有严格的规范。

- 项目文件夹应是一个独立的文件夹。
- 项目文件夹中应包含 img、css、js、font 等常用文件夹,这些文件夹用于存放对应的网页资源。

● HTML 文件应该放在对应的项目根目录中。

【任务实现】

（1）在合适的位置单击鼠标右键，选择"新建"→"文件夹"，创建一个项目文件夹，即项目根目录，如图 10-2 所示。

（2）将新建的文件夹命名为"果果鲜移动端"，如图 10-3 所示。

（3）在"果果鲜移动端"文件夹中创建 css、img、js 这 3 个文件夹，如图 10-4 所示。

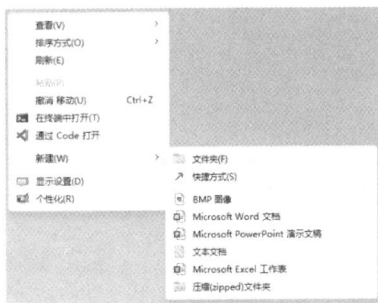

图 10-2　新建文件夹

图 10-3　项目根目录

图 10-4　静态资源文件夹

（4）将网站的图片资源放在对应的 img 文件夹中。

（5）创建项目 HTML 代码文件，在项目根目录中单击鼠标右键，选择"新建"→"文本文档"，如图 10-5 所示。

（6）将新建的文档重命名为"index.html"，如图 10-6 所示。

图 10-5　新建文本文档

图 10-6　网站首页

（7）项目目录创建完成，项目目录如图 10-7 所示。

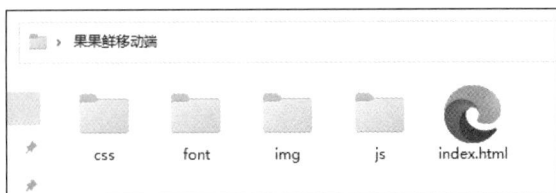

图 10-7　项目目录

任务 10.2 实现移动端适配

【任务目标】

实现移动端适配

知识目标

● 理解移动端适配原理。
● 掌握使用 vw 开发自适应移动端网站的方案。

能力目标

● 能够完成移动端网站适配操作。

素质目标

● 培养自我学习能力。

【导学知识】

10.2.1 移动端适配原理

在了解适配之前，需要了解一些基本的名词概念。

● 物理像素：物理像素是显示器（手机屏幕）上最小的物理显示单元，可以理解为分辨率。

● 逻辑像素：设备独立像素（也称密度无关像素），可以认为它是计算机坐标系统中的一个点，这个点代表一个可以由程序使用的虚拟像素，然后由相关系统转换为物理像素。

● 设备像素比（Device Pixel Ratio，DPR）：物理像素和逻辑像素之间的比例。DPR = 物理像素 / 逻辑像素。

不同设备有不同的物理像素，这就导致设备的逻辑像素各不相同，在进行移动端适配时，只需要考虑设备宽度即可。

在企业项目开发中，UI 设计师会以 750px 的宽度作为一个设计图的宽度标准，Web 前端开发工程师将在 750px 的宽度基础上进行网页的重构工作，然后利用相关单位实现网页的自动缩放以达到适配的目的。

10.2.2 完成移动端网站适配配置

本项目的适配方案选择使用 CSS 原生的视口单位作为适配方案重要的成员。vw 是一个相对单位。通常情况下，使用 vw 单位进行布局时，会将设计图上的尺寸转换为视口宽度百分比的单位。

设计图上的尺寸：假设一个设计图，上面标注的宽度是 750px（这是一个常见的设计图尺寸，对应于 iPhone 6 的物理像素宽度）。

视口宽度（vw）单位：vw 单位是视口宽度的百分比。1vw 等于视口宽度的 1%。屏幕宽度越宽，1vw 越大；反之，屏幕宽度越窄，1vw 就会越小。

转换公式：要将设计图上的尺寸转换为以 vw 为单位的数值，可以使用对应的公式，即（设计图上的尺寸 / 设计图宽度）× 100vw。如果设计图上一个元素的宽度是 150px，设计图是基于 750px 宽度的，那么转换为以 vw 为单位的数值就是（150 / 750）× 100 = 20vw，也就是 150 / 7.5 = 20vw。

适配方案原理解析如下。

以宽度为 750px 的设计图作为标准，1vw 的大小为 7.5px。那么设计图中如果有一个元素的宽度为 200px，则使用 200px / 7.5px ≈ 26.667vw。如果屏幕的尺寸刚好为 750px，则这个元素就会显示成 200px 的大小；如果屏幕宽度为 375px，则这个元素就会缩小到 3.75px × 26.667vw ≈ 100px，等比缩小到了原来的二分之一。使用 vw 单位的优势就是可以更方便地实现移动端适配。

【任务实现】

在每个网页中，都需要进行视口设置。在本任务里，使用网页自动生成时的默认视口设置即可，如代码 10-1 所示。

代码 10-1

```
<meta name="viewport" content="width=device-width, initial-scale=1.0">
```

其中，"width=device-width"表示将设备宽度设置为逻辑像素宽度，"initial-scale"表示网页不进行缩放。

设置后，在进行布局时，以设计图上量取的尺寸为标准，除以 7.5 得到对应的要设置给元素的值。在进行计算时，如果除以 7.5 不能快速得到对应的结果，可以借助 HBuilder X 中的编辑器配置让这个问题解决起来更简单。

（1）打开 HBuilder X 的设置。

（2）选择编辑器设置。

（3）在设置中找到"px 转 rem 比例"，如图 10-8 所示。

图 10-8　设置

（4）将"1（rem）=比例值（px）"下面的值改为 7.5。

（5）在使用相关 px 单位的值时，会自动提示转换为 rem 单位，转换后，将 rem 单位改为 vw 单位即可，如图 10-9 所示。

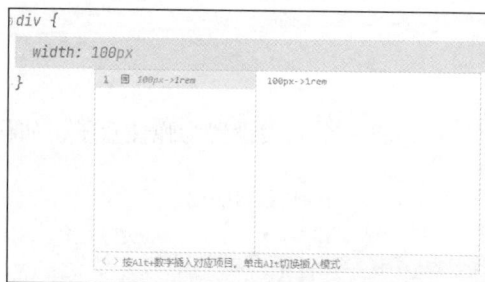

图 10-9　自动提示

这个方法，虽然还需要手动修改单位，但已经是目前 HBuilder X 中相对简单的实现单位转换的方法了。

完成上述步骤的设置，就可以在项目中进行移动端网站的开发了。

任务 10.3　开发移动端项目网站

【任务目标】

移动端仿真模式　　　弹性盒子概述　　　AI 玩转 Flex 布局

知识目标

- 了解移动端项目开发流程。
- 掌握移动端项目开发代码的编写。

能力目标

- 能够根据所学知识完成移动端网站开发。

素质目标

- 学习移动端项目网站的开发流程及代码编写，培养创新能力及动手能力。

【导学知识】

10.3.1　移动端仿真模式

进行移动端项目开发需要开启浏览器的移动端仿真模式，以便于开发者在开发过程中对移动端项目进行调试等操作。

开启移动端仿真模式，只需要在浏览器中按"F12"键，然后按"Ctrl+Shift+M"快捷键即可快速开启移动端仿真模式。

10.3.2 弹性盒子

1. 设置弹性盒子

使用 display 属性可以快速地将一个元素设置为弹性盒子，如代码 10-2 所示。

代码 10-2

```
div {
  display: flex;
}
```

该操作可以将<div>设置为弹性盒子，基于弹性盒子，可以快速地进行对齐设置。使用 align-items 属性默认可以将弹性盒子的内部元素在 y 轴上进行对齐，而使用 justify-content 属性可以将弹性盒子的内部元素在 x 轴上进行对齐。

2. align-items 属性

使用 align-items 属性可以将弹性盒子的内部元素在 y 轴上进行对齐，在设置时可以使用下列选项，其具体语法如代码 10-3 所示。

代码 10-3

```
align-items: flex-start | flex-end | center | stretch;
```

- flex-start，基于 y 轴开始点对齐。
- flex-end，基于 y 轴结束点对齐。
- center，基于 y 轴中点对齐。
- stretch，默认值，拉伸。

3. justify-content 属性

使用 justify-content 属性可以将弹性盒子的内部元素在 x 轴上进行对齐，在设置时可以使用下列选项，其具体语法如代码 10-4 所示。

代码 10-4

```
justify-content: flex-start | flex-end | center | space-between | space-around
| space-evenly;
```

- flex-start，基于 x 轴开始点对齐。
- flex-end，基于 x 轴结束点对齐。
- center，基于 x 轴中点对齐。
- space-between，元素两端贴边，中间等分空白区域。
- space-around，元素两端空白区域相等。
- space-evenly，元素间距相等。

4．flex-direction 属性

flex-direction 属性用于改变弹性盒子中元素的排列方向，通过设置该属性，可以实现元素的横向排列或纵向排列，语法如代码 10-5 所示。

代码 10-5

```
flex-direction: row | column;
```

- row，默认值，横向排列。
- column，纵向排列，同时改变 align-items 属性和 justify-content 属性作用的轴。

【任务实现】

1．开发网站顶部搜索区域

在顶部搜索区域中，存在对应的 3 个元素：LOGO、文本框、字体图标，如图 10-10 所示。一般情况下"顶部搜索区域"可以使用 HTML5 中的新增标签<header>进行布局，在项目的 index.html 文件中完成该标签的使用。将 LOGO、文本框及对应的字体图标添加到<header>标签里并分别设置合适的类名，如代码 10-6 所示。

开发网站顶部搜索区域

代码 10-6

```
<header>
 <img class="logo" src="./img/logo.png" alt="">
 <input class="search" type="text">
 <span class="iconfont icon-201yonghu_yonghu2"></span>
</header>
```

打开网页后，切换到移动端仿真模式，如图 10-11 所示。

图 10-10　顶部搜索区域

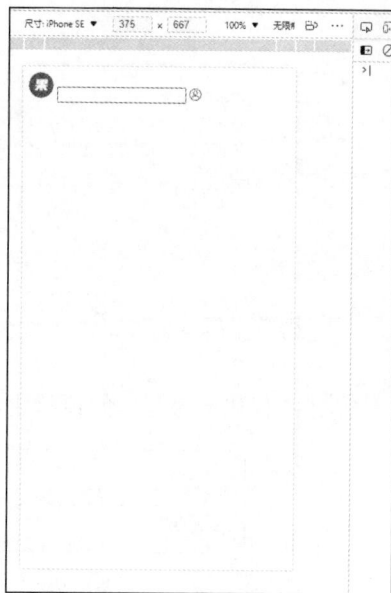

图 10-11　移动端仿真模式

基于图 10-1 的内容，需要将这 3 个元素均等排列，在网页开发中，使用弹性盒子可以更好地解决该问题。给<header>标签设置 display 属性，并且为其设置基于 y 轴的居中、左右两端对齐的效果，如代码 10-7 所示。

代码 10-7

```
header {
  display: flex;
  align-items: center;
  justify-content: space-between;
}
```

设置后，将得到如图 10-12 所示的效果。

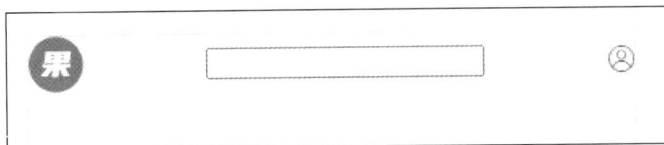

图 10-12　未设置样式的顶部搜索区域

利用其他属性优化对应的网页细节，如代码 10-8 所示。

代码 10-8

```
header {
  display: flex;
  align-items: center;
  justify-content: space-between;
  height: 11.7333vw;
  padding: 0 2.6667vw;
  background: #F2F2F2;
}
header .iconfont {
  font-size: 5.8667vw;
}
header .search {
  background: #fff;
  height: 8vw;
  width: 69.3333vw;
  border: 0.1333vw solid #E3E3E3;
  padding: 0 2.6667vw
}
```

完成 CSS 代码的编写后的顶部搜索区域的效果如图 10-13 所示。

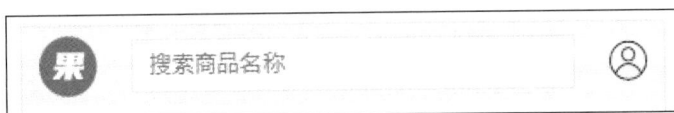

图 10-13　设置样式后的顶部搜索区域

2. 开发网站底部导航区域

底部导航区域存在 4 个选项，分别为首页、分类、订单、我的，基于弹性布局可以很方便地实现对应的效果。在 index.html 文件中使用<nav>标签完成底部导航区域的基本结构，如代码 10-9 所示。

开发网站底部导航区域

代码 10-9

```
<nav>
 <a href="#" class="nav-item">
  <span class="iconfont icon-shouye"></span>
  <span>首页</span>
 </a>
 <a href="#" class="nav-item">
  <span class="iconfont icon-xiaojuchang"></span>
  <span>分类</span>
 </a>
 <a href="#" class="nav-item">
  <span class="iconfont icon-dingdan"></span>
  <span>订单</span>
 </a>
 <a href="#" class="nav-item">
  <span class="iconfont icon-shequ"></span>
  <span>我的</span>
 </a>
</nav>
```

完成上述代码的编写后，在网页中将得到导航原始效果，如图 10-14 所示。

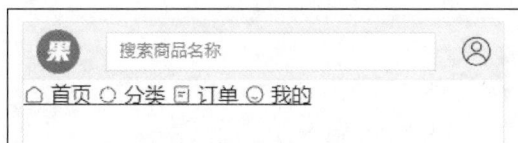

图 10-14　导航的原始效果

底部导航区域应该固定在网页的底部，可以通过固定定位属性来实现，如代码 10-10 所示。

代码 10-10

```
nav {
 position: fixed;
 bottom: 0;
 left: 0;
 right: 0;
}
```

添加定位代码后的效果如图 10-15 所示。

图 10-15　添加定位代码后的效果

利用弹性盒子使 4 个选项均分排列，占相同的宽度，如代码 10-11 所示。

代码 10-11

```
nav {
  ...;
  display: flex;
}
nav .nav-item {
  width: 25%;
}
```

然后需要让图标和文字上下排列，弹性盒子的内部元素默认横向排列。在 CSS 中，flex-direction 属性用于设置弹性容器（flex container）的主轴方向，从而决定弹性子项（flex items）的排列方向。flex-direction 属性的可选值包括以下几项。

row：默认值，弹性子项沿着水平主轴从左到右排列。

row-reverse：与 row 相同，但是从右到左排列。

column：弹性子项沿着垂直主轴从上到下排列。

column-reverse：与 column 相同，但是从下到上排列。

给 nav-item 设置 flex-direction: column;属性可以将元素排列方向变成纵向，如代码 10-12 所示。

代码 10-12

```
nav .nav-item {
  width: 25%;
```

```
display: flex;
flex-direction: column;
}
```

添加对应的代码后，得到纵向排列的效果，如图 10-16 所示。

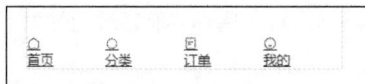

图 10-16　纵向排列的效果

接着，使用 align-items 属性和 justify-content 属性可以让对应的元素居中对齐，如代码 10-13 所示。

代码 10-13

```
nav .nav-item {
  width: 25%;
  display: flex;
  flex-direction: column;
  align-items: center;
  justify-content: space-around;
}
```

优化底部导航区域的样式，如代码 10-14 所示。

代码 10-14

```
nav {
  position: fixed;
  bottom: 0;
  left: 0;
  right: 0;
  display: flex;
  height: 13.0667vw;
  border-top: 0.1333vw solid #eee;
  background: #fff;
}
nav .nav-item {
  width: 25%;
  display: flex;
  flex-direction: column;
  align-items: center;
  justify-content: space-evenly;
  text-decoration: none;
  color: #333;
}
nav .nav-item .iconfont {
  font-size: 5.3333vw;
}
nav .nav-item span{
  font-size: 3.2vw;
}
```

完成后的效果如图 10-17 所示。

图 10-17　底部导航区域的效果

3. 开发网站轮播区域

轮播区域是网站的核心区域，该区域用于展示网站中的一些核心的内容。在本项目中，轮播区域主要用来展示对应的热门商品内容，轮播区域由图片组成，并且有对应的索引指示器定位在轮播区域的中心位置。

开发网站轮播区域

（1）在网页中添加轮播区域对应的结构，这里使用 swiper-item 类实现轮播效果。添加轮播区域的图片，如代码 10-15 所示。

代码 10-15

```
<div class="swiper-list">
 <div class="swiper-item">
  <img src="./img/pic.jpg" alt="">
 </div>
</div>
```

对应的效果如图 10-18 所示。

图 10-18　添加图片的效果

（2）添加图片后，需要在对应的图片下方区域添加索引指示器。在 Web 设计和开发中，"索引指示器"通常指的是一组导航元素中的一个，它表示当前选中的或正在查看的项目。例如，在轮播图或标签页中，每个可切换的项旁边或下方可能会有一个索引指示器，用来指示当前显示的是哪一个项。以<ul>和<li>的组合来实现索引指示器的布局，如代码 10-16 所示。

代码 10-16

```
<ul class="swiper-pagination">
 <li class="swiper-pagination-item"></li>
 <li class="swiper-pagination-item"></li>
 <li class="swiper-pagination-item"></li>
```

```
<li class="swiper-pagination-item"></li>
</ul>
```

（3）基于宽高、背景颜色、圆角等属性的应用可以设置索引指示器的基础样式，如代码 10-17 所示。

代码 10-17

```
.swiper-pagination-item {
  width: 2.1333vw;
  height: 2.1333vw;
  background: rgba(99, 99, 99, 0.5);
  border-radius: 50%;
}
```

（4）利用 display 属性可以将对应的 swiper-pagination-item 元素横向排列，再利用 justify-content 属性使其居中，并增加不同 swiper-pagination-item 元素之间的间距，如代码 10-18 所示。

代码 10-18

```
.swiper-pagination {
  display: flex;
  justify-content: center;
}
.swiper-pagination-item {
  ...;
  margin: 0 0.666667vw;
}
```

（5）使用 position 属性，将索引指示器定位到对应的位置，如代码 10-19 所示。

代码 10-19

```
.swiper-list {
  position: relative;
}

.swiper-pagination {
  display: flex;
  justify-content: center;
  position: absolute;
  bottom: 2.6667vw;
  left: 0;
  right: 0;
}
```

（6）当用户与页面交互，比如点击轮播图中的图片或标签页中的标签时，通常会有一个机制来更新索引指示器，以反映当前活动的项。这个机制通常涉及到动态地向某个索引指示器的 HTML 元素添加一个类名，比如 active。这个类名是一个标记，用来告诉 CSS 或 JavaScript，这个特定的指示器代表当前的活动状态。给索引指示器添加激活类名 active，如代码 10-20 所示。

代码 10-20

```
<ul class="swiper-pagination">
 <li class="swiper-pagination-item active"></li>
 <li class="swiper-pagination-item"></li>
 ...
</ul>
```

（7）可以定义一组只应用于具有 active 类的样式规则，当某个索引指示器被标记为激活时，它将具有与未激活指示器不同的外观。这通常涉及到改变背景颜色、边框、字体样式等，以便用户可以清楚地看到哪个指示器是当前活动的。如代码 10-21 所示，单独定义激活时的样式，使其和其他非 active 类的 swiper-pagination-item 颜色不同，最终效果如图 10-19 所示。

代码 10-21

```
.swiper-pagination-item.active {
 background: rgba(0, 0, 0, 0.6);
}
```

图 10-19　索引指示器

4．开发网站金刚区

金刚区是轮播区域下方的功能入口导航区域，通常以"图标+文字"的宫格导航的形式出现。之所以叫"金刚区"，是因为该区域会随着业务目标的改变，展示不同的功能图标，就像"变形金刚"一样可变。本项目中的金刚区如图 10-20 所示。

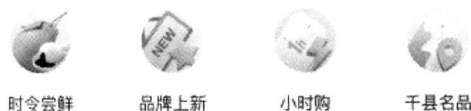

时令尝鲜　　品牌上新　　小时购　　千县名品

图 10-20　金刚区

金刚区的布局和 Tabbar 布局有异曲同工之妙，在移动应用和 Web 设计中，Tabbar 是一种常见的用户界面元素，它通常位于屏幕的底部，提供一组可点击的标签，用于在不同的视图或功能之间快速切换。金刚区的布局通常指的是在移动应用或网页上，类似于 Tabbar 布局，它位于页面的上方或侧面，通常包含一组重要的功能入口或导航链接。用户可以借鉴 Tabbar 的结构和样式设计金刚区的布局，比如使用相同的

开发网站金刚区

AIGC 实战演练

借助 AI 实现代码排错

图标大小、间距、颜色和交互效果，以确保用户界面的一致性和易用性。使用 HTML 完成网页结构的创建，如代码 10-22 所示。

代码 10-22

```html
<div class="cell-list">
  <a href="#" class="cell-item">
    <img src="./img/icon/icon01.png" alt="">
    <span>时令尝鲜</span>
  </a>
  <a href="#" class="cell-item">
    <img src="./img/icon/icon02.png" alt="">
    <span>品牌上新</span>
  </a>
  <a href="#" class="cell-item">
    <img src="./img/icon/icon03.png" alt="">
    <span>小时购</span>
  </a>
  <a href="#" class="cell-item">
    <img src="./img/icon/icon04.png" alt="">
    <span>千县名品</span>
  </a>
</div>
```

完成金刚区样式的创建，如代码 10-23 所示。

代码 10-23

```css
.cell-list {
  display: flex;
  height: 26.6667vw;
  background: #fff;
}
.cell-item {
  width: 25%;
  text-decoration: none;
  font-size: 1.6vw;
  color: #333;
  display: flex;
  flex-direction: column;
  align-items: center;
  justify-content: space-evenly;
}
.cell-item img {
  width: 11.7333vw;
  height: 11.7333vw;
}
```

完成后的效果如图 10-21 所示。

5. 开发网站商品列表区域

接下来将完成商品列表区域的创建，效果如图 10-22 所示。

开发移动端网站
商品列表

图 10-21 金刚区的效果

图 10-22 商品列表区域

可以使用 HTML5 新增的<section>标签来充当单件商品的块状区域，以实现对应的列表结构，如代码 10-24 所示。

代码 10-24

```
<div class="production-list">
 <section class="production-item"></section>
 <section class="production-item"></section>
 <section class="production-item"></section>
 <section class="production-item"></section>
 <section class="production-item"></section>
 <section class="production-item"></section>
 <section class="production-item"></section>
 <section class="production-item"></section>
</div>
```

按照图 10-22 所示的效果图，添加第一件商品的布局结构，如代码 10-25 所示。

代码 10-25

```
<div class="production-list">
 <section class="production-item">
   <div class="production-header">
     <img src="./img/product/product01.png" alt="">
   </div>
   <div class="production-body">
     <h3 class="production-title">大樱桃车厘子新鲜应季孕妇水果礼盒装新年礼品 J 级精品果
(26mm～28mm)净重 500g</h3>
```

```
    <p class="production-price">￥38</p>
    <button class="buy">立即购买</button>
  </div>
 </section>
</div>
```

定义 production-item 元素的 padding 属性值，使商品之间产生对应的空隙，如代码 10-26 所示。

代码 10-26

```
.production-item {
 background: #fff;
 width: 50%;
 padding: 2.6667vw;
}
```

设置商品标题的大小，使标题能够正常展示，如代码 10-27 所示。

代码 10-27

```
.production-title {
 font-size: 3.2vw;
}
```

定义价格的样式，改变其颜色为红色，并设置对应的本文大小，如代码 10-28 所示。

代码 10-28

```
.production-price {
 font-size: 16px;
 color: rgb(250, 43, 26);
}
```

将对应的购买按钮设置为红色，如代码 10-29 所示。

代码 10-29

```
.buy {
 border: none;
 width: 80%;
 height: 6.6667vw;
 color: #fff;
 background: #ea625b;
}
```

完成上述样式的编写后，我们会得到商品列表雏形，如图 10-22 所示。

将商品内的元素在弹性盒子中进行上下排列并居中，使用 flex-direction 属性来实现，如代码 10-30 所示。

代码 10-30

```
.production-item {
 background: #fff;
 width: 50%;
```

```
  padding: 2.6667vw;
  display: flex;
  flex-direction: column;
  align-items: center;
}
.production-body {
  display: flex;
  flex-direction: column;
  align-items: center;
}
```

完成第一件商品的布局后，就可以将其他的商品结构使用相同的方式布局，形成商品列表区域。使用弹性盒子可以将元素横向排列，但是元素不会换行，利用 flex-wrap 属性可以实现元素的换行，如代码 10-31 所示。

代码 10-31

```
.production-list {
  display: flex;
  flex-wrap: wrap;
}
```

设置换行后，可以得到对应的双列列表效果，如图 10-23 所示。

项目总结

本项目已经完成了，经过对本项目的学习，希望大家掌握以下几个方面的知识点，并能将其综合运用到网页制作过程中。

- 移动端多设备适配方案。
- vw 单位的使用。
- 弹性盒子常见的布局操作。
- 移动端网站开发。

图 10-23　商品列表（双列列表）区域的效果

代码与人生

保持创新引领的工匠精神

在本项目中，大家了解了移动端项目的搭建、移动端网站的适配方案以及移动端网站开发的应用，并通过本项目了解了利用移动端项目开发的知识来完成一个移动端网站页面的整个过程。在大量代码的编写过程中，需要 Web 前端开发工程师具备一种工匠精神——创新精神。

创新精神，有着追求突破、追求革新的内蕴。古往今来，热衷于创新和发明的工匠们一直是世界科技进步的重要推动力量。

在学习 Web 前端开发的过程中，更要注重创新，注重每一个设计的细节，对开发中的元素及内容进行创新，才能做出更为出色的网页。

练习测试

一、单选题（每小题 4 分，共 20 分）

1. 以下哪个单位是绝对单位？（　　　）
   A. px　　　　　　　　B. rem　　　　　　　C. em　　　　　　　D. vw

2. 以下哪个分辨率宽度是标准设计图使用的？（　　　）
   A. 375px　　　　　　B. 750px　　　　　　C. 1080px　　　　　D. 1140px

3. 移动端使用哪款设备作为标准设备进行设计图的设计？（　　　）
   A. iPhone5/SE　　B. 小米 12　　　　　C. 华为 P40　　　　D. iPhone6/7/8

4. HTML 标签中，用于表示导航的标签是（　　　）。
   A. <article>　　　B. <div>　　　　　C. <nav>　　　　　D. <header>

5. 以下哪项不是弹性盒子的属性？（　　　）
   A. justify-content　B. align-items　　C. justify-center　D. align-content

二、多选题（每小题 4 分，共 20 分）

1. 下列哪些是网站开发中可以使用的单位？（　　　）
   A. px　　　　　　　B. rem　　　　　　　C. pp　　　　　　　D. vw

2. 移动端网站开发中，属于移动端的设备有（　　　）。
   A. 笔记本电脑　　　B. 平板电脑　　　　C. 电视　　　　　　D. 手机

3. 移动端网站需要包含哪些文件夹？（　　　）
   A. html　　　　　　B. css　　　　　　　C. img　　　　　　D. js

4. 下面哪些属于 HTML5 新增的标签？（　　　）
   A. <article>　　　B. <div>　　　　　C. <nav>　　　　　D. <header>

5. 下列属于弹性盒子的属性有（　　　）。
   A. flex-shrink　　B. flex-grow　　　C. justify-content　D. align-content

三、判断题（每小题 4 分，共 20 分）

1. 移动网站开发只能使用 vw 单位。（　　　）
2. 移动端网站的开发必须使用 HTML5 新增标签才能实现。（　　　）

3. 笔记本电脑属于移动端设备。（　　　）

4. 移动端网站开发和 PC 端网站开发除适配方式外，其他基本一致。（　　　）

5. 弹性盒子在移动端布局兼容性较好。（　　　）

四、实操题（40 分）

仿照本项目开发花满园鲜花电商移动端网站。

评价与考核

课程名称：Web 前端开发项目教程		授课地点：		
项目 10：开发果果鲜水果电商移动端网站		授课教师：		授课学时：
课程性质：理实一体课程		综合评分：		
理论知识掌握情况评分（30 分）				
序号	知识考核点	教师评价	分值	得分
1	项目搭建过程		5	
2	移动端网站适配原理		10	
3	vw 单位的作用		5	
4	移动端网站开发操作流程		10	
工作任务完成情况评分（70 分）				
序号	能力操作考核点	教师评价	分值	得分
1	使用 vw 单位完成移动端布局开发		10	
2	利用弹性盒子完成网页布局		10	
3	使用新增的 HTML5 标签完成对应的网站效果		20	
4	能够在不同设备中显示相同的样式效果		10	
5	程序排错的能力		10	
6	与组员协作的能力		10	
违纪扣分（-20 分）				
序号	违纪考查点	教师评价	分值	扣分
1	迟到/早退		-5	
2	睡觉		-5	
3	打游戏/玩手机		-5	
4	其他影响课堂学习的行为		-5	